日英比較構文研究

日英比較構文研究

畠山雄二
本田謙介
田中江扶

開拓社

まえがき

　最近の言語学の研究論文はつまらない．本当につまらない．それは，ある特定の理論内でしか役に立たないような道具について議論されていたり，自分の理論に都合のいいように過度に複雑な例文がつくられていたりしているからである．また，コーパスを使った研究や数学的に統計処理をした研究などもつまらない．これらはすべて，私たち3人にとっては「残念な研究」でしかない．なぜならば，そんな研究ではことばのもつおもしろさなどは誰にも伝わらないからである．

　私たちにとって理論は「筆」にしかすぎない．「筆」はなくてはならないが，一番大切なものではない．私たちにとって一番大切なものはことばそのものである．私たちは今まで，多くの人が素通りしてしまうような《何の変哲もない文》に目を向けてきた．たとえば「太郎は花子のように英語ができない」のような文である．この文に興味をもつ人など言語学者を含めてもほとんどいないだろう．しかし，この文は「太郎は花子ほど英語ができない」という読み方の他に「太郎は花子と同様に英語ができない」というまったく異なる読み方ができるという興味深い特徴をもつ．この特徴は私たちがかつて学術誌で発表するまで話題にさえ上がらなかった．私たちは，このような《何の変哲もない文》を日常の何気ないことばの中から見つけ出し世に送り出すことに力を注いでいる．

　また，「ゴミ箱がいっぱいだ」のような文も《何の変哲もない文》の別の例である．これも普段何気なく使っている文であるが，実は「ゴミ箱にゴミがあふれている」という読み方の他に「ゴミ箱の数が多い」というまったく異なる読み方ができる曖昧文なのである．この文が曖昧文であるということもこれまで誰にも指摘されていない．このような曖昧性をもつ文を見つけ，その曖昧性を説明する段階になってはじめて「筆」が必要になってくる．つまり言語データの発見が先にあり，理論はそれをできるだけ正確に記述し整理する道具にすぎないのである．「筆」によって生の言語データが整理されることで，陰に隠れていたことばのもつおもしろさが前面に浮かび上がってく

るのである．

　私たちはまた，過去において〈当然〉と思われてきたことに対しても再考してきた．たとえば，国語学（とくに学校文法の分野）では，英文法で用いられている目的語という用語を使わない．このことは国語学や国語教育では〈当然〉のことで議論の余地のないことのようである．では，学校文法で目的語の代わりに使われている用語は何か．それは修飾語である．つまり，学校文法では目的語も修飾語も同じカテゴリーに属していることになる．私たちは国語学や学校文法の歴史を調べ古い教科書や文法書を実際に調査して，現在に至るまでの過程を明らかにした．その結果，目的語ではなく修飾語を使わなければならない言語学的な理由などないことが明らかになった．目的語と修飾語を区別することは理論にとってのみ望ましいということではない．両者を区別することによって，日本語におけるさまざまな現象がよりきれいに整理され，ことばのもつおもしろさが前面に出てきやすくなるのである．

　グローバル化や TOEIC，それに定量化などで，現代はことばのもつ魅力が見えづらくなってきている．この状況を何としても打破したい．ことばのおもしろさを，専門家や一般の方を問わずできるだけ多くの人に味わってほしい．本書をきっかけにしてことばについての議論がさらに活発になり，「おもしろい」言語研究が次々世に現れてくるのであれば私たち 3 人にとってこれほど嬉しいことはない．

目　次

まえがき

第 I 部　日英語の比較研究

第 1 章　日本語の身体属性文と英語の同族目的語構文 …………… 2
- 1.1. 身体属性文と同族目的語構文の共通点 ……………………… 3
  - 1.1.1. 身体属性文の特性 ………………………………………… 3
  - 1.1.2. 同族目的語構文の特性 …………………………………… 4
- 1.2. 身体属性文と非対格同族目的語構文の共通点 ……………… 6
  - 1.2.1. 2 種類の同族目的語構文 ………………………………… 6
  - 1.2.2. 身体属性文の特性：受け身および wh 疑問の適用可能性 ……… 8
- 1.3. 分析 …………………………………………………………… 11
  - 1.3.1. 叙述関係 …………………………………………………… 11
  - 1.3.2. 動詞のタイプ ……………………………………………… 14
- 1.4. 理論的意義と帰結 …………………………………………… 16

第 2 章　日英語の数量詞 …………………………………………… 18
- 2.1. 英語の数量詞 ………………………………………………… 18
- 2.2. 日本語の数量詞 ……………………………………………… 20
- 2.3. 理論的意義と今後の課題 …………………………………… 21

第 3 章　日英語の場所句構文 ……………………………………… 24
- 3.1. 日英語の場所句構文の構造 ………………………………… 25
  - 3.1.1. 「いる／BE」タイプの非対格化 ………………………… 26
  - 3.1.2. 「くる／COME」タイプの非対格化 …………………… 28
- 3.2. 場所を表す PP と方向を表す PP …………………………… 30
- 3.3. 理論的意義と今後の課題 …………………………………… 32

第4章 低評価を表すナンカと否定極性表現の any の類似性 …… 34
- 4.1. any とナンカの類似性 …………………………………… 35
- 4.2. any/some とナンカ／クライ ……………………………… 37
- 4.3. 理論的意義と今後の課題 ………………………………… 40

第5章 日英語の中間構文 …………………………………………… 43
- 5.1. テアル構文の統語的特性 ………………………………… 44
- 5.2. 日本語のテアル構文と英語の中間構文の統語的特性 …… 46
- 5.3. 日本語のテアル構文と英語の中間構文の統語構造 ……… 47
- 5.4. 理論的意義と今後の課題 ………………………………… 50

第6章 日本語の「い」脱落と英語の wanna 縮約 ……………… 52
- 6.1. 「い」脱落が起こる環境 ………………………………… 52
- 6.2. 「い」脱落と wanna 縮約 ………………………………… 55
  - 6.2.1. wanna 縮約と隣接条件 ……………………………… 55
  - 6.2.2. 「い」脱落ととりたて詞移動 ……………………… 56
- 6.3. 理論的意義 ………………………………………………… 58

第 II 部 英語の構文研究

第7章 So 倒置構文再考 …………………………………………… 62
- 7.1. Toda (2007) の問題点 ……………………………………… 64
  - 7.1.1. VP 前置の妥当性 …………………………………… 65
  - 7.1.2. 主語の後置の妥当性 ……………………………… 66
- 7.2. 代案 ………………………………………………………… 69
  - 7.2.1. VP 削除 ……………………………………………… 69
  - 7.2.2. I-to-C 移動の動機付け ……………………………… 71
  - 7.2.3. so 倒置構文の構造 ………………………………… 71
- 7.3. 理論的意義と帰結 ………………………………………… 74

第8章 場所構文の相関関係 ………………………………………… 78
- 8.1. 場所構文の統語構造 ……………………………………… 79
  - 8.1.1. there および前置 PP の統語位置 …………………… 79
  - 8.1.2. 後置主語 NP と定性効果 …………………………… 81

	8.1.3.	本節のまとめ	82
8.2.		場所構文の相関関係	83
8.3.		理論的意義	88

第9章　there 構文の複文分析：時制の解釈と主語の解釈の相関性 …… 89

9.1.		there 構文と時制のパラドックス	89
9.2.		there 構文の構造	90
	9.2.1.	独立タイプ	90
	9.2.2.	制御タイプ	91
	9.2.3.	上昇タイプ	91
9.3.		理論的意義と帰結	93

第10章　英語の二重目的語構文と所有者昇格構文 …… 97

10.1.	envy タイプの動詞に見られる所有関係	98
10.2.	所有関係から見える構文間のつながり	99
10.3.	理論的意義	101

第11章　With 独立構文の構造とその汎用性 …… 103

11.1.		With 独立構文の構造	104
11.2.		With 独立構文が現れる環境	107
11.3.		否定倒置および否定極性表現	109
	11.3.1.	否定倒置	109
	11.3.2.	否定極性表現	110
11.4.		理論的意義と帰結	111

第 III 部　日本語の構文研究

第12章　日本語の動詞移動 …… 118

12.1.		随意的な動詞移動	119
	12.1.1.	「も」のスコープ	119
	12.1.2.	「す」の挿入	121
12.2.		尊敬語化による検証	125
	12.2.1.	尊敬語文の統語構造	125

12.2.2.　尊敬語文の等位構造と日本語の動詞移動 …………… 128
　　12.3.　理論的意義と帰結 ……………………………………………… 131

第 13 章　動詞「ある」の統語構造 …………………………………… 134
　　13.1.　動詞「ある」と形容詞述語に現れる「ある」……………… 135
　　　13.1.1.　丁寧語化 ……………………………………………… 136
　　　13.1.2.　否定文 ………………………………………………… 137
　　13.2.　「ある」/「いる」交替 ………………………………………… 138
　　13.3.　理論的意義と帰結 ……………………………………………… 142

第 14 章　日本語の長距離格付与の可能性について …………… 145
　　14.1　Ura (2007) の分析とその問題点 ……………………………… 148
　　　14.1.1　Ura (2007) の分析 …………………………………… 148
　　　14.1.2　Ura (2007) の問題点 ………………………………… 150
　　14.2.　非関西方言における LD-ECM ………………………………… 152
　　　14.2.1.　調査の方法と結果 …………………………………… 153
　　　14.2.2.　焦点化による分析 …………………………………… 156
　　14.3.　理論的意義と帰結 ……………………………………………… 159

第 15 章　とがめ文の統語構造 ………………………………………… 160
　　15.1.　高見 (2010) の分析と問題点 ………………………………… 161
　　15.2.　とがめ文の統語構造と機能 …………………………………… 162
　　15.3.　理論的意義と今後の課題 ……………………………………… 168

第 16 章　「太郎は花子のように英語ができない」の曖昧性 …… 170
　　16.1.　「ように」句の 2 つの解釈 …………………………………… 171
　　16.2.　「ように」句に 2 つの解釈を許す統語条件 ………………… 172
　　16.3.　理論的意義と帰結 ……………………………………………… 176

第 17 章　「ゴミ箱がいっぱいだ」の曖昧性をめぐって ………… 180
　　17.1.　壁塗り構文の基本的な特性 …………………………………… 181
　　　17.1.1.　全体／部分の解釈の違い …………………………… 181
　　　17.1.2.　省略可能性 …………………………………………… 182
　　17.2.　「ゴミ箱がいっぱいだ」の曖昧性 …………………………… 183

17.3. ゴミ箱構文の成立条件 ……………………………………… 185
17.4. 理論的意義と今後の課題 …………………………………… 190

第 18 章　学校国文法における修飾語の扱いをめぐって ………… 193

18.1. 目的語と修飾語の区別をめぐる歴史的経緯 ………………… 194
18.2. 目的語と修飾語の区別：新しいデータから ………………… 197
18.3. まとめ ………………………………………………………… 199

第 IV 部　構文の統語的分析と機能的分析： 有標性と棲み分け

第 19 章　非対格性の検証： there 構文と外置構文 ……………… 202

19.1. 高見・久野 (2002) 再考 ……………………………………… 203
　19.1.1. 非対格性制約とその問題点 …………………………… 203
　19.1.2. 機能的分析 ……………………………………………… 204
　19.1.3. 代案：高見・久野 (2002) の再解釈 ………………… 206
19.2. 高見・久野 (2004) への反論 ………………………………… 209
　19.2.1. 文処理 …………………………………………………… 210
　19.2.2. 解釈上／処理上のコスト ……………………………… 211
　19.2.3. 有標性 …………………………………………………… 213
19.3. 主語名詞句からの外置と非対格性 ………………………… 214
19.4. 今後の展望 …………………………………………………… 218

第 20 章　自動詞の新分類： there 構文，way 構文，同族目的語構文の見地から ………………………… 222

20.1. 自動詞の新分類で捉えられる構文 ………………………… 224
　20.1.1. way 構文 ………………………………………………… 224
　20.1.2. 同族目的語構文 ………………………………………… 226
20.2. 理論的意義 …………………………………………………… 229

第 21 章　Way 構文の動詞の特性 …………………………………… 230

21.1. 高見・久野 (1999) および Kuno and Takami (2004) のデータの検証 ……………………………………………………… 231
　21.1.1. 放出動詞 (verbs of emission) ………………………… 232
　21.1.2. run 動詞 ………………………………………………… 233

          21.1.3. roll 動詞 …………………………………………… 234
     21.2. way 構文における非能格性制約の妥当性 …………………… 236
     21.3. まとめ ……………………………………………………… 240

第 22 章 「させ」使役文と非能格性制約 …………………………… 241
     22.1. 日本語の 2 種類の使役文 …………………………………… 242
     22.2. 高見 (2006) 再考 …………………………………………… 243
     22.3. まとめ ……………………………………………………… 246

第 23 章 日本語の動詞句前置構文の分析をめぐって ……………… 247
     23.1. 高見・久野 (2006, 2008) の分析とその問題点 …………… 248
          23.1.1. 高見・久野 (2006) の分析とその問題点 ………… 248
          23.1.2. 高見・久野 (2008) の分析とその問題点 ………… 251
     23.2. 代案 ………………………………………………………… 254
          23.2.1. 単一構成素移動制約 ………………………………… 255
          23.2.2. 適正束縛条件 ………………………………………… 256
     23.3. 非対格動詞を含む動詞句前置構文 ………………………… 258
     23.4. 理論的意義 ………………………………………………… 262

第 24 章 項と付加詞の統語的区別の重要性 ……………………… 264
     24.1. 久野 (2006, 2008) の主張 ………………………………… 265
     24.2. 前置詞句の積み重ね ………………………………………… 269
          24.2.1. 機能的分析の検証 …………………………………… 269
          24.2.2. 反例の検証 …………………………………………… 272
     24.3. 前置詞句の相対的位置 ……………………………………… 278
          24.3.1. 「本質的」という概念の検証 ……………………… 278
          24.3.2. データの棲み分け …………………………………… 283
          24.3.3. 関連性理論からの再考 ……………………………… 284
     24.4. 今後の理論研究の課題 ……………………………………… 287

あとがき ……………………………………………………………… 289

参考文献 ……………………………………………………………… 293

索　　引 ……………………………………………………………… 311

第 I 部

日英語の比較研究

　従来の日本語と英語（および他の外国語）の比較研究は，それらの翻訳が「似ている」ことや，それぞれの言語での構文名・文法現象名が「似ている」ところから出発し，そのレベルで分析が終わっているものがほとんどである．しかし，理論言語学の観点から分析すると，一見つながりのない構文や語句に同じ特性が見られるという「ねじれ」現象が起きていることがわかる．第 I 部では，日英語の本質的な特性を理解するために，一歩踏み込んだレベルでの比較研究の分析方法を示す．

第 1 章

日本語の身体属性文と英語の同族目的語構文*

　日本語には身体属性文 (physical attribute construction) とよばれる構文がある．

(1) a. 上戸彩はきれいな目をしている．
　　b. 荒川静香はやわらかい体をしている．

(1) にあるように，身体属性文では「している」という動詞が使われ，目的語に身体の一部を表す名詞がくる．この構文に関しては，これまで日本語の所有表現の観点から研究がなされてきた（角田 (1991)，佐藤 (2003)，影山 (2004) 等を参照）．[1] 本章では，日本語の身体属性文が英語の同族目的語構文 (cognate object construction) と同じ特性をもつことを示す．とくに，英語の同族目的語構文が非対格性の観点から 2 種類に分けられることを示し

---

* 本章は畠山・本田・田中 (2006) および Hatakeyama, Honda, and Tanaka (2011) を改訂したものである．

[1] 身体属性文の目的語には典型的に身体の一部を表す名詞がくるが，心理的特徴を表す名詞も現れることができる．

　(i) 彼女はおとなしい性格をしている．

(i) の「性格」は心理的特徴を表すが，身体と同じく主語から切り離すことができないものである．このような分離不可能所有 (inalienable possession) を表すものが，身体属性文の目的語として現れることができる．

た上で，身体属性文は非対格動詞が現れる同族目的語構文と同じ特性をもつことを示す．さらに，両構文が共通の特性をもつことに対して，叙述関係および動詞のタイプという観点から説明を試みる．

1.1. 身体属性文と同族目的語構文の共通点

本節では，身体属性文と同族目的語構文が目的語名詞の修飾要素に関して共通の特性を示すことを見ていく．

1.1.1. 身体属性文の特性

まず，次の対比を見てみよう．

(2) a. 上戸彩は<u>きれいな</u>目をしている．（=(1a)）
    b. *上戸彩は目をしている．
(3) a. 荒川静香は<u>やわらかい</u>体をしている．（=(1b)）
    b. *荒川静香は体をしている．

(2b) および (3b) に示されているように，身体属性文では目的語の修飾要素 ((2a) の「きれいな」および (3a) の「やわらかい」) が削除されると非文法的になる．よって，身体属性文は以下の特性をもつ．

身体属性文の特性 ①
目的語の修飾要素が義務的である．

さらに，次の例を見てみよう．

(4) 共演している女優はきれいな目をしていない．

(4) で「ない」によって否定されているのは「目」ではなく「きれいな」である．つまり (4) が意味しているのは「目がない」ことではなく，共演している女優の目が「きれいではない」ということである．否定辞によって否定されるのは意味の中心であるため，身体属性文は以下の特性をもつ．[2]

---

[2] ここでいう「意味の中心」とは，情報構造的な焦点 (focus) ではなく，意味的な際立ち (prominence) のことである．

身体属性文の特性 ②
意味の中心は目的語名詞ではなく，その修飾要素である．

このことは，通常の修飾要素をともなった名詞句と比較すると，より明らかになる．

(5) a. 太郎は大きな車をもっていないが，大きなバイクならもっている．
　　b. 共演している女優はきれいな目をしていないが，きれいな鼻をしている．

(5a) の下線部は太郎が車自体をもっていないことを意味する．つまり，通常の修飾要素をともなった名詞句の場合，文脈によっては否定辞の「ない」が目的語の名詞自体を否定できる．これに対して，(5b) の下線部は女優が目をもっていないという意味にはならない．つまり，身体属性文の場合はどんな文脈においても否定辞が目的語の名詞自体を否定することはない．よって，身体属性文においては，意味の中心は修飾要素であることになる．

1.1.2. 同族目的語構文の特性

英語には，(6) のような同族目的語構文とよばれる構文がある．

(6) a. She smiled a charming smile.
　　b. Your father died a natural death.

(6a) では，自動詞 smile が同形の名詞 smile を目的語にとっている．また (6b) では，自動詞 die がその名詞形である death を目的語にとっている．このように，同族目的語構文では，自動詞が形態的に同族 (cognate) である名詞を目的語にとることができる．しかし，同族目的語は修飾要素をともなわないで現れることはできない．

(7) a. *She smiled a smile.
　　b. *Your father died a death.

(7a) および (7b) に示されているように，同族目的語の修飾要素 ((6a) の charming と (6b) の natural) が削除されると非文法的になる．よって，同

族目的語構文は以下の特性をもつ (Huddleston (1984), Levin (1993) 等参照).

同族目的語構文の特性 ①
目的語の修飾要素が義務的である.

さらに，次の例を見てみよう.

(8) a. She did not smile a charming smile.
    b. Your father did not die a natural death.

(8a) において，not によって否定されているのは目的語名詞の smile ではなく修飾要素の charming である．つまり，(8a) が意味しているのは「笑っていない (she did not smile)」ということではなく，笑い方が「魅力的でない (not charming)」ということである．同じことが (8b) にも当てはまる．(8b) において，not によって否定されているのは目的語名詞の death ではなく修飾要素の natural である．つまり，(8b) が意味しているのは「死んでいない (your father did not die)」ということではなく，死に方が「自然ではない (not natural)」ということである．否定辞によって否定されるのは意味の中心であるため，同族目的語構文は以下の特性をもつことになる（大室 (1990), Levin (1993) 等参照).

同族目的語構文の特性 ②
意味の中心は目的語名詞ではなく，その修飾要素である.

このことは，通常の修飾要素をともなった名詞句と比較すると，より明らかになる.

(9) John doesn't have a big car, but instead he has a big motorcycle: Harley-Davidson.

(9) の下線部は John が車（car）自体をもっていないことを意味する．つまり，通常の修飾要素をともなった名詞句の場合，文脈によっては否定辞 not が名詞自体を否定できる．これに対して，同族目的語構文の場合は，(8) で見たように，どんな文脈においても否定辞が目的語の名詞自体を否定することはない．よって，同族目的語構文においては，意味の中心は修飾要素であ

るといえる．

以上のことをまとめると，日本語の身体属性文と英語の同族目的語構文は，以下の2つの特性を共通してもつことになる．

(10) i. 目的語の修飾要素が義務的である．
 ii. 目的語の修飾要素が意味の中心である．

1.2. 身体属性文と非対格同族目的語構文の共通点

前節では，目的語の修飾要素に関して，身体属性文と同族目的語構文が同じ特性を示すことを見たが，この場合，同族目的語の動詞の種類に関係なく，両構文は同じ特性を示す．しかし，Nakajima (2006) では，同族目的語構文が非対格性の点で2つのタイプに分けられることが指摘されている．本節では，統語操作（受け身と wh 疑問）の適用に関して，身体属性文が非対格動詞をともなう同族目的語構文と同じ特性を示すことを見ていく．

1.2.1. 2種類の同族目的語構文

過去の研究において，同族目的語構文には存在や出現を表す非対格動詞は現れることができないとされてきた (Keyser and Roeper (1984), Massam (1990), Macfarland (1995) 等参照).[3] しかし，実際にはいくつかの非対格動詞は同族目的語構文に現れることができる (Kuno and Takami (2004: 116)).

(11) a. The tree *grew* a century's growth within only ten years.
 b. The stock market *dropped* its largest drop in three years today.
 c. The apple *fell* just a short fall to the lower deck, and so were not too badly bruised.

(11) にあるように，非対格動詞の grow, drop, fall がそれぞれ a century's growth, its largest drop, a short fall という同族目的語をとっている．さら

---

[3] 同族目的語構文に現れる動詞については，第 IV 部の第 20 章「自動詞の新分類：there 構文，way 構文，同族目的語構文の見地から」を参照．

に，Nakajima (2006) では同族目的語構文に非対格動詞が現れる場合があることを認めた上で，非能格動詞が現れる場合との振る舞いの違いが指摘されている．つまり，同族目的語構文は非対格性という点で2つのタイプに分けられる．

(12) i. 非能格同族目的語構文（非能格動詞をともなう同族目的語構文）
    ii. 非対格同族目的語構文（非対格動詞をともなう同族目的語構文）

以下では，(12) の2つの同族目的語構文の特性について具体的に見ていく．まず，受け身文が可能かどうかという点について見ていく．

(13) a. A sound sleep was *slept* by the baby.
    b. The same dream was repeatedly *dreamed* by Mary.

(Nakajima (2006: 677))

(13) にあるように，非能格動詞である sleep や dream の場合，同族目的語 (a sound sleep と the same dream) を受け身にすることができる (Massam (1990), Macfarland (1995) も参照)．これに対して，(11) の非対格動詞の場合は同族目的語を受け身にすることはできない．

(14) a. *A century's growth was *grown* within only ten years by the tree trunk.
    b. *The largest drop in three years was *dropped* by the stock market today.
    c. *Just a short fall was *fallen* to the lower deck by the apples.

(Nakajima (2006: 667))

よって，同族目的語構文は以下の特性をもつ．

同族目的語構文の特性 ③
非能格同族目的語構文は受け身文にできるが，非対格同族目的語構文は受け身文にできない．

次に，wh 疑問文が可能かどうかという点について見ていく．

(15) a. What kind of sleep did the baby *sleep*?

b. What kind of dream did the boy *dream*? (Nakajima (2006: 677))

(15) にあるように，非能格動詞である sleep や dream の場合，what を使った wh 疑問文が可能である (Macfarland (1995) 参照)．これに対して，(11) の非対格動詞の場合は，(16) に見られるように，what を使った wh 疑問文は許されない．

(16) a. *What kind of growth did the tree *grow* in ten years?
b. *What kind of drop did the stock market *drop* today?
c. *What kind of fall did the apples *fall* to the lower deck?

(Nakajima (2006: 667))

よって，同族目的語構文は以下の特性をもつ．[4]

同族目的語構文の特性 ④
非能格同族目的語構文は wh 疑問文にできるが，非対格同族目的語構文は wh 疑問文にできない．

以上のことをまとめると，英語の同族目的語構文は非能格同族目的語構文と非対格同族目的語構文の 2 つに分けられ，前者は受け身文にも wh 疑問文にもできるが，後者は受け身文にも wh 疑問文にもできない．

1.2.2. 身体属性文の特性：受け身および wh 疑問の適用可能性

本節では，日本語の身体属性文が英語の非対格同族目的語構文と同じ特性を示すことを見ていく．まず，(17) にあるように，身体属性文は英語の非対格同族目的語構文と同じく，受け身文にできない (cf. (14))．

(17) a. *きれいな目が（上戸彩に（よって））されている．

---

[4] ただし，how を使った疑問文であれば非対格同族目的語構文でも可能である (cf. (16))．

(i) a. How much/How far did the tree grow in ten years?
b. How much/How far did the stock market drop today?
c. How much/How far did the apples fall to the lower deck?

(Nakajima (2006: 667))

(cf. 上戸彩はきれいな目をしている．(=(1a)))
　b. *やわらかい体が（荒川静香に（よって））されている．
　　(cf. 荒川静香はやわらかい体をしている．(=(1b)))

(17a)の「きれいな目」と(17b)の「やわらかい体」は身体属性文の目的語であるが，受け身文の主語にすることはできない．よって，身体属性文は以下の特性をもつ．

　身体属性文の特性 ③
　身体属性文は受け身文にできない．

さらに，次の(18)および(19)にあるように，身体属性文は英語の非対格同族目的語構文と同じく，wh疑問文にできない (cf. (16))．

(18) A: *上戸彩は何をしているの？
　　 B:　彼女はきれいな目をしている(よ)．
(19) A: *荒川静香は何をしているの？
　　 B:　彼女はやわらかい体をしている(よ)．

(18A)および(19A)は，「ダンスをしている」などの答えに対する疑問文としては使えるが，(18B)および(19B)の身体属性文が答えとなる疑問文としては使えない．[5] つまり，「きれいな目」や「やわらかい体」を「何(=what)」によって疑問化することはできない．[6] よって，身体属性文は以下の特性をもつ．

　身体属性文の特性 ④
　身体属性文はwh疑問文にできない．

---

[5]「ダンスをしている」の「している」は活動を表すが，「きれいな目をしている」のような身体属性文の「している」は状態を表す（この点に関しては1.3.2節で詳細に扱う）．

[6] 身体属性文は「どのような／どんな(=how)」という疑問文の答えとしては可能である (cf. 注4)．

　(i)　A:　上戸彩はどんな目をしているの?
　　　 B:　彼女はきれいな目をしている(よ)．

以上のことから，日本語の身体属性文と英語の非対格同族目的語構文は受け身文にも wh 疑問文にもできないという共通の特性をもつことがわかる．本節を終える前に，1.1 節と 1.2 節で見てきた日本語の身体属性文と英語の同族目的語構文の特性をまとめると次のようになる（○は「ある／可能」，×は「ない／不可能」を意味する）．なお，説明の便宜上，(20) の表の下にそれぞれの特性の代表例をあげておく．

(20)

	身体属性文	非対格 同族目的語構文	非能格 同族目的語構文
特性 ① （修飾要素の義務性）	○ (2), (3)	○ (7b)	○ (7a)
特性 ② （修飾要素が意味の中心）	○ (4)	○ (8b)	○ (8a)
特性 ③ （受け身文）	× (17)	× (14)	○ (13)
特性 ④ (wh 疑問文)	× (18), (19)	× (16)	○ (15)

(21)　特性 ①（修飾要素の義務性）：
 a.　上戸彩は *(きれいな) 目をしている．　　　［身体属性文］
 b.　Your father *died* a *(natural) death.　　　［非対格同族目的語構文］
 c.　She *smiled* a *(charming) smile.　　　［非能格同族目的語構文］

(22)　特性 ②（修飾要素が意味の中心）：
 a.　共演している女優はきれいな目をしていない．　　　［身体属性文］
 b.　Your father did not *die* a natural death.　　　［非対格同族目的語構文］
 c.　She did not *smile* a charming smile.　　　［非能格同族目的語構文］

(23)　特性 ③（受け身文）：
 a.　*きれいな目が（上戸彩に（よって））されている．　　　［身体属性文］
 b.　*A century's growth was *grown* within only ten years by the tree trunk.　　　［非対格同族目的語構文］
 c.　A sound sleep was *slept* by the baby.　　　［非能格同族目的語構文］

(24) 特性 ④ (wh 疑問文)：
　　a. *上戸彩は何をしているの？　　　　　　［身体属性文］
　　b. *What kind of growth did the tree *grow* in ten years?
　　　　　　　　　　　　　　　　　　　　［非対格同族目的語構文］
　　c. 　What kind of sleep did the baby *sleep*?　［非能格同族目的語構文］

(20) の表にあるように，日本語の身体属性文と英語の非対格同族目的語構文は4つの特性すべてにおいて同じ振る舞いを示す．よって，次のように結論付けることができる．

(25) 日本語の身体属性文は英語の非対格同族目的語構文に対応する．

次節では，両構文の共通性がどこからくるのかについて考察する．

1.3. 分析

前節の (20) の表に示したように，日本語の身体属性文と英語の非対格同族目的語構文は4つの共通した特性をもつが，それらの特性はさらに2つのタイプに分類できる．1つは目的語の修飾要素に関するもの（特性①と特性②）で，もう1つは受け身や wh 疑問といった統語操作に関するもの（特性③と特性④）である．本節では，両構文がこの2つのタイプの特性を共通してもつことに対して，叙述関係 (predication) と動詞のタイプという観点から説明を試みる．

1.3.1. 叙述関係

過去の研究において，修飾要素 (modifier) は述語 (predicate) のように捉えられることが指摘されている (Williams (1980), Higginbotham (1987) 等参照)．事実，(26a) の身体属性文は (26b) と意味的に同じである．

(26) a. 　上戸彩はきれいな目をしている．　(=(1a))
　　 b. 　上戸彩は目がきれいだ．

(26) のような言い換えが可能であるということは，(26a) の身体属性文では，目的語の「目」と修飾要素の「きれいな」の間に「目がきれいだ」とい

う主語と述語の関係（以下，叙述関係）が成り立つことを意味している．言い換えれば，叙述関係が成り立たない場合は身体属性文として許されないことになる．このことは，(27a) の身体属性文が許されないことからも支持される．

 (27) a. ＊あの政治家は広い顔をしている．
    b. あの政治家は顔が広い．

(27b) の「顔が広い」というのは「よく知られている」というイディオム的な意味を表すため，「広い」という述語は主語の「顔」自体の特性については言及していない．つまり，(27b) の「顔が」と「広い」は叙述関係にはない．よって，(27a) の「広い」と「顔」の間には叙述関係が成り立たないことになるため，(27a) は身体属性文として許されない．

 このように，身体属性文の目的語と修飾要素の間に叙述関係が成り立つなら，身体属性文がもつ特性①（修飾要素の義務性）と特性②（修飾要素が意味の中心）は自然と捉えられる．まず，身体属性文に修飾要素が義務的であるのは，修飾要素がないとそもそも目的語との間に叙述関係が成り立たなくなるからである．つまり，身体属性文がもつ特性①（修飾要素の義務性）は，身体属性文の目的語と修飾要素の間に叙述関係が成り立つということから必然的に捉えられることになる．さらに，身体属性文では修飾要素が意味の中心であることも，叙述関係の観点から捉えられる．次の否定文を見てみよう．

 (28) a. 共演している女優は<u>きれいな</u>目をしてい**ない**． (=(4))
    b. 共演している女優は目が<u>きれいで</u>**ない**．

(26) で見たように，(28a) の身体属性文は (28b) と意味的に同じである．(28b) の叙述関係において，否定辞「ない」が否定しているのは「目」ではなく「きれいな」である．上述したように，(28b) と同じ叙述関係が (28a) の身体属性文の目的語の「目」と修飾要素の「きれいな」の間に成り立つため，(28a) の身体属性文においても否定辞「ない」に否定される（＝意味の中心である）のは修飾要素の「きれいな」であると説明できる．このように，身体属性文がもつ特性②（修飾要素が意味の中心）も身体属性文の目的語と修飾要素の間に叙述関係が成り立つということから捉えられる．

同様の説明が英語の同族目的語構文にも当てはまる（正確には非能格同族目的語構文と非対格同族目的語構文の両方に当てはまるが，以下では非対格同族目的語構文の例をとりあげる）．(26) の身体属性文の場合と同じく，(29a) の同族目的語構文は (29b) と意味的に同じである．

(29) a. Your father died a natural death.
　　 b. Your father's death is natural.

(29) のような言い換えが可能であるということは，(29a) の同族目的語の death と修飾要素の natural の間には (29b) の叙述関係が成り立つことを意味している．このことは，(30a) の同族目的語構文の言い換えが (30b) であって (30c) ではないことからも支持される．

(30) a. He died an awful death.
　　 b. His death was awful.
　　 c. *He died awfully.

(30a) の同族目的語構文が叙述関係を表す (30b) のように言い換えられるが，副詞 (awfully) を使って (30c) のようには言い換えられないということからも，同族目的語と修飾要素の間には叙述関係が成り立つことがわかる（岩倉 (1976)，小西 (1981) も参照）．[7]

このように，同族目的語と修飾要素の間に叙述関係が成り立つなら，同族目的語構文がもつ特性①（修飾要素の義務性）と特性②（修飾要素が意味の中心）は自然と捉えられる．まず，同族目的語構文に修飾要素が義務的であるのは，修飾要素がないとそもそも目的語との間に叙述関係が成り立たなくなるからである．つまり，同族目的語構文がもつ特性①（修飾要素の義務性）は，同族目的語と修飾要素の間に叙述関係が成り立つということから必然的に捉えられることになる．さらに，同族目的語構文では修飾要素が意味の中

---

[7] 同族目的語は形容詞だけではなく関係代名詞でも修飾できる (Matsumoto (1992: 52))．

　(i) He died a death *which was unimaginable.*

(i) の例も同族目的語 (death) と修飾要素 (unimaginable) が叙述関係にあることを示している．

心であることも，叙述関係の観点から捉えられる．次の否定文を見てみよう．

(31) a. Your father did **not** die a <u>natural</u> death.
　　 b. Your father's death is **not** <u>natural</u>.

(29) で見たように，(31a) の同族目的語構文は (31b) と意味的に同じである．(31b) の叙述関係において，否定辞 not が否定しているのは death ではなく natural である．上述したように，(31b) と同じ叙述関係が (31a) の同族目的語の death と修飾要素の natural の間に成り立つため，(31a) の同族目的語構文においても否定辞 not に否定される（＝意味の中心である）のは修飾要素の natural であると説明できる．

　以上のことから，日本語の身体属性文と英語の同族目的語構文が共通してもつ特性①（修飾要素の義務性）と特性②（修飾要素が意味の中心）は叙述関係の観点から捉えられることがわかる．

1.3.2. 動詞のタイプ

　1.2 節で見たように，英語の非能格同族目的語構文は受け身文にも wh 疑問文にもできるが，日本語の身体属性文と英語の非対格同族目的語構文は受け身文にも wh 疑問文にもできない．本節では，これらの特性が動詞のタイプに還元できることを示す．

　まず，身体属性文で使われる動詞の特性について見ていく．これまで見てきたように，身体属性文では状態を表す「している」という動詞が使われる．過去の研究（Van Valin (1990) 等）で指摘されているように，状態性（stativity）は非対格動詞の特徴とされていることから，身体属性文の「している」は非対格動詞であると考えられる．次の対比を見てみよう．

(32) a. 上戸彩はきれいな目を<u>している</u>．（＝(1a)）
　　 b. *上戸彩は**わざと**きれいな目を<u>している</u>．
(33) a. 石原さとみはボーイフレンドにキスを<u>している</u>．
　　 b. 石原さとみは**わざと**ボーイフレンドにキスを<u>している</u>．

(32a) の身体属性文と (33a) ではともに「している」という動詞が使われているが，両者は主語の意図性を表す副詞「わざと」との共起に関して違いが

ある.まず,(32b) にあるように,身体属性文の場合は「わざと」と共起できない.過去の研究 (Perlmutter (1978) 等) で指摘されているように,非対格動詞は「わざと」のような意図性を表す副詞と共起できないため,(32a) の身体属性文に現れている「している」は状態を表す非対格動詞であると考えることができる.これに対して,(33b) の文では「わざと」との共起が許されるため,(33a) の「している」は動作を表す他動詞であるといえる.つまり,「している」には状態を表す非対格動詞と動作を表す他動詞の2つのタイプがあることになる.[8] このことは,次の文が曖昧であることからも支持される.

(34) 日村は変な顔をしている.

(34) には「日村の顔が (生まれつき) 変である」と「日村が (人を笑わすためにわざと) 変な顔をしている」という2つの解釈があるが,これは「している」に2つのタイプがあることから説明できる.すなわち,「している」が状態を表す非対格動詞の場合は前者の解釈になり,動作を表す他動詞の場合は後者の解釈になる.

以上のことから,日本語の身体属性文では非対格動詞の「している」が使われていることになる.同様に,英語の非対格同族目的語構文でも,その名の通り,非対格動詞が使われているため,両構文は使われる動詞のタイプが同じであることになる.一方,英語の非能格同族目的語構文の場合は,その名の通り,非能格動詞が使われている.ここで,1.2 節で見たように,英語の非能格同族目的語構文は受け身文にも wh 疑問文にもできるが,日本語の身体属性文と英語の非対格同族目的語構文はともに受け身文にも wh 疑問文にもできないことから,次の一般化が成り立つ.

---

[8] 非対格動詞というのは自動詞であり,理論的に目的語をとれないとされているため,身体属性文で非対格動詞の「している」がヲ格目的語をとれるというのは有標な現象であるといえる.その証拠に,身体属性文の目的語は分離不可能所有を表すものに限られるという制約がある (注1参照).同様に,英語の非対格同族目的語構文で非対格動詞が目的語をとれるというのも有標な現象であると考えられるが,この場合も目的語が同族のものに限られるという制約がある.非対格動詞がなぜ目的語をとれるのかというのは興味深いテーマであるが,本章の主題と外れるため今後の研究課題とする.

(35) 非能格動詞の目的語は受け身文にも wh 疑問文にもできるが，非対格動詞の目的語は受け身文にも wh 疑問文にもできない．

このように，日本語の身体属性文と英語の非対格同族目的語構文がともに特性③(受け身文にできない) と特性④ (wh 疑問文にできない) をもつことは，動詞のタイプという観点から捉えることができる．

1.4. 理論的意義と帰結

英語の同族目的語構文 ((6) を下に再掲) を日本語に訳すことはできない．

(6) a. She smiled a charming smile.
  b. Your father died a natural death.
(36) a. *彼女は魅力的な笑いを笑った．
  b. *あなたのお父さんは自然な死を死んだ．

(36a) の「魅力的な笑いを笑う」や (36b) の「自然な死を死ぬ」という言い方は日本語では許されない．もし英語を日本語に直訳したものが対応文だとすると，(6) の英語の同族目的語構文には対応する日本語の構文がないことになる．本章では，このような直訳型の分析ではなく，共通の特性という観点から分析を行い，日本語の身体属性文が英語の非対格同族目的語構文に対応することを明らかにした．

本章を終える前に，本分析の帰結を 2 つあげておく．1 つは，日本語の身体属性文と英語の非対格同族目的語構文に現れる修飾要素に関するものである．1.3.1 節で見たように，両構文の目的語と修飾要素の間には叙述関係が成り立つ．もしこの分析が正しければ，両構文において，修飾要素である形容詞は統語部門では修飾要素であるが，意味部門では述語という「二重の性質 (dual nature)」をもつことになる．Culicover and Jackendoff (1997) は統語構造と概念 (意味) 構造の間にはミスマッチがあるという「ミスマッチ仮説 (Mismatching Hypothesis)」を提唱しているが，本分析はこのミスマッチ仮説の経験的な証拠になりうる．

もう 1 つは，身体属性文そのものの特性に関するものである．本章では，日本語の身体属性文と英語の同族目的語構文の特性を比較分析したが，身体

属性文は (37) のような英語の中間構文 (middle construction) とも共通の特性をもっている.

(37) a. This book sells well.
b. This paper reads easily.

まず，英語の中間構文の基本的な特性として，(i) 時制は通常単純現在形だけが使われ，(ii) 特定の時間に起こった出来事に言及できず，(iii) 主語の一般的な性質・属性を表すことがあげられる（影山 (2001) 等参照）．一方，日本語の身体属性文も (i) テイル形だけが使われ，(ii) 特定の時間や場所に言及できず，(iii) 主語の一般的な性質・属性を表すという特性をもつ（影山 (2004) 等参照）．これらの共通点から，日本語の身体属性文は英語の中間構文とも極めて似た特性をもっているといえる．しかし，英語の中間構文は自動詞構文であるのに対して，身体属性文は他動詞構文であるという違いもある．このことから，身体属性文は英語の同族目的語構文と中間構文の両方の特性を備えもつハイブリッドな構文であるとも考えられる．[9] この可能性は先行研究でも指摘されていないものであり，今後，大いに追求する価値のあるテーマといえる．

---

[9] 身体属性文や同族目的語構文と同じく，中間構文も修飾要素を必要とする．

(i) a. This book sells *(well).
b. This paper reads *(easily).

このように，3つの構文すべてに共通して見られる特性もある．

第 2 章

日英語の数量詞[*]

　英語の数量詞は all や both などの普遍数量詞と many や three などの存在数量詞に分けられるが，両者は the や a(n) のような限定詞との語順において以下の対比を示す．

　(1)　a.　{All/Both} the students have come into my office.
　　　b.　*{Many/Three} the students have come into my office.

(1) の対比にあるように，(1a) の普遍数量詞（all と both）は限定詞（the）の左側に現れることができるが，(1b) の存在数量詞（many と three）は限定詞の左側には現れることができない．本章では，日英語の数量詞の比較分析を行い，両言語の数量詞には共通した統語規則が働いていることを示す．

2.1.　英語の数量詞

　(1) で見たように，英語の普遍数量詞と存在数量詞は，それぞれ生起できる場所が異なるが，数量詞遊離現象に関しても違いを示す．

　(2)　a.　The students have {all/both} come into my office.
　　　　　　　　　　　　　　　　　　　　　　　　　　　　　［普遍数量詞］

---

[*] 本章は畠山・本田・田中 (2005) を改訂したものである．

b. *The students have {many/three} come into my office.

[存在数量詞]

(2a) の普遍数量詞の all と both の場合，関係する名詞句 the students から遊離可能であるが，(2b) の存在数量詞の many と three の場合は，関係する名詞句 the students から遊離することができない．

(1) と (2) の対比を分析するにあたり，まず，名詞句の統語構造を考えてみよう．本章では Abney (1987) 等の DP 分析に基づき，名詞句は限定詞 (D: Determiner) が投射した限定詞句 (DP: Determiner Phrase) であると考える．そのため，(1a) の {all/both} the students の構造は，概略，次のようになる．

(3)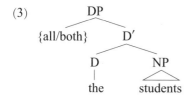

(1a) で見たように，all や both は限定詞 the より前にくることができる．よって，(3) にあるように，all や both などの普遍数量詞は DP 指定部 (specifier) に現れると考えられる．一方，(1b) で見たように，many や three は限定詞 the より前にくることができない．よって，many や three などの存在数量詞は DP 指定部には現れないと考えられる．つまり，英語の数量詞に関して，次の一般化が成り立つ．

(4) 英語では，DP 指定部に現れる数量詞は普遍数量詞だけである．

次に，(4) の一般化を念頭において，(2) の対比について考えてみよう．(2a) にあるように，all や both などの普遍数量詞は遊離可能であるが，(2b) にあるように，many や three などの存在数量詞は遊離できない．つまり，英語の数量詞遊離に関しては，(5) の一般化が成り立つ．

(5) 英語では，普遍数量詞だけが遊離できる．

よって，(4) と (5) の一般化を組み合わせると，次の (6) が導き出せる．

(6) DP 指定部に現れる数量詞だけが遊離できる．

このように，英語の数量詞に関しては，(4), (5), (6) の 3 つの一般化ないし規則が成り立つことになるが，それらはすべて英語固有の一般化ないし規則なのだろうか．次節では，この点を明らかにするために，日本語の数量詞について見ていく．

2.2. 日本語の数量詞

日本語では，名詞を修飾する要素は格助詞よりも左側に現れる（cf.「きれいなお姉さんが／*お姉さんがきれいな」）．しかし，数量詞の場合，普遍数量詞と存在数量詞ともに格助詞よりも右側に現れることができる（神尾 (1977) 参照）．

(7) a. [学生が {全員，両方}] たった今研究室に入ってきた．

［普遍数量詞］

b. [学生が {たくさん，3 人}] たった今研究室に入ってきた．

［存在数量詞］

岸本 (2005) は，日本語の格助詞が英語の限定詞と同じ機能を担うことを示した上で，格助詞は DP の主要部であると提案している．[1] この仮説に基づくと，(7) のカギカッコ部分の構造は，概略，次のようになる．

(8)

(8) では数量詞が DP 指定部を占めている．つまり，線形順序を除けば，日

---

[1] 岸本 (2005) では，さまざまな言語において格助詞が限定詞と同じような機能を担うことが示されている．

本語の (8) の構造は英語の (3) の構造と同じである。[2] しかし，(7) にあるように，日本語の場合は普遍数量詞と存在数量詞ともに DP 指定部に現れることから，以下の一般化が成り立つ．

(9) 日本語では，DP 指定部にすべての数量詞が現れる．

次に，(9) の一般化を念頭において，日本語の数量詞遊離について見ていこう．次の (10) にあるように，日本語では「全員」や「両方」などの普遍数量詞も「たくさん」や「3人」などの存在数量詞も，ともに名詞句「学生が」から遊離することができる (cf. (7))．

(10) a. 学生がたった今 {全員, 両方} 研究室に入ってきた．

[普遍数量詞]

  b. 学生がたった今 {たくさん, 3人} 研究室に入ってきた．

[存在数量詞]

つまり，日本語の数量詞遊離に関しては，(11) の一般化が成り立つ．

(11) 日本語では，すべての数量詞が遊離できる．

よって，(9) と (11) の一般化を組み合わせると，日本語でも英語と同様に，(6) の規則が当てはまることになる（以下，(6) を再掲）．

(6) DP 指定部に現れる数量詞だけが遊離できる．

以上のことから，日本語と英語で異なるのは DP 指定部に現れうる数量詞のタイプ ((4) と (9) を参照) だけで，両者には「DP 指定部に現れる数量詞だけが遊離できる」という共通の規則 (=(6)) が働いていることがわかる．

2.3. 理論的意義と今後の課題

本章では，日英語の数量詞に関する一般化の組み合わせから，「DP 指定部に現れる数量詞だけが遊離できる」という統語規則 (=(6)) を導き出した．

---

[2] DP 分析をとった場合，日本語では DP の指定部が右側にあることになるが，この点についてはここでは議論しない．

しかし，日本語とは異なり，英語では普遍数量詞と存在数量詞が語順や数量詞遊離に関して異なる振る舞いを示す（2.1節および2.2節参照）[3]．このように，日英語で数量詞の性質が異なるにもかかわらず，両言語は数量詞がDP指定部にある場合に数量詞遊離が可能であるという共通性をもつことを示したところに本章の理論的意義があるといえる．このように，本分析はDP指定部と数量詞遊離の関連を示したが，両者がどのように（そして，なぜ）関連するのかということをさらに追求することで，より説明的妥当性のある理論を構築することが可能になる．

本章を終える前に，次の対比について見ておく．

(12) a. *{Many/Three} the students have come into my office. (= (1b))
b. {Many/Three} **of** the students have come into my office.

2.1節で見たように，英語には(4)の一般化（以下に再掲）があるため，(12a)のmanyやthreeなどの存在数量詞はthe studentsの左側に現れることができない．

(4) 英語では，DP指定部に現れる数量詞は普遍数量詞だけである．

しかし，(12b)にあるように，ofを挿入するとthe studentsの左側にも存在数量詞が現れることができる．これと同じような現象が日本語にも見られる．次の対比を見てみよう．

(13) a. *{たくさん，3人}学生がたった今研究室に入ってきた．
(cf. (12a))
b. {たくさん，3人}の学生がたった今研究室に入ってきた．
(cf. (12b))

(13a)にあるように，「学生が」の左隣りに数量詞（「たくさん」/「3人」）を

---

[3] 英語において，普遍数量詞と存在数量詞が異なる振る舞いを示す他の現象として，次のthere構文の例があげられる（Milsark (1974) 等参照）．

(i) There are {*all/*both/many/three} students in the room.

(i)にあるように，there構文の後置主語の修飾語として，allやbothなどの普遍数量詞は許されないがmanyやthreeなどの存在数量詞は許される．

置くことはできないが,(13b)にあるように,「の」を挿入すると「学生が」の左隣りに数量詞を置くことができる.[4] このように,日英語の数量詞の比較を通して,英語の of 挿入と日本語の「の」挿入のメカニズムが解明される可能性がある.この点については今後の研究課題としたい.

---

[4] (ib)にあるように,数量詞(「たくさん」/「3人」)と「学生」の間に「職員室に」が介在し,隣接していない場合は「の」は挿入されない.

 (i) a. {たくさん,3人}の学生が職員室に入ってきた.
  b. {たくさん,3人}職員室に学生が入ってきた.
   (cf. *{たくさん,3人}の職員室に学生が入ってきた.)

第 3 章

日英語の場所句構文*

英語の場所句倒置構文 (Locative Inversion, 以下 LI) には，主に出現や存在を表す非対格動詞が現れる (Coopmans (1989) や Hoekstra and Mulder (1990) 等参照).

(1) Out of the mist *appeared* John.

しかし，LI には非能格動詞も現れることができる．たとえば，work などの自動詞は非能格動詞に分類されるが，(2) のように LI に現れる (Levin and Rappaport (1995: 224)).

(2) On the third floor *worked* two young women called Maryanne Thomson and Ava Brent, who ran the audio library and print room.

桑原 (1995) は，二重 VP 仮説 (Split-VP Hypothesis) を用いて，LI に現れる非能格動詞は派生的に非対格動詞になるという分析を提案している．桑原の分析では，(2) の VP 構造は (3) のようになる (関連部分のみ示す).[1]

---

* 本章は畠山・本田・田中 (2004) および Hatakeyama, Honda, and Tanaka (2004) を改訂したものである．

[1] 桑原 (1995) では，下位 VP 内にある NP と PP は小節 (small clause) を形成していると仮定されているが，本章の議論とは関係しないため，(3) では簡略化して表記している．

(3)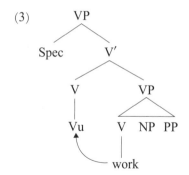

(3)にあるように，非能格動詞のworkは上位VP内にある音形をもたない非対格動詞（Vu）に編入されることで非対格動詞化（以下，非対格化）される．この分析に基づくと，LIに現れる非能格動詞は非対格動詞の性質を帯びてはいるものの，典型的な非対格動詞とはいくつかの点で異なるという事実が捉えられる（詳細に関しては，桑原 (1995) を参照）．しかしながら，桑原ではVuの具体的な中身に関して何も述べられておらず，「音形をもたない非対格動詞」とは一体何であるのかは明らかにされていない．

本章では，LIとそれに対応する日本語の場所句構文（以下，日英語の場所句構文）の比較分析を通して，非対格化には「いる／BE」タイプと「くる／COME」タイプの2種類があると主張する．さらに，この2種類の非対格化は日英語の場所句構文の文頭に現れるPPの種類にも関係することを示す．

3.1. 日英語の場所句構文の構造

Nakajima (2001) は，英語のLIが (4) にあげているような日本語の「には—ている」構文と多くの特徴を共有することを指摘している．[2]

(4) a. このビルの2階には高齢者が働いている．
　　b. 公園にはたくさんの子どもたちが遊んでいる．

---

[2] Nakajima (2001) では両構文の8つの共通点があげられている．なお，(4) ではNakajima (2001: 52-53) から抜粋した例文を日本語で表記している．

本節では，Nakajima (2001) の観察に基づき，日英語の場所句構文の VP 構造を明らかにする．

3.1.1.「いる／BE」タイプの非対格化

まず，英語の非能格動詞 work の例を見てみよう．

(5) They worked on the second floor.
 (i) They worked, which happened on the second floor. ［動作解釈］
 (ii) They were on the second floor while working. ［状況解釈］

Nakajima (2001: 48) で指摘されているように，(5) には 2 つの解釈がある．1 つは，動詞 work に焦点がある (i) の動作解釈で，もう 1 つは，前置詞句 on the second floor に焦点がある (ii) の状況解釈である．この状況解釈では，work の意味が背景化することで，「2 階にいる」という存在の解釈が前面に出てくることになる．[3] ここで重要なのは，非能格動詞の work が (2) のような LI に現れる場合，(5ii) の状況解釈に限られるということである．このことから，Nakajima は LI に現れる非能格動詞は場所句をともなうことで語彙的に状態動詞にシフトしていると分析している．

同様の分析が日本語の「には―ている」構文にも当てはまる．Nakajima (2001: 53-54) で指摘されているように，(4) の「には―ている」構文の特殊なところは，非能格動詞の「働く」や「遊ぶ」がニ格 PP (「このビルの 2 階に」および「公園に」) と共起しているところである．次の例を見てみよう．

(6) a.　このビルの 2 階 {で／*に} は高齢者が働く．
 b.　公園 {で／*に} はたくさんの子どもたちが遊ぶ．

---

[3] (5) の曖昧性は否定文にするとより明確になる (Nakajima (2001: 48))．

 (i) They did not work on the second floor.

(i) では否定辞 not が動詞 work にかかる解釈 (=「働いてなかった」という解釈) と前置詞句 on the second floor にかかる解釈 (=「2 階ではなかった」という解釈) の 2 つがある (前者が動作解釈で，後者が状況解釈)．なお，Nakajima は状況解釈において動詞の意味が背景化することを動詞の意味の漂白 (bleaching) と捉えている (Levin and Rappaport (1995) も参照)．

(6) にあるように,「働く」や「遊ぶ」は動作が起こる場所を示すデ格とは共起できるが,存在する場所を示すニ格とは共起できない.このことから,「働く」や「遊ぶ」は動作を表す非能格動詞であることがわかる.しかし,(4) の「には—ている」構文ではニ格 PP が使われていることから,Nakajima は非能格動詞の「働く」や「遊ぶ」は「いる」がつくことで語彙的に状態動詞にシフトしていると分析している.

このように,英語の LI と日本語の「には—ている」構文では,ともに非能格動詞が語彙的に状態動詞にシフトしていることになる.Nakajima (2001) はこの「状態動詞へのシフト」をあくまで語彙化として捉えているが,本章では桑原 (1995) の分析に基づき,統語部門において非能格動詞が派生的に非対格化していると考える.[4] 具体的には,(4a) の「には—ている」構文の VP 構造は (7) のようになる.

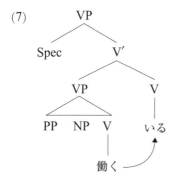

このように,本分析に基づくと,(7) の VP 構造と (3) の英語の LI の VP 構造は同じになるため,(7) の「いる」と (3) の音形をもたない Vu は対応すると考えられる.[5] よって,便宜上,Vu を BE と表すと,(2) の英語の LI の VP 構造は (8) のようになる (cf. (3)).

---

[4] Nakajima (2001) では,非能格動詞の状態動詞へのシフトを生成語彙論 (Generative Lexicon) の枠組みを用いて分析している.

[5] 主要部の位置の違いは日英語の主要部パラメーターの違いによる.

(8)

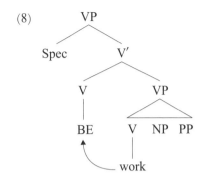

(8)にあるように，workが上位VP内にあるBEへ主要部移動することで，複合動詞のwork + BEが形成される．このwork + BEが日本語の「働いている」に対応する．

3.1.2. 「くる／COME」タイプの非対格化

前節で見たように，Nakajima (2001)では英語のLIが日本語の「には―ている」構文に対応することが示されているが，Nakajimaの分析では捉えられない例がある．それは運動動詞がLIに現れている例である．次の例を見てみよう．

(9) Into the room *walked* John.

(9)のwalkのような運動動詞は非能格動詞に分類されるが，方向を表すPPと共起すると非対格動詞のような振る舞いを示すことが指摘されている (Coopmans (1989), Levin and Rappaport (1995) 等参照)．よって，(9)のLIにおいては，非能格動詞walkが場所句のinto the roomをともなうことで非対格化していると考えられる．しかし，(9)のLIは日本語の「には―ている」構文を使って表すと非文になる．

(10) *その部屋にはジョンが歩いていた．

つまり，Nakajimaの分析では運動動詞の非対格化を捉えることができない．しかし，(10)の文は「いる」の代わりに「くる」を使うと文法的な文になる．

(11) その部屋にはジョンが歩いてきた．

よって，英語の LI に対応する日本語の場所句構文には，「には―ている」構文のほかに「には―てくる」構文があると考えられる．

この「には―てくる」構文の場合も非能格動詞の非対格化が起きていると考えられる．次の例を見てみよう．

(12) その部屋 {で／*に} はジョンが歩いた．

(12) にあるように，「歩く」は動作が起こる場所を示すデ格とは共起できるが，存在する場所を示すニ格とは共起できない (cf. (6))．このことから，「歩く」は動作を表す非能格動詞であることがわかる．しかし，(11) の「には―てくる」構文ではニ格 PP が使われることから，非能格動詞の「歩く」に「くる」がつくことで非対格化が起こっていると考えられる．よって，本分析に基づくと，「には―てくる」構文も「には―ている」構文と同じ VP 構造をもつと考えられるため，(11) の VP 構造は (13) のようになる (cf. (7))．

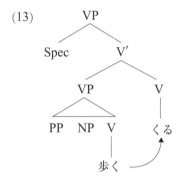

さらに，上述したように，(9) の英語の LI は (11) の「には―てくる」構文に対応することから，両者は同じ VP 構造をもつと考えられる．そのため，本分析に基づくと，(9) の非能格動詞 walk の非対格化は (13) の「くる」に対応する音形をもたない Vu によって引き起こされると考えられる．よって，便宜上，Vu を COME と表すと，(9) の英語の LI の VP 構造は (14) のようになる (cf. (8))．

(14)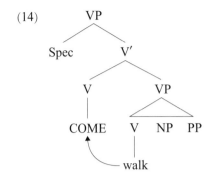

(14) にあるように，walk が上位 VP 内にある COME へ主要部移動することにより，複合動詞の walk + COME が形成される．この walk + COME が日本語の「歩いてくる」に対応する (cf. 中島 (1993))．

本節をまとめると，日英語の場所句構文には「いる／BE」タイプと「くる／COME」タイプの 2 種類の非対格化があることになる．[6] また，この非対格化は統語部門で派生的に起こっており，非能格動詞が主要部移動を起こし複合動詞を形成することで非対格動詞になると分析できる．次節では，この 2 種類の非対格化が日英語の場所句構文の文頭に現れる PP の種類を決定していることを示す．

3.2. 場所を表す PP と方向を表す PP

本章では，これまで日本語の場所句構文に現れるニ格 PP を「場所句」とよんできたが，「には―ている」構文と「には―てくる」構文では文頭のニ格 PP の種類が異なる．

(15) a. このビルの 2 階には高齢者が働いている． (=(4a))
    b. その部屋にはジョンが歩いてきた． (=(11))

(15a) の「には―ている」構文のニ格 PP (「このビルの 2 階に」) は場所を表

---

[6] (13) および (14) で運動動詞は「くる／COME」と共起することを見たが，「いる／BE」と「くる／COME」の選択に関しては動詞の意味タイプが関係してくると考えられる．この点については今後の研究課題とする．

すが，(15b) の「には—てくる」構文のニ格 PP（「その部屋に」）は方向を表す．つまり，「いる」は必ず場所を表す PP（以下，場所 PP）と共起し，「くる」は必ず方向を表す PP（以下，方向 PP）と共起する．よって，以下の認可条件を仮定することができる．

(16) 「いる」は場所 PP を認可し，「くる」は方向 PP を認可する．

(16) をより具体的にいうと，「いる」と「くる」はそれらが c 統御する PP の意味タイプを決める．もう一度，(15) を見てみよう．前節の (7) および (13) で見たように，(15) の「働く」と「歩く」はそれぞれ上位 VP にある「いる」と「くる」へ主要部移動し複合動詞を形成する．その結果，「働いている」と「歩いてくる」は下位 VP 内にあるニ格 PP を c 統御する．よって，(16) の認可条件が成り立つため，(15a) の「(働いて) いる」は場所 PP（「このビルの 2 階に」）を認可し，(15b) の「(歩いて) くる」は方向 PP（「その部屋に」）を認可する．日本語の場所句構文では，このように認可された PP が文頭に移動していると考えられる．

(16) の認可条件は英語の LI にも適用できる．前節で見たように，日英語の場所句構文は，上位 VP の主要部が音形をもつかどうかという違いがあるだけで，「いる」は音形をもたない BE に，「くる」は音形をもたない COME に対応する．よって，英語の LI には以下の認可条件が成り立つと仮定できる．

(17) BE は場所 PP を認可し，COME は方向 PP を認可する．

まず，BE の場合から見ていく（以下，(2) を再掲）．

(2) On the third floor *worked* two young women called Maryanne Thomson and Ava Brent, who ran the audio library and print room.

3.1.1 節で見たように，work は上位 VP にある BE へ主要部移動して複合動詞 work + BE を形成する．その際，(17) の認可条件により，work + BE は c 統御する場所 PP を認可する（構造に関しては (8) を参照）．さらに，(2) の文頭には場所 PP の on the third floor が現れていることから，英語の LI においても，日本語の場所句構文と同様に，認可された PP が文頭に移動する

と考えることができる。[7]

次に，COME の場合について見ていく．本分析に基づけば，COME をともなう LI では，方向 PP が文頭に現れることを捉えることができる．次の対比を見てみよう．

(18) a. John walked {into/in} the room.
　　 b. {Into/*In} the room walked John.

(18a) にあるように，通常の語順においては，walk は場所 PP (in the room) と方向 PP (into the room) のどちらとも共起できるが，(18b) の LI では方向 PP しか文頭に現れることができない．この事実は (17) の認可条件から導かれる．3.1.2 節で見たように，運動動詞の walk は上位 VP にある COME へ主要部移動して複合動詞 walk + COME を形成する．その際，(17) の認可条件により，walk + COME は c 統御する方向 PP を認可する（構造に関しては (14) を参照）．上述したように，LI では認可された PP が文頭に移動すると考えられるため，(18b) では方向 PP (into the room) のみ文頭に現れることができる．

以上のことをまとめると，次のようになる．

(19)

	場所 PP	方向 PP
日本語	いる	くる
英語	BE	COME

このように，非対格化のタイプ（「いる／BE」と「くる／COME」）が，日英語の場所句構文の文頭に現れる PP の種類（場所 PP と方向 PP）を決定していると結論できる．

3.3. 理論的意義と今後の課題

本章では，日英語の場所句構文において 2 種類の非対格化（「いる／BE」

---

[7] 文頭の PP の特性や位置に関しては Rochemont and Culicover (1990) や Bresnan (1994) 等を参照．

と「くる／COME」) が起こっていることを示した．また，この非対格化は統語部門で派生的に起こっており，非能格動詞が主要部移動を起こして複合動詞を形成することで非対格動詞化すると主張した．日本語ではこの複合動詞形成が形態的に明示されるが，英語では形態的に明示されないという違いがあるだけで，日英語の場所句構文は非対格化に関して同じ派生構造をもつ．本分析の理論的意義としては，日本語の「いる」と「くる」に対応する抽象化した BE と COME を仮定し，英語の LI の構造に組み込むことによって，桑原（1995）で提案された音形をもたない非対格動詞（Vu）に実質的な中身を与えたことがあげられる．

　本章を終える前に，本分析の帰結を述べておく．本章では，「いる／BE」と「くる／COME」という2つのタイプの非対格化が存在することを示した上で，両者はそれぞれ場所 PP と方向 PP を認可することを見た．このことは，存在（「いる／BE」）と出現（「くる／COME」）は統語理論上，区別されることを示している．しかし，過去の研究では両者は「存在・出現動詞」として1つのグループのように扱われてきた．つまり，両者の共通点にのみ注目してきたことになる．本分析が示したように，存在と出現の区別は日英語の場所句構文において重要な役割をはたしていることを考えると，両者の相違点という観点から構文を分析することで，新たな理論的発見が得られる可能性がある．

第 4 章

低評価を表すナンカと否定極性表現の any の類似性*

過去の研究においては，英語の否定極性表現（Negative Polarity Item）の any に対応する日本語の否定極性表現として，直訳の「誰も」や「何も」が使われてきた．しかし，any と「誰も」および「何も」には統語的な相違点が見られる．

(1) Mary does not think [that John speaks **any** French].
(2) *花子は [太郎が**何も**話すと] 思わない．
　　(cf. 花子は [太郎が**何も**話さないと] 思っている．)

(1) にあるように，any の場合は否定辞 not が (that) 節の外にあっても認可される．これに対して，(2) の「何も」の場合は否定辞「ない」が節の外にあると認可されない．つまり，any とは異なり，「何も」は同じ節内でしか否定辞に認可されない．同じことが「誰も」にも当てはまる（三原・平岩 (2006) 等参照）．このことから，any と「誰も」および「何も」は性質が異なることがわかる．[1]

---

* 本章は畠山・本田・田中 (2013) を改訂したものである．

[1] ただし，英語の any が非局所的に認可されるかどうかという点に関しては，分析によって見解が分かれるため注意が必要である．たとえば，Progovac (1994) は any を数量詞と捉えているため，補文にある any が LF で主節の IP 内に繰り上げられるとしている（詳細は Progovac (1994) を参照）．この場合，any は（LF において）主節の IP 内で局所的に認

第 4 章 低評価を表すナンカと否定極性表現の any の類似性

本章では,否定極性を表す英語の any と低評価を表す日本語のとりたて詞のナンカに類似性が見られることを示す.[2] また,英語における some と any の交替現象が日本語ではクライとナンカの交替現象として捉えられる可能性があることを示す.

4.1. any とナンカの類似性

否定極性を表す英語の any は,生じる環境に制限があることが知られている.

(3)　*John eats **any** apples.　　　　　（肯定文）
(4) a.　John does <u>not</u> eat **any** apples.　（否定文）
　　b.　John is taller <u>than</u> **any**one else.　（比較文）
　　c.　<u>Does</u> John eat **any** apples?　　（疑問文）
　　d.　<u>If</u> John eats **any** apples, ...　　（条件文）

日本語の低評価を表すとりたて詞のナンカも否定極性を表す any と同じ環境に現れる.[3]

可されていることになるが,any がどのように認可されるかということは本章の主題ではない.ここではあくまで記述的観察として,補文にある any は主節にある否定辞 not に認可される場合があるが,補文にある「誰も」や「何も」は主節にある否定辞「ない」には認可されないということだけを示している.より重要なことは,補文にあるナンカも主節にある否定辞「ない」に認可される場合があるということである (4.1 節を参照).

[2] ナンカの用法は大きく 2 つに分けられ,話者の評価を表すとりたて詞の用法と何かを例示する並列詞の用法がある (この点については,中西 (1995) および山田 (1995) でまとめられている).本章では否定極性を表す any との関連からとりたて詞の用法をとりあげているが,並列詞のナンカは自由選択 (free choice) の any と対応している可能性がある (自由選択の any に関しては Carlson (1981) 等参照).

　(i) a.　写真なんかを用意するのも有効です.　（例示）
　　 b.　Any picture can be effective.　　（free choice）

(ia) の並列詞のナンカと (ib) の自由選択の any には,ともに,否定辞とはとくに関係せず,具体例をとりあげて例示しているという類似点が見られる.両者の関係については,今後の研究課題としたい.

[3] 山田 (1995) でも指摘されているように,とりたて詞のナンカは肯定文でも使われる.

(5) *太郎はリンゴ**なんか**食べる.　　　　　　（肯定文）
(6) a. 太郎はリンゴ**なんか**食べ<u>ない</u>.　　　　（否定文）
　　b. 太郎は次郎**なんか**<u>より</u>背が低い.　　　（比較文）
　　c. 太郎はリンゴ**なんか**食べる<u>の</u>？　　　　（疑問文）
　　d. <u>もし</u>太郎がリンゴ**なんか**食べるの<u>なら</u>,…（条件文）

以上の類似性に加えて，ナンカと any は否定辞とともに現れる統語環境も似ている．まず，両者ともに同じ節内にある否定辞には認可されるが（=(7)），否定辞が関係節内に埋め込まれている場合は認可されない（=(8)）．

(7) a. John does <u>not</u> eat **any** apples.　（=(4a)）
　　b. 太郎はリンゴ**なんか**食べ<u>ない</u>.　　（=(6a)）
(8) a. *[The man [who John does <u>not</u> know]] speaks **any** French.
　　b. *[[太郎の知ら<u>ない</u>] 男] がリンゴ**なんか**食べる.

さらに，(2) で見たように，「何も」のような日本語の否定極性表現は否定辞と同じ節になければいけないという同一節条件に従うが，ナンカは any と同様に同一節条件に従わない．[4]

しかし，井戸 (2013) では，とりたて詞のナドやナンカが肯定文で使われた場合でも，意味的に話者の否定的な評価が読み取れることが指摘されている．次の例を見てみよう．

　　(i) 警察 {など／なんか} が学校にやって来た.

(i) ではナドとナンカが肯定文で使われているが，「警察は学校にやって来るものではない」という否定的評価が読み取れる．同様の観察が，本文の (6b-d) にも当てはまる．具体的にいうと，(6b) では「(普通は) 次郎より低いことはない」こと，(6c) と (6d) では「(普通は) リンゴは食べない」ことがそれぞれ読み取れる．このことは，ナンカがある場合とない場合とを比較することでより明確になる（例：「太郎はリンゴなんか食べるの？(=(6c))」と「太郎はリンゴを食べるの？」の比較）．よって，否定文以外で使われている (6b-d) のナンカも，話者の低評価を表すとりたて詞のナンカとして捉えることができる．

[4] Muraki (1978) や Kato (1985) 等で指摘されているように，シカのような否定極性表現も同一節条件に従う．

　　(i) *花子は [太郎がリンゴしか食べると] 思わ<u>ない</u>.
　　　　(cf. 花子は [太郎がリンゴしか食べないと] 思っている.)

(9) a. Mary does not think [that John speaks **any** French].　(=(1))
　　b. 花子は［太郎がリンゴ**なんか**食べると］思わない．

以上のことから，否定極性を表す英語の any と低評価を表す日本語のとりたて詞のナンカは同じ振る舞いを示すといえる．[5]

4.2.　any/some とナンカ／クライ

Jackendoff (1972) 等で指摘されているように，否定極性を表す英語の any は some と相補分布的に使われる (*some-any* 交替)．たとえば，通常，肯定文では some が使われ，否定文では any が使われる．

(10)　John eats **some** apples.　　(cf. (3))　　（肯定文）
(11)　John does not eat **any** apples.　(=(4a))　（否定文）

このことは，否定の意味を表す要素とともに使われた際にも当てはまる．

(12)　John answered without {**any**/***some**} hesitation.
(13)　John disliked {**any**thing/***some**thing} cold.

(12) と (13) の対比にあるように，否定の意味を表す without 句や否定を意味する接頭辞 dis- を含む dislike (=not like) が使われた場合，any が使われ，some は使われない．さらに，(14) のような比較文の場合にも any が使われ，some は使われない．

(14)　John is taller than {**any**one/***some**one} else.　（比較文）

---

[5] any とナンカの共通性を示す他の例として，(i) のような例もあげられる ((i) は『日本語文法』の査読者から指摘された例文)．

(i) a. Mary burst into tears before John said **any**thing.
　 b. マンガ**なんか**読む前に勉強しなさい．

(ia) にあるように，否定極性を表す英語の any は before の補部に現れることができるが，(ib) にあるように，これに該当する日本語の「前に」の補部にナンカも現れることができる．これに対して，これまで日本語の否定極性表現と考えられてきた「何も」は「前に」の補部に現れることができない（例：***何も**読む前に勉強しなさい）．any とナンカの共通性を示す例が他にもあるかについては，今後の研究課題とする．

この英語に見られる any と some の対比が，日本語のナンカとクライにも見られる．まず，通常，肯定文ではクライが使われ，否定文ではナンカが使われる．[6]

(15) 太郎はリンゴ {*なんか／くらい} 食べる．　　（肯定文）
(16) 太郎はリンゴ {なんか／*くらい} 食べない．（否定文）

次に，否定の意味を表す要素とともに用いられた場合，ナンカが使われ，クライは使われない．

(17) 太郎はためらい {なんか／*くらい} なしに答えた．（cf. (12)）
(18) 太郎はリンゴ {なんか／*くらい} 嫌いだ．　　　　（cf. (13)）

また，(14) の比較文で any と some の間に見られた対比が，ナンカとクライの間にも見られる．

(19) 太郎は次郎 {なんか／*くらい} より背が低い．（比較文）

以上のことから，ナンカは any に対応し，クライは some に対応していると考えられる．

これらの対応は，英語の *some-any* 交替に見られるニュアンスの違いが日本語のクライとナンカの間にも見られることからも支持される．Lakoff (1969) では，疑問文では通常 any が使われるが，話し手が答えとして yes を期待している場合には some が使われることが指摘されている．

---

[6] 中西 (1995: 329) では，とりたて詞のクライが肯定文でナンカと交換できる例があげられている．

(i) お茶 {なんか／くらい} いれてくれと言われればいれる．
(cf. 私は部長にお茶くみ {なんか／*くらい} しないでいいと聞かされた．)

中西が指摘しているように，(i) ではナンカをクライに交換した場合でも，依然として「お茶くみ」を低評価している含みをもつ．このことから，ナンカとクライはともに話者の低評価を表すとりたて詞と考えられる．本章では *some-any* 交替との比較という観点から，ナンカとクライの相違点に焦点を当てているため，両者が入れ替え可能な例は扱わない．しかし，両者の共通点も考察することで，any/some とナンカ／クライの関係に関してより理解が深まるといえる．この点に関しては今後の研究課題としたい．

第4章 低評価を表すナンカと否定極性表現の any の類似性

(20) a. Are there **any** letters for me?
　　 b. Are there **some** letters for me?

(20a) は手紙がきているかどうかがはっきりしないため any を使って尋ねているのに対して，(20b) は手紙がきていること (=肯定の答え) を期待していて，そのことを確認するために some を使って尋ねている．実は，この any と some のニュアンスの違いがナンカとクライにも見られる．

(21) a. 手紙**なんか**きてますか？
　　 b. 手紙**くらい**きてますか？

(21a) のようにナンカが使われている場合は，手紙がきているかどうかを単に聞いているだけであるが，(21b) のようにクライが使われている場合は，手紙がきているという肯定の答えを期待している．

さらに Lakoff (1969) では，条件文においても any と some ではニュアンスが異なることが指摘されている．

(22) a. If you eat {**any**/***some**} candy, I'll beat you.
　　 b. If you eat {***any**/**some**} spinach, I'll give you $10.

(22a) のように，「アメを食べて欲しくない」という否定の期待 (negative expectation) がある場合は any が使われ，(22b) のように，「ほうれん草を食べて欲しい」という肯定の期待 (positive expectation) がある場合は some が使われる．同様のことがナンカとクライにも当てはまる．

(23) a. アメ**なんか**食べれば，虫歯になるよ．
　　 b. おかゆ**くらい**食べられれば，体調も良くなるのに．

(23a) のナンカの場合は「アメを食べて欲しくない」という否定の期待があるが，(23b) のクライの場合は「おかゆくらい食べて欲しい」という肯定の期待がある．

このように，英語の *some-any* 交替と日本語のクライとナンカの交替は対応している可能性が極めて高い．

4.3. 理論的意義と今後の課題

　本章では，否定極性を表す英語の any と低評価を表す日本語のとりたて詞のナンカが同じ振る舞いをすることを示した．さらに，英語の *some-any* 交替が日本語のクライとナンカの交替に対応している可能性も示した．一般に，any は否定極性表現，some は肯定極性表現（Positive Polarity Item）と考えられているため，日本語のナンカは否定極性表現，クライは肯定極性表現と考えることができる．よって，any と some およびナンカとクライの関係は以下のようにまとめられる．

(24)

	否定極性表現	肯定極性表現
英語	any	some
日本語	なんか	くらい

本分析が正しいとすると，両者の共通点と相違点を分析していくことで，さらに極性表現の本質に迫れる可能性がある．このように，言語間の比較においては，直訳による比較ではなく，もう一歩踏み込んだレベルで比較を行うことで，本当の意味での言語間の比較が可能になり，そこから新たな知見が得られる可能性が出てくる．

　本章を終える前に，ナンカが目的語テストとして使える可能性があることを示す．まず，ナンカと格助詞の関係を見てみよう．

(25) a. 子ども**なんか**(が)コーヒーを飲まないよ．
　　　b. 子どもがコーヒー**なんか**(を)飲まないよ．

(25a) のように，主語の「子ども」にナンカがついている場合，格助詞「が」は現れても現れなくてもよい．同様に，(25b) のように目的語の「コーヒー」にナンカがついている場合も，格助詞「を」は現れても現れなくてもよい．このことを念頭に置いて，次の対比を見てみよう．

(26) a. 水 {が／を} 飲みたい．　(cf. 水 {*が／を} 飲む.)
　　　b. 水なんか {*が／を} 飲みたくないよ．

(26a) にあるように，他動詞の「飲む」に願望を表す「たい」がつくと，目的

第 4 章 低評価を表すナンカと否定極性表現の any の類似性　　41

語名詞句はガ格（「水が」）とヲ格（「水を」）の両方が可能になる．このように，ガ格とヲ格が交替可能である文は主格目的語 (Nominative Object) 構文とよばれる（柴谷 (1978) 等参照）．しかし，(26b) にあるように，目的語名詞句の「水」にナンカを付けると，ヲ格は許されるがガ格は許されない．久野 (1973) 等に従うと，この主格目的語構文のガ格名詞句はヲ格名詞句と同じく目的語の位置を占めていると考えられているため，次のような仮説を立てることができる．

(27)　「名詞＋ナンカ」が目的語の位置にある場合，ガ格は後接できない．

つまり，(25a) の他動詞の主語の「子ども」のように主語位置にある場合は，ナンカがついてもガ格が後接できるが，(26a) の主格目的語の「水」のように目的語の位置にある場合は，(26b) にあるように，ナンカがつくとガ格が後接できない．これをナンカテストとよぶことにする．

このナンカテストを使うことで，さまざまな構文に現れるガ格名詞句の統語的位置を明らかにすることができる．次の対比を見てみよう．

(28) a.　あなた**なんか**(が)リーダーに選ばれないよ．　（受け身文）
　　 b.　その川には魚**なんか**(*が)いないよ．　　　　（存在文）

(28a) の受け身文では，「あなた」にナンカがついてもガ格が現れることができる．よって，受け身文のガ格名詞句は目的語の位置にはないことになる．つまり，過去の研究で分析されているように，受け身文のガ格名詞句は目的語の位置に基底生成されるが，表層構造では主語位置に移動していることになる．これに対して，(28b) の存在文では，「魚」にナンカをつけるとガ格が現れることができない．よって，存在文のガ格名詞句は目的語の位置にあることになる．

さらに，次の対比を見てみよう．

(29) a.　子ども**なんか**(が)踊れない．　　　（非能格動詞）
　　 b.　UFO **なんか**(*が)現れない．　　　（非対格動詞）

(29a) にあるように，非能格動詞の「踊る」の場合，「子ども」にナンカがついてもガ格が現れることができる．よって，「踊る」のような非能格動詞のガ格名詞句は主語位置にあることになる．これに対して，(29b) の非対格動詞

の「現れる」の場合は，「UFO」にナンカがつくとガ格が現れることができない．よって，「現れる」のような非対格動詞のガ格名詞句は目的語の位置にあることになる．一般に，非対格動詞の主語はもともと目的語の位置に基底生成され，主語位置に移動すると分析されている．しかし，(27) のナンカテストに基づくと，非対格動詞のガ格名詞句は主語位置には移動しないで目的語の位置にとどまっていることになる．これに対して，(28a) で見たように，ナンカテストに基づくと，受け身文のガ格名詞句は目的語の位置にはなく，主語位置に移動していることになる．従来，非対格動詞と受け身文のガ格名詞句の類似性が指摘されているが，(27) のナンカテストを通してみると，両者の構造上の違いが見えてくる．[7]

日本語の生成文法研究において，ガ格名詞句が主語であるか目的語であるかをめぐってこれまで多くの議論がなされてきた（柴谷 (1978) や岸本 (2005) 等参照）．しかし，主語テストに比べると，目的語かどうかを示すテストはほとんどないのが現状である．そのため，(27) のナンカテストが目的語テストとして妥当であるなら，ガ格名詞句が目的語なのかどうかが容易に判定できることになる．このナンカテストの妥当性に関しては今後の研究課題とする．

---

[7] その他にも，ナンカテストに基づくと，動詞「わかる」のガ格名詞句と「降る」などの天候を表す動詞のガ格名詞句も目的語の位置にあることがわかる．
- (i) a. 山田に英語がわかる．
  - b. 山田に英語なんか(*が)わからないよ．
- (ii) a. 雨が降る．
  - b. 雨なんか(*が)降らないよ．

(ib) にあるように，「英語」にナンカをつけた場合にはガ格が現れることができない．よって，(ia) の「英語が」は目的語の位置にあることになる．また，(iib) にあるように，「雨」にナンカをつけた場合にもガ格が現れることができない．よって，(iia) の「雨が」も目的語の位置にあることになる．

第 5 章

日英語の中間構文

　日本語には,動詞に「てある」が後接するテアル構文がある.益岡 (1984) は,テアル構文を (1) の A 型と B 型の 2 種類に分けている.[1]

(1) a.　A 型：〜ガ〜テアル（例：窓が開けてある.）
　　b.　B 型：〜ヲ〜テアル（例：窓を開けてある.）

(1a) の A 型は受動文のような意味をもつ.たとえば「窓が開けてある」は「窓が開けられている」という受動文の意味に近い.一方,(1b) の B 型はそのような意味はもたない.このことから,益岡 (1984: 123) は A 型と B 型はそれぞれ受動型と能動型であると指摘している.
　本章では,A 型のテアル構文（以下,単に「テアル構文」とよぶ）について考察する.まず,5.1 節で,テアル構文の統語的特性を検討し,テアル構文が日本語の中間構文であることを示す.さらに,5.2 節で,テアル構文と英語の中間構文が共通の統語的特性をもつことを指摘し,5.3 節では,両構文に共通する統語的特性が統語構造の観点から捉えられることを示す.最後に,5.4 節で,本章の理論的意義と今後の課題について述べる.

---

[1] 益岡は A 型と B 型のそれぞれをさらに 2 種類に分けているが,本章の議論とは関係しないため,ここでは言及しない.

5.1. テアル構文の統語的特性

テアル構文には以下の統語的特性がある.[2]

(2) a. 他動詞のみ現れる.
    b. 動詞が形態的変化を起こすことなく,他動詞の目的語が主語として現れる.
    c. 動作主は顕在化しないが,意味的には含意される.

まず (2a) であるが,テアル構文には他動詞しか現れない.

(3) a. *窓が開いてある.　［自動詞］
    b. 窓が開けてある　［他動詞］

上の対比にあるように,(3a) の自動詞「開く」はテアル構文に現れることができないが,(3b) の他動詞「開ける」はテアル構文に現れることができる.
　次に (2b) であるが,テアル構文の場合,受動文とは異なり,動詞の形態的変化は見られない.

(4) a. 窓が開けられた.　［受動文］
    b. 窓が開けてある　［テアル構文］

(4a) の受動文では受動形態素「られ」が含まれているが,(4b) のテアル構文では受動形態素のようなものは含まれていない.しかし,(4a, b) では,ともに他動詞「開ける」の目的語である「窓」が主語になっている (cf. 窓を開ける).つまり,テアル構文では,動詞が形態的変化を起こすことなく,他動詞の目的語が受動文と同じように主語として現れることができる.
　最後に (2c) であるが,テアル構文では,受動文とは異なり,動作主を統語的に具現化することができない.

(5) a. 窓が太郎によって開けられた.　［受動文］
    b. *窓が太郎によって開けてある.　［テアル構文］

---

[2] 本章では,テアル構文に現れる動詞の種類に関する考察は行わない.これらについては,吉川 (1976),益岡 (1984),寺村 (1984),杉村 (1995),影山 (1996) 等を参照のこと.

(5b) が非文法的なことからもわかるように，テアル構文では「太郎によって」のような語句を使って動作主を表すことができない．しかし，(3b) の「窓が開けてある」は (6) の意味をもつことから，テアル構文は意味的には不特定の動作主を含意していることがわかる．[3]

(6) 誰かが窓を開けた．

よって，テアル構文では動作主が統語的には具現化されないが，意味的には含意されているといえる．

以上のことから，テアル構文と能動文（=他動詞文）および受動文の関係は (7) のようになる．

(7)

	能動文	テアル構文	受動文
動詞が形態的変化を起こす	×	×	○
目的語が主語になる	×	○	○
動作主が統語的に具現化する	○	×	○

(7) で示されている通り，テアル構文は能動文と同じように動詞が形態的変化を起こさないが，受動文と同じように目的語が主語になっている．さらに，テアル構文は能動文とも受動文とも異なり，動作主が統語的に具現化することができない（能動文では，動作主は主語として表される）．このように，テアル構文は，能動文と受動文の中間の性質を示すことから，日本語における中間構文と捉えることができる．

---

[3] テアル構文に動作主が含意されていることは，(i) が非文であることからも支持される．

(i) *窓がひとりでに開けてある．

「ひとりでに」という副詞句は，動作主が存在しない場合にのみ用いられる（例：「窓がひとりでに開いた」）．そのため，(i) が非文法的なことから，テアル構文には動作主が含意されていることがわかる．

5.2. 日本語のテアル構文と英語の中間構文の統語的特性

　前節ではテアル構文が日本語の中間構文であると主張したが，英語においても (8) のような中間構文とよばれる構文がある (Keyser and Roeper (1984), Fellbaum (1985, 1986), Hale and Keyser (1987), Fagan (1988, 1992), Stroik (1992) 等参照).

　(8)　This book sells well.

英語の中間構文も日本語のテアル構文と同じく，(2) の統語的特性（以下に再掲）をもつ．

　(2) a.　他動詞のみ現れる．
　　　b.　動詞が形態的変化を起こすことなく，他動詞の目的語が主語として現れる．
　　　c.　動作主は顕在化しないが，意味的には含意される．

まず (2a) であるが，英語の中間構文においても自動詞は許されず，他動詞しか現れることができない．

　(9) a.　This vinyl floor {lays/*lies} in a few hours.
　　　b.　These mosquitoes {kill/*die} only with a special spray.
　　　　　　　　　　　　　　　　　　　　　　　(Fellbaum (1986: 2))

(9a, b) にあるように，他動詞の lay と kill は中間構文に現れることができるが，それらに意味的に対応する自動詞の lie と die は中間構文に現れることができない．

　次に (2b) であるが，英語の中間構文の場合も，受動文とは異なり，動詞の形態的変化は見られない (cf. This book *was sold*.)．また，(8) の中間構文では，他動詞 sell の目的語である this book が主語として現れている (cf. They sell this book.)．つまり，英語の中間構文においても，動詞が形態的変化を起こすことなく，他動詞の目的語が受動文と同じように主語として現れている．

　最後に (2c) であるが，英語の中間構文も，受動文とは異なり，動作主を統語的に具現化することができない．

(10) *Limestone crushes easily *by children.*

(Hale and Keyser (1987: 27))

(10) にあるように，英語の中間構文では by 句 (by children) を使って動作主を表すことができない．しかし，Fellbaum (1985: 21) で指摘されているように，(11a) の中間構文は (11b) の解釈をもつことから，英語の中間構文は意味的には不特定の動作主を含意していることがわかる．[4]

(11) a. The onion slices easily.
    b. The onion can be sliced easily by people in general.

よって，英語の中間構文では動作主が統語的には具現化されないが，意味的には含意されているといえる．

以上のことから，日本語のテアル構文と英語の中間構文は統語的に対応していると結論できる．次節では，両構文に共通して見られる統語的特性が統語構造の観点から捉えられることを示す．

5.3. 日本語のテアル構文と英語の中間構文の統語構造

藤田・松本 (2005: 95) は，フランス語の中間構文において動詞の接辞化が見られるという観察に基づき，英語でも音声的に空である（＝音形がない）だけで，中間構文に関わる形態素が存在すると仮定している．この分析に基づくと，(8) の中間構文は概略 (12) の統語構造をもつ（ここでは説明の便宜上，well の位置は省略している）．

---

[4] 英語の中間構文に動作主が含意されていることは，次の文が非文であることからも支持される (Keyser and Roeper (1984: 405))．

  (i) *Bureaucrats bribe easily all by themselves.

all by oneself という副詞句は，動作主が存在しない場合にのみ用いられる（例：The boat sank all by itself.)．そのため，(i) が非文法的なことから，英語の中間構文には動作主が含意されていることがわかる (cf. 注3)．

(12)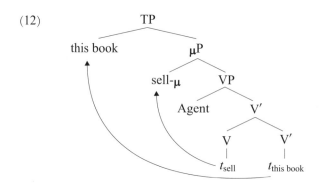

(12) にあるように，μ は音形のない機能範疇の主要部であり，動詞が μ に移動することで中間動詞の形成が行われる．また，μ には対格を吸収する働きがあると仮定されているため，(12) では目的語の this book は格をもらうために主語位置に移動する．[5] さらに，藤田・松本 (2005: 97) は VP 内主語仮説を採用し，中間構文には含意的動作主 (implicit Agent) があるとされている．

ここで，5.2 節で見たように，日本語のテアル構文と英語の中間構文は統語的に対応していることから，「てある」は (12) の英語の μ に対応していると考えられる．よって，以下の仮定が成り立つ．

(13) 英語の μ の音形化したものが日本語の「てある」である．

この仮定に基づくと，(3b) のテアル構文は概略 (14) の統語構造をもつと考えられる．[6]

---

[5] 藤田・松本 (2005: 110) では，μ には「動詞-目的語間の格一致関係を不活性化する機能がある」と述べられているが，本質的には動詞が目的語に格を与えられないということであるため，本章では説明の便宜上「対格の吸収」という用語を用いる．

[6] 動詞移動の有無は本分析には影響しないため，(14) では動詞移動が起きていない構造を仮定している．

第 5 章 日英語の中間構文　　49

(14)
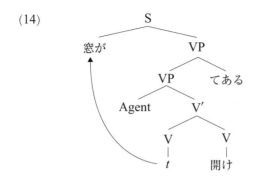

上述したように，英語の中間構文に現れる μ には対格を吸収する働きがあるため，(13) の仮定により，テアル構文の「てある」にも対格を吸収する働きがあると考える．よって，(14) では，目的語の「窓」は格をもらうために主語位置に移動していることになる．[7] さらに，(12) の英語の中間構文と同じく，テアル構文においても，VP 内に含意的動作主があると考える．

以上のことから，5.2 節で見た日本語のテアル構文と英語の中間構文が共通してもつ統語的特性は，両構文がもつ統語構造から捉えられることになる．両構文が共通してもつ (2) の統語的特性を下に繰り返す．

(2) a. 他動詞のみ現れる．
　　b. 動詞が形態的変化を起こすことなく，他動詞の目的語が主語として現れる．
　　c. 動作主は顕在化しないが，意味的には含意される．

(2a-c) に対応する統語構造は次のようになる（比較のため，例文番号は (2′) を用いる）．

(2′) a. V が目的語名詞句をとる構造（＝他動詞の構造）をもつ．
　　b. 中間構文を形成する形態素（μ と「てある」）が対格を吸収するため，目的語は格をもらうために主語位置に移動する．
　　c. VP 内の主語位置に含意的動作主がある．

---

[7] 井上 (1976) もテアル構文に目的語繰り上げ規則（＝NP 移動）が関与していると分析している．

このように，日英語の中間構文（日本語のテアル構文と英語の中間構文）の違いは，中間構文を形成する形態素が音形をもつかもたないかの違いであることになる．

5.4. 理論的意義と今後の課題

本章では，統語的観点から，テアル構文が日本語の中間構文であることを示した上で，テアル構文が英語の中間構文と対応すると主張した．これまで，日本語のテアル構文と英語の中間構文が対応するということは指摘されていない．このように，一見つながりのない構文間に同じ特性が見られるという「ねじれ」現象を指摘したところに，本章の理論的意義がある．

本分析に基づくと，動作主性に関して興味深い問題を提起することができる．次の例を見てみよう（英語の例は松瀬・今泉 (2001: 191; 下線部は筆者ら)）．

(15) a. この肉はナイフで切ってある．
b. This meat cuts easily with a knife.

(15) にあるように，日本語のテアル構文と英語の中間構文はともに道具を表す表現と共起可能である．ナイフのような道具を使うためには，必ず動作主が含意される．このことからも両構文は，(2c) で示したように動作主が統語的には顕在化しないが，動作主性を有することがわかる．しかし，両構文は動作主性に関して常に同じ振る舞いを示すわけではない．たとえば，目的を表す副詞節との共起に関して，両構文は異なった振る舞いを示す（英語の例は藤田・松本 (2005: 120; 下線部は筆者ら)）．

(16) a. 換気をするために窓が開けてある．
b. *Bureaucrats bribe easily to keep them happy.

上の対比にあるように，(16a) のテアル構文は副詞節をともなうことができるが，(16b) の英語の中間構文は副詞節（不定詞節）をともなうことができない．不定詞節の主語の PRO は主文の動作主によってコントロールされることから，両構文は副詞節内の主語のコントロールという点において，動作主性の強さが異なることがわかる（cf. 畠山(編)(2012: 210-211)）．

このように，日本語のテアル構文と英語の中間構文は，(2) の共通の統語的特性を有する一方で，なぜ動作主性に関しては違いを見せるのかという興味深い問題を提示してくれる．過去の研究では，英語の中間構文における動作主性をどのように扱うかという点で見解が分かれている（松瀬・今泉 (2001) 等参照）．英語の中間構文と日本語のテアル構文の動作主性を比較することで，動作主性に関して，新たな洞察が得られる可能性がある．

第 6 章

日本語の「い」脱落と英語の wanna 縮約

　日本語の口語表現では，(1) のように「〜ている」の「い」が脱落して「〜てる」と発音されることがよくある．

(1) a.　みんなが笑ってる．　(cf. みんなが笑っている．)
　　b.　子犬も笑ってる．　(cf. 子犬も笑っている．)

本章では，(1) に見られる「い」の脱落 (以下「「い」脱落」とよぶ) は単なる省略現象ではなく，英語における wanna 縮約 (*wanna* contraction) と同じ現象であると主張する．まず，6.1 節で，「い」脱落には隣接条件 (adjacency condition) が課せられることを示す．さらに，6.2 節では，「い」脱落が wanna 縮約と同じく，音形のないゼロ要素によって阻止されることを示す．最後に，6.3 節で本章の理論的意義を述べる．

6.1. 「い」脱落が起こる環境

　本節では，「い」脱落がどのような環境で起こるのかを明らかにする．説明の便宜上，「い」脱落に関連する部分を (2) のように図式化する．

(2)　[動詞のテ形]—[い]—[X]

(2) にあるように，形態素の「い」は動詞のテ形とともに用いられる．さらに，「い」に後続する X には時制要素などが現れる．以下では，「い」脱落が

第6章 日本語の「い」脱落と英語の wanna 縮約

動詞やXの種類に関係なく起こることを示す.

まず,「い」脱落は動詞の種類に関係なく起こる（φは脱落を表す）.

(3) 他動詞
    a. 太郎はリンゴを食べている.
    b. 太郎はリンゴを食べてφる.

(4) 自動詞
  (i) 非能格動詞
    a. 子どもが働いている.
    b. 子どもが働いてφる.
  (ii) 非対格動詞
    a. 花が咲いている.
    b. 花が咲いてφる.

(3) と (4) にあるように,「い」脱落は動詞の種類にかかわらず起こることがわかる.[1]

さらに,「い」脱落は (2) のXに入る要素の種類に関係なく起こる.

(5) X=過去時制「た」
    a. 花子が笑っていた.
    b. 花子が笑ってφた.

(6) X=非過去時制「る」
    a. 花子が笑っている.
    b. 花子が笑ってφる.

---

[1]「い」脱落によって文のアスペクトの解釈が変わることはない. 次の例を見てみよう.

  (i) 太郎は（すでに）到着している.

(i) にあるように, 到達動詞 (achievement verb) の「到着する」が「ている」と使われた場合, 進行の意味ではなく完了の意味を表す. 同様に, (i) の「ている」の「い」が脱落した (ii) も完了の意味を表す.

  (ii) 太郎は（すでに）到着してφる.

このように,「い」脱落によって文のアスペクトの解釈が変わることはない.

(7) X＝丁寧「ます」
  a. 先生が<u>笑っています</u>.
  b. 先生が<u>笑ってφます</u>.
(8) X＝丁寧「らっしゃる」
  a. 先生が<u>笑っていらっしゃる</u>.
  b. 先生が<u>笑ってφらっしゃる</u>.
(9) X＝否定「ない」
  a. 誰も<u>笑っていない</u>.
  b. 誰も<u>笑ってφない</u>.
(10) X＝願望「て欲しい」
  a. みんなに<u>笑っていて欲しい</u>.
  b. みんなに<u>笑ってφて欲しい</u>.

(5) から (10) では X にさまざまな要素が現れているが,「い」脱落が可能である.このことからわかるように,「い」脱落は X に入る要素の種類に関係なく起こる.

以上のことから,次の一般化が得られる.

(11) [動詞のテ形]—[い]—[X] という構造において,「い」脱落は可能である.

(11) は (2) の構造において「い」脱落が可能となることを示しているが,無条件に「い」脱落が起こるわけではない.次の例を見てみよう.

(12) a. 花子が<u>笑ってさえいた</u>.
  b. *花子が<u>笑ってさえφた</u>.
(13) a. 花子が<u>笑ってばかりいた</u>.
  b. *花子が<u>笑ってばかりφた</u>.

(12a) と (13a) では,それぞれとりたて詞の「さえ」と「ばかり」が動詞 (のテ形) と「い」の間に現れている.この場合, (12b) と (13b) にあるように,「い」脱落が許されない.このことから,「い」脱落に関して,次の隣接条件を提案する.

(14) [動詞のテ形]―[い]―[X] において，動詞のテ形と「い」が隣接する場合にのみ，「い」脱落は可能である．

このように，「い」脱落は「い」の前にくる動詞と後ろにくる X の種類にかかわらず可能であるが，動詞（のテ形）と「い」の間に要素が介在した場合には許されない．次節では，「い」脱落が，英語の wanna 縮約と同じく，音形のないゼロ要素によっても阻止されることを示す．

6.2. 「い」脱落と wanna 縮約

本節では，「い」脱落と wanna 縮約がともに音形のないゼロ要素によって阻止されることを示す．

6.2.1. wanna 縮約と隣接条件

英語の口語表現では，(15a, b) にあるように，want to が wanna になる wanna 縮約が起こる．

(15) a. I want to visit Mary.
　　　　└ 縮約 ┘

b. I *wanna* visit Mary.

しかし，wanna 縮約は無条件に起こるわけではない．

(16) a. I want John to visit Mary.
　　　　└ *縮約 ┘

b.*I *wanna* John visit Mary.

(16a) のように，want と to の間に John が介在している場合は wanna 縮約ができない．そのため，wanna 縮約には (17) の隣接条件が仮定されている (Chomsky (1986) 等参照)．

(17) want と to が隣接している場合にのみ，wanna 縮約が可能である．

(17) の条件は次の対比を的確に捉えることができる．

(18) a. Who do you want to visit?
　　 b. Who do you *wanna* visit?
(19) a. Who do you want to visit Mary?
　　 b. *Who do you *wanna* visit Mary?

(18a) と (19a) では，ともに want と to の間に音形のある要素が何も介在していない．しかし，(18b) の wanna 縮約は許されるが，(19b) の wanna 縮約は許されない．この (18b) と (19b) の文法性の差は，who の痕跡の位置の違いによる．(18b) と (19b) の構造はそれぞれ (20) と (21) のようになる (Chomsky and Lasnik (1977), Boeckx (2000) 等参照)．

(20)　Who$_i$ do you want　　to visit t_i?　　(cf. (18b))
　　　　　　　└ 縮約 ┘
(21)　Who$_i$ do you want　t_i　to visit Mary?　(cf. (19b))
　　　　　　　└ 縮約 ┘

(20) では who の痕跡 (t_i) は動詞 visit の後ろにあるが，(21) では who の痕跡は want と to の間にある．(21) では wanna 縮約が許されないことから，want と to の間にある who の痕跡が wanna 縮約を阻止していることがわかる．このように，wanna 縮約では，want と to の間に音形のない要素が介在しても (17) の隣接条件に抵触する．

次節では，「い」脱落も音形のないゼロ要素によって阻止されることを示す．

6.2.2. 「い」脱落ととりたて詞移動

次の例を見てみよう．

(22) a.　太郎はリンゴを食べてさえいた．
　　 b. *太郎はリンゴを食べてさえϕた．
(23) a.　太郎はリンゴを食べていさえした．[2]

---

[2] (23a) では，「さえ」の挿入により取り残された過去時制をサポートするために，虚辞動詞 (dummy verb)「する」が挿入されている．これは「する」挿入とよばれているが，(23a) で「する」挿入が起こらないと非文になる．

b. *太郎はリンゴを<u>食べてφさえした</u>.

6.1節の(14)の隣接条件に基づくと，(22a)では「食べて」と「い」の間にとりたて詞の「さえ」が介在しているため，(22b)の「い」脱落が許されないことが適切に捉えられる（(12)および(13)も参照）．一方，(23a)では，「食べて」と「い」の間に何も介在しておらず，「い」脱落が可能であると予測されるが，実際には(23b)の「い」脱落は許されない．

　しかしながら，(23b)は本分析の反例にはならない．なぜなら，(23a)では「さえ」がもともと「食べて」と「い」の間にあったと考えられるからである．次の例を見てみよう．

(24) a.　もってさえいった.
　　 b.　もっていきさえした.

「さえ」は焦点を当てる要素につくため，(24a)と(24b)では解釈が異なる．(24a)では「もつ」ことに焦点が当てられているが，(24b)では「もっていく」ことに焦点が当てられている．これに対して，(22a)と(23a)ではともに「食べる」ことに焦点が当てられている．以下，関連部分を示す．

(25) a.　食べてさえいた.　　(=(22a))
　　 b.　食べていさえした.　(=(23a))

「さえ」の位置が異なるにもかかわらず，(25a, b)が同じ焦点解釈をもつという事実は，とりたて詞移動（particle movement）を仮定することで説明できる．一般的に，移動は文のもとの意味を変えないため，(25a, b)では「さえ」が移動していると考えることができる．具体的にいうと，(25a)は(25b)の基底構造であり，「食べて」と「い」の間にあった「さえ」が「い」の後ろに移動することで(25b)が派生されると考えられる．つまり，(23b)の「い」脱落は次の(26)の構造に対して行われていることになる（関連部分の

　(i)　*太郎はリンゴを<u>食べていさえた</u>.

「する」挿入は英語の *do*-support に対応する操作と考えられる．

み示す).³

(26)　[$_{vP}$ [$_{vP}$ [$_{VP}$ [$_{VP}$ 食べて]　t_i] い]　さえ$_i$]　した

(26) に示したように,「さえ」はもともと VP の付加位置にあり,それが vP の付加位置に移動していると考えられる.⁴ 移動の際に「さえ」は痕跡 (t_i) を残す.この痕跡が「食べて」と「い」の間に介在するため (14) の隣接条件に抵触し,「い」脱落ができなくなる.このように,(23b) の「い」脱落は,(21) の wanna 縮約と同じく,音形のないゼロ要素の介入により阻止されると結論できる.⁵

6.3. 理論的意義

本章では,日本語の「い」脱落と英語の wanna 縮約が隣接条件の観点から統一的に捉えられることを示した.とくに,両者には音形のある要素だけで

---

[3] とりたて詞の移動は文の意味を変えない随意的な移動 (semantically vacuous optional movement) である.これはスクランブリングがもつ特徴である (Saito (1989)).よって,とりたて詞移動はスクランブリングと同じタイプの移動であるといえる (日本語の随意的な移動に関しては,第 III 部の第 12 章「日本語の動詞移動」も参照).

[4] 本分析では Aoyagi (1998) および青柳 (2006) に従い,「さえ」は A′ 位置 (A′-position) に付加していると仮定する.過去の研究 (Chomsky (1973) 等参照) では,A′ 位置からの移動は (他の) A′ 位置でなければならないという制約 (Improper Movement Constraint) が仮定されているため,「さえ」の移動先も A′ 位置になる.よって,「い」脱落と wanna 縮約はともに A′ 移動によって生じた痕跡によって阻止されるといえる ((21) および (26) 参照).

[5]「ていく」の場合も「ている」と同じく「い」脱落が可能であるが,(24b) において「い」脱落が起こることを本分析は適切に捉えることができる.

(i) a.　もっていきさえした.　(=(24b))
　　b.　もって φ きさえした.

上述したように,(i) (=(24b)) は「もつ」ではなく「もっていく」に焦点が当たっていることから,(i) の「さえ」は「もっていき」の後ろに挿入されていることになる.つまり,(i) では「さえ」の移動は起こっていないため,「もって」と「い」の間には移動による痕跡も存在しない.よって,(14) の隣接条件を満たすため,(ib) では「い」脱落が可能となる.

第6章 日本語の「い」脱落と英語のwanna縮約　　　59

はなく，音形のない要素が介在しても阻止されるという共通性が見られる．
再度，関連する例を示す．

(27) 音形のある要素の介在

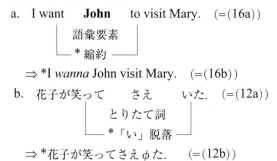

(28) 音形のない要素の介在

以上のことから，これまで便宜的に「い」脱落とよんできた現象は単なる「い」の省略ではなく，動詞のテ形と「い」による縮約現象であると考えられる．このように，日本語にも英語のwanna縮約に相当する現象が存在することを示したところに本章の理論的意義がある．

第 II 部

英語の構文研究

　文法理論の中身は仮説である．では，仮説はどうやってつくられるのであろうか．理論言語学においては，原則として，帰納的につくられる．つまり，具体的な言語現象から事実の一般化を見つけ出し，そしてそれを何らかの形でフォーマライズ（形式化・定式化）して仮説をつくる．
　では，ここでいう「言語現象」とはいったい何のことであろうか．それは，ほかならぬ，構文のことである．つまり，構文研究を通して得られた言語事実を一般化してフォーマライズしたもの，それが仮説である．そして，その仮説がはたして妥当であるかどうか，それを検証するのも，これまた構文である．つまり，ある構文をもとにつくられた仮説は，別の構文を使ってその妥当性が検証されるのである．
　このことからもわかるように，説明できる構文の数だけ文法理論の成熟度（ならびに完成度）も上がるのである．言い換えれば，攻略した構文の数だけ文法理論を理解できるともいえる．その意味では，構文研究を通してしか，実は，地に足のついた形で文法理論を構築することはできないのである．ここでいう，「地に足のついた」とは，記述的妥当性と説明的妥当性の両方を備えたという意味である．
　第 II 部では，具体的な構文分析を通して，どのように文法理論をつくりあげていくべきかを示している．それは同時に，これからどんな文法理論を構築していくべきかという問題提起にもなっている．

第 7 章

So 倒置構文再考[*]

英語には，(1) の接続詞 and の後半部分（イタリック体）のように，so が文頭に置かれ，主語・助動詞の倒置が起きている so 倒置構文とよばれる構文がある．[1]

(1) John can speak French, and *so can Ann*.

Quirk et al. (1985) は so 倒置構文に (2a, b) を仮定し，(3) の構造を提案している．[2]

---

[*] 本章は Hatakeyama, Honda and Tanaka (2010) を改訂したものである．

[1] (iB) のように so が文頭に置かれるだけで倒置を起こさない文は so 倒置構文と区別される (Quirk et al. (1985) 参照)．

 (i) A: John drives a car.
   B: *So he does*.

(iB) の文は相手の発言に対する同意や確認を表す．なお，so 倒置構文の場合は，文頭の so が too や also と同じ意味を表す．

[2] Quirk et al. (1985) は，主語・助動詞の倒置を subject-operator inversion としているが，本章では GB 理論の用語を用いて I-to-C 移動とする．また，(3) の構造も Quirk et al. の主張を GB 理論の枠組みで表示したものである．

(2) a. I-to-C 移動
    b. so は副詞

(3) [$_{CP}$ so [$_{C'}$ can$_i$ [$_{IP}$ Ann [$_{I'}$ t_i]]]]

しかし，Toda (2007) は，Quirk et al. の分析では (4) のデータが説明できないと指摘している．

(4) Bill must be a genius and *so must be Ann.*

(4) の so 倒置構文では，must と be が Ann の左側にきている．通常，I-to-C 移動で移動できるのは 1 つの主要部だけである．たとえば，*Ann must be a genius.* という文を疑問文にする場合，*Must Ann be a genius?* であって，**Must be Ann a genius?* とはならない．つまり，must と be の 2 つの主要部をいっしょに I-to-C 移動することはできない．しかし，(4) の so 倒置構文では，must と be の 2 つの主要部が Ann の左側にきているのにもかかわらず文法的である．このことは，I-to-C 移動を仮定しただけでは，(4) の文法性が説明できないことを示している．つまり，Quirk et al. の (2) の仮定だけでは，(4) は説明できないことになる．

そこで，Toda は I-to-C 移動のほかに新たに (5a, b, c) を仮定し，(4) の so 倒置構文に対し，概略，(6) の構造を提案している．

(5) a. VP 前置
    b. 主語の後置
    c. 前置 VP の義務的な代動詞化（以下，so 置換）

(6) [$_{CP}$ [$_{VP}$ so]$_i$ [$_{C'}$ [$_C$ must]$_j$ [$_{IP}$ t_k [$_{I'}$ t_j [$_{VP}$ be t_i]]] Ann$_k$]]

本章では，7.1 節で Toda の分析には経験的な問題があることを指摘する．とくに，(4) の so 倒置構文の例を捉えるために新たに仮定された VP 前置と主語の後置の妥当性を検証する．7.2 節では，Toda の分析で生じた問題点を詳しく検討し，代案を提出する．具体的にいうと，本分析は Quirk et al. の (2) の仮定に，新たに (7) の仮定だけを加えたものとなる．

(7) so 倒置構文では主要部のアマルガム移動が許される.

(7) の仮定をとれば，(4) の構造は (8) のようになる.

(8) [$_{CP}$ so [$_{C'}$ must-be$_i$ [$_{IP}$ Ann [$_{I'}$ t_i [$_{VP}$ ϕ]]]]]

7.3 節では，本分析と Toda の分析を比較し，本分析の方が理論的にも経験的にも優れていることを示す．最後に本分析の理論的意義と帰結を述べる．

7.1. Toda (2007) の問題点

まず，Toda の so 倒置構文に対する分析を概観しよう．Toda は，(4) の so 倒置構文が (9) のような派生を経て生成されると主張している．

(9) i. VP 前置：[$_{CP}$ [$_{VP}$ a genius]$_i$ [$_{IP}$ Ann [$_{I'}$ must [$_{VP}$ be t_i]]]]

　ii. I-to-C 移動：
　　[$_{CP}$ [$_{VP}$ a genius]$_i$ [$_{C'}$ [$_C$ must]$_j$ [$_{IP}$ Ann [$_{I'}$ t_j [$_{VP}$ be t_i]]]]]

　iii. 主語の後置：
　　[$_{CP}$ [$_{VP}$ a genius]$_i$ [$_{C'}$ [$_C$ must]$_j$ [$_{IP}$ t_k [$_{I'}$$t_j$ [$_{VP}$ be t_i]]] Ann$_k$]]

　iv. so 置換：
　　[$_{CP}$ [$_{VP}$ so]$_i$ [$_{C'}$ [$_C$ must]$_j$ [$_{IP}$ t_k [$_{I'}$ t_j [$_{VP}$ be t_i]]] Ann$_k$]]

ここで，Toda は (9i) の VP 前置に関して，次の仮定をしている．

(10) VP 前置に関する仮定：
　(i) VP 前置が I-to-C 移動を引き起こす．
　(ii) 前置された VP が so に置換される．

つまり，Toda の分析では，(9i) の VP 前置が「土台」になって，(9ii) の I-to-C 移動と (9iv) の so 置換が引き起こされることになる．言い換えれば，so 倒置構文に VP 前置を仮定する根拠が不十分であるなら，(9) の派生自体

が成り立たないことになる．

また，Toda は (9iii) の主語の後置を仮定する根拠として，以下の 2 点をあげている．

(11) 主語の後置を仮定する根拠:
    (i) *so must be Ann.* (=(4)) の語順が出せる．
    (ii) 場所句倒置構文の主語と同じ振る舞いをする．

(11) にあるように，Toda は「語順」と「他の構文（＝場所句倒置構文）との類似」という経験的な根拠をもとに，so 倒置構文に主語の後置を仮定していることになる．よって，Toda の分析を認めるためには，上の (11) の経験的妥当性を詳細に検討する必要がある．

本節では，上にまとめた Toda の仮定には妥当性がないことを明らかにした上で，Toda の so 倒置構文の分析は成り立たないことを示す．

7.1.1. VP 前置の妥当性

(10i) に示したように，Toda は VP 前置が I-to-C 移動を引き起こすと主張している．しかし，通常，VP 前置は I-to-C 移動を引き起こさない．次の対比を見てみよう．

(12) a. John wanted to win the race, and *win the race he did*.
    b. *John wanted to win the race, and *win the race did he*.

(12) では，接続詞 and の後ろで VP の win the race が前置されている．(12a) にあるように，通常，VP 前置は I-to-C 移動を引き起こさない．事実，(12b) のように，VP 前置が I-to-C 移動をともなうと非文になる．つまり，VP 前置が I-to-C 移動を引き起こすという仮定は経験的に問題があるといえる．Toda の分析を推し進めるなら，so 倒置構文のときだけ例外的に VP 前置が I-to-C 移動を引き起こすと仮定する強い根拠が必要となる．

(9) に示したように，Toda の分析では VP 前置が「土台」になって so 倒置構文がつくられる．具体的にいうと，VP 前置が引き起こす連鎖は次のようになる．

(13) Toda (2007) の so 倒置構文の派生の連鎖:
VP 前置 → I-to-C 移動 → 前置された VP の so 置換

(13) にあるように，VP 前置の妥当性がないのであれば，I-to-C 移動だけではなく，so 置換も成り立たなくなる．なぜなら，Toda では前置された VP に対して so 置換が適用されると仮定されているからである（(10ii) 参照）．本節で示したように，そもそも so 倒置構文に VP 前置を仮定する根拠が不十分であるということは，(13) のスタート地点（=VP 前置）が成り立たないことになる．よって，VP 前置にともなう I-to-C 移動と so 置換も必然的に成り立たないため，Toda の分析そのものが成り立たないと結論できる．

7.1.2. 主語の後置の妥当性

(11) に示したように，Toda が so 倒置構文において主語の後置を仮定しているのは，経験的な根拠に基づいている．(11) を再掲する．

(11) 主語の後置を仮定する根拠:
  (i) *so must be Ann.*（=(4)）の語順が出せる．
  (ii) 場所句倒置構文の主語と同じ振る舞いをする．

よって，次の 2 点が示されると，Toda の主語後置分析は根拠がないことになる．

(14) (i) 主語の後置を仮定すると，捉えられない語順が出てくる．
   (ii) 場所句倒置構文と so 倒置構文では主語の性質が異なる．

まず，(14i) から見ていく．本章の冒頭で述べたように，Toda は (4) の so 倒置構文の語順を捉えるために，(6) の構造を提案している（以下，(4) と (6) を再掲）．

(4) Bill must be a genius and *so must be Ann.*

(6) [$_{CP}$ [$_{VP}$ so]$_i$ [$_{C'}$ [$_C$ must]$_j$ [$_{IP}$ t_k [$_{I'}$ t_j [$_{VP}$ be t_i]]] Ann$_k$]]

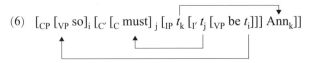

つまり，Toda の分析では，主語は文末に置かれることになる．このことを

第7章 So 倒置構文再考

念頭において，次の (15) を見てみよう．

(15) A: Tom is very nervous.
　　　B: *So would you be in his position.*

(Huddleston and Pullum (2002: 1539)))

(15B) で so 倒置構文が用いられているが，主語の you は文末にはきていない．so 倒置構文に主語の後置を仮定すると，(15B) の語順が捉えられないことになる．さらに，(16) にあるように，(15B) において you を文末に後置すると非文になってしまう．

(16) *So would be in his position you.*

このように，so 倒置構文に主語の後置を仮定する Toda の分析は，(16) のような非文をも生成してしまうことになる．よって，(11i) は so 倒置構文に主語の後置を仮定する経験的な根拠としては妥当性を欠くといえる．[3]

次に，(14ii) について見ていく．Toda は so 倒置構文を (17) のような場所句倒置構文と関連して捉え，どちらも主語の後置が関与していると考えている．

(17) Into the room walked John.

しかし，両構文では，主語の性質が異なっている．1つ目は代名詞に関する違いである．(18) にあるように，場所句倒置構文では代名詞の主語は許されない (Emonds (1976), Bresnan (1994) 等参照)．

(18) Into the room walked {John/*he}.

これに対して，so 倒置構文の主語は代名詞であっても構わない．

(19) John can speak French, and *so can* {Ann/she}.

2つ目は，主語の「重さ」に関する違いである．場所句倒置構文の場合，使

---

[3] Toda は *so must Ann be.* のような語順も考慮に入れ，主語の後置は任意であると考えているようであるが，主語の後置が任意であるとしても，なぜ (16) の場合には主語の後置ができないのかが依然として説明できない．

われる動詞によっては，主語が重い方が軽い場合よりも容認度が高くなることが知られている．

(20) a. *Into the room slept *Robin*.
b. *Into the room slept fitfully *Robin*.
c. Into the room slept fitfully *the students in the class who had heard about the social psych experiment that we were about to perpetrate*. (Culicover and Levine (2001: 293))

(20) にあるように，動詞 sleep が場所句倒置構文に使われている場合，(20a, b) のように主語が軽いとほとんど容認されないが，(20c) のように主語を重くすると容認度が飛躍的に上がる．ここで重要なのは，場所句倒置構文の場合，主語を重くすると容認度が上がるということである．[4]

これに対して，so 倒置構文の場合は逆に主語が重いと容認度が下がる．

(21) a. John is a genius and *so is Mary*. [5]
b. John is a genius and *so is the woman who is standing over there with a big smile on her face*. [4]

(21) の各文の最後にあるカギカッコの中の数字は，英語母語話者に示してもらった容認度を表している．5 が最も容認度が高く，1 が最も容認度が低いことを表す．(21) からわかることは，so 倒置構文は主語が重いと容認度が下がるということである．つまり，主語の重さと容認度に関して，so 倒置構文と場所句倒置構文とでは逆のパターンを示すため，場所句倒置構文の主語と so 倒置構文の主語は性質が異なると考えられる．よって，たとえ場所句倒置構文の主語が文末に後置されているとしても，これと同じ理由で so 倒置構文の主語も文末に後置されているという議論は成り立たない．以上の

---

[4] Culicover and Levine (2001) では，場所句倒置構文は2種類あることが示されている．1つは light inversion とよばれるもので，動詞が非対格動詞に限られる．この場合，主語 NP は VP 内にとどまっていると仮定されている．もう1つは heavy inversion とよばれるもので，動詞に対する制限はない．この場合の'heavy'は Heavy NP Shift（重名詞句移動）の heavy に対応しており，heavy inversion では主語 NP の後置が起きていると仮定されている．

ことから，(11ii) も so 倒置構文に主語の後置を仮定する経験的な根拠としては妥当性を欠くといえる．

7.2. 代案

本節では，前節で見た Toda (2007) の問題点をも解決でき，かつ，Quirk et al. (1985) では扱えない (4) の例も説明できる so 倒置構文の派生を考察していく．具体的には，以下の2つの問題点について見ていく．

(22) (i)　so 倒置構文に関与している操作は何か．
　　 (ii)　so 倒置構文で I-to-C 移動の動機付けになっているものは何か．

前節で，Toda の分析で仮定されている3つの操作（VP 前置，so 置換，主語の後置）には経験的な問題があることを見た．つまり，so 倒置構文にはそれらの操作が関与していないと考えられるため，まずは so 倒置構文に関与している操作を明確にする必要がある．さらに，前節で見たように，Toda では VP 前置が I-to-C 移動を引き起こすと主張されているが，そもそも VP 前置を仮定することに妥当性がないため，この仮定は成り立たない．よって，so 倒置構文では何が I-to-C 移動を引き起こしているかを明確にする必要がある．以下では (22) の2点を明確にした上で，so 倒置構文の構造を提案する．

7.2.1. VP 削除

本節では，so 倒置構文には VP 削除が関与していると主張する．その根拠として，sloppy identity の解釈があげられる．一般に，VP が削除されると sloppy identity の解釈が出ることが知られている（Williams (1977) 参照）．この sloppy identity の解釈が，so 倒置構文においても許される（例文にある「ϕ」は省略を表す）．

(23)　John loves his mother, and *so does Bill* [$_{VP}$ ϕ]

(23) の so 倒置構文には，次の (24a) と (24b) の両方の読みが可能である．

(24) a.　Bill loves John's mother.　(strict reading)

b. Bill loves Bill's mother.　　(sloppy identity reading)

上述したように，VP が削除されると sloppy identity の解釈が許されるため，(23) の so 倒置構文が (24b) の sloppy identity の解釈を許すということは，so 倒置構文に VP 削除が関与している強い証拠になる．これに対して，Toda の分析では so 倒置構文に sloppy identity の解釈が許されるという事実は捉えられない．

さらに，so 倒置構文に VP 削除が関与していると仮定することで，(25) の例も説明できる（説明の便宜上，第 1 文と第 2 文の VP に下線を引いている）．

(25) This forecast is admittedly <u>way above the estimate of most analysts in several recent surveys</u>. But *so is reality generally <u>far off from the consensus</u>*.　　(Huddleston and Pullum (2002: 1539))

(25) においては，第 2 文（But 以下）で so 倒置構文が使われているが，VP (*far off from the consensus*) が後ろに残されたままになっている．Toda の分析では，so 倒置構文の VP は前置された後に so によって置換されるため，VP 要素が文末に現れることはできない．つまり，Toda の分析では (25) のようなデータの存在は予測できないことになる．一方，本分析のように VP 削除を仮定した場合，(25) のような so 倒置構文に対しても説明を与えることができる．なぜなら，削除は一般に同一性のもとに行われるため，(25) のように第 1 文の VP と第 2 文の VP が異なる場合は，第 2 文（=so 倒置構文）の VP 削除を行うことができないからである．このように so 倒置構文の VP が表されるケースはまれであるが，VP 削除を仮定した場合，(25) のような文の存在も捉えることができる．[5]

---

[5] Quirk et al. (1985: 882) も，so 倒置構文の VP は「供給可能 (can be supplied)」であると指摘している（説明の便宜上，so 倒置構文の VP 部分に下線を引いてある）．

(i) You asked him to leave, and *so did we* <u>ask him to leave</u>.

実際には，(i) の so 倒置構文の VP (ask him to leave) が表されることはごくまれであるが，このような例が可能であることから，Quirk et al. でも so 倒置構文には VP 削除が関与していると仮定されている．

以上のことより，so 倒置構文には VP 削除が関与していると結論できる．

7.2.2. I-to-C 移動の動機付け

7.1.1 節で，「VP 前置が I-to-C 移動の動機付けになっている」という Toda の仮定は経験的に妥当性に欠けることを見た．本分析では，so 倒置構文の so は副詞であるという Quirk et al. (1985) の仮定 (=(2b)) に基づき，副詞の so が I-to-C 移動を引き起こすと考える．副詞が I-to-C 移動を引き起こす例としては，never や only などがよく知られている．

(26) a. *Never* have I heard such awful news.
　　 b. *Only* can Mary eat seafood salad.

(26a) では never が，(26b) では only が I-to-C 移動を引き起こしている．よって，so 倒置構文の so も，(26) の副詞と同じように I-to-C 移動を引き起こすという仮定は経験的にも妥当性があるといえる．本章では，(26) が否定の副詞による倒置 (Negative Inversion) であるのに対して，so 倒置構文は肯定の副詞による倒置 (Positive Inversion) であると主張する．つまり，(26) と so 倒置構文は「極性」という点から統一的に捉えられることになる．

　so を副詞と捉えると，Toda の分析のように so 倒置構文に so 置換 (=(9iv)) という操作を立てる必要もなくなる．また，so が副詞であれば，so 倒置構文に VP 削除が起こっているという前節で見た仮定とも矛盾しないため，Toda の分析にとって問題となる (25) のような例も捉えられる．このように，so を副詞とする分析は，Toda の VP 前置（および so 置換）を仮定する分析より，理論的にも経験的にも優れているといえる．[6]

7.2.3. so 倒置構文の構造

7.1.2 節で，so 倒置構文に主語の後置を仮定する Toda 分析は，経験的に不十分なだけではなく，(16) のような非文までも文法的な文であると誤って予測してしまうことを見た（以下，(16) を再掲）．

---

[6] so 倒置構文の so は副詞であり，so 倒置構文では省略 (=VP 削除) が起きているという仮定に関しては，Hankamer and Sag (1976) および Huddleston and Pullum (2002) も参照．

(16) *So would be in his position you.

本分析では，Quirk et al. (1985) と同じく，so 倒置構文の主語は通常の主語位置（IP の指定部）にあると考える（(3) 参照）．つまり，so 倒置構文の主語は通常の主語と同じように捉えられることになる．このことは，7.1.2 節で見た so 倒置構文の主語の特徴からも支持される．

(27) so 倒置構文の主語と通常の主語が示す共通の特徴：
  (i) 代名詞を許す（=(19)）．
    a. John can speak French, and *so can **she***.
    b. **She** can speak French.
  (ii) 重名詞句は避けられる傾向にある（= (21)）．
    a. John is a genius and *so is **Mary***. [5]
    a′. John is a genius and so is ***the woman who is standing over there with a big smile on her face.*** [4]
    b. The story is told of her phenomenal success in Australia.
    b′. (?) **The story of her phenomenal success in Australia** is told.
                                        (Quirk et al. (1985: 1398))
  (iii) 通常の主語と同じ語順を示す（=(15B)）．
    a. So would ***you*** be in his position.
    b. What would ***you*** do in his position?

まず，(27ia) にあるように，so 倒置構文の主語は，(27ib) の通常の主語の場合と同じく，代名詞が普通に使われる．また，(27iia) および (27iia′) の対比にあるように，so 倒置構文は主語が長い場合，容認度が低くなる（7.1.2 節で見たように，カギカッコの数字は容認度を表し，5 の方が 4 よりも容認度が高いことを示している）．同様に，(27iib) と (27iib′) の対比にあるように，通常，長い主語は避けられる傾向にある．さらに，(27iiia) の so 倒置構文の主語は，(27iiib) の通常の主語と同じ位置にあることがわかる．

このように，本分析では so 倒置構文の主語は主語位置（IP の指定部）にあると仮定するため，Toda でとりあげられた (4) の文をどう捉えるかということが本分析でも問題となる．もう一度 (4) を下に繰り返す．

(4) Bill must be a genius and *so must be Ann.*

第7章 So 倒置構文再考

本分析では，(4) の so 倒置構文の主語の Ann は IP の指定部にあるため，(4) の so 倒置構文においては，must と be が両方とも IP の指定部より上にあることになる．さらに，7.2.2 節で見たように，本分析では副詞の so によって I-to-C 移動が引き起こされるため，(4) の must と be は「かたまり（＝アマルガム）」を形成し，I-to-C 移動を起こしていると考えられる．この仮定が正しければ，must と be の間に副詞等の要素を介在できないことが予測されるが，事実，次の (28) にあるように，副詞の介在は許されない．

(28)　*Bill must be a genius, and *so must surely be Ann.*

ここで注意すべきことは，通常の語順では must と be の間に副詞の介在が許されるということである．

(29)　Ann must surely be a genius.

そのため，Toda の分析のように主語の後置を仮定してしまうと，(29) の主語の Ann を文末に後置することになるため，(28) の so 倒置構文を事実に反して文法的であると予測してしまうことになる．よって，so 倒置構文に主語の後置を仮定する分析よりも，助動詞のアマルガム移動を仮定する本分析の方が妥当であるといえる．

以上のことをまとめると，本分析では，問題の (4) の so 倒置構文は (30) の構造をしていると考える．

(4)　Bill must be a genius and *so must be Ann.*
(30)　[$_{CP}$ so [$_{C'}$ must-be$_i$ [$_{IP}$ Ann [$_{I'}$ t_i [$_{VP}$ ϕ]]]]]　(=(8))

さらに，本章の冒頭で述べたように，(30) の構造は (2) の Quirk et al. の仮定に，新たに (7) を付け加えただけのものとなっている．(2) と (7) を下に繰り返す．

(2) a.　I-to-C 移動
　　b.　so は副詞
(7)　so 倒置構文では主要部のアマルガム移動が許される．

7.3. 理論的意義と帰結

本章では，so 倒置構文に関する Toda (2007) の分析を批判的に検討した．Toda の分析と本分析を比べると，次のようになる．

(31)

	Toda (2007) の分析	本分析
VP	前置	削除
I-to-C 移動	アマルガム形成なし	アマルガム形成あり
so	代動詞	副詞
主語	後置あり（文末）	後置なし（IP の指定部）

(31) に基づくと，両分析の so 倒置構文の派生は次の (32) のようになる（カッコはその操作が「随意的」であることを表す）．

(32) (i) Toda (2007) 分析:
VP 前置 → I-to-C 移動 →（主語後置）→ so 置換
(ii) 本分析:
VP 削除 → 副詞 so 挿入 → I-to-C 移動（アマルガム形成）

(32i) にあるように，Toda の分析では VP 前置を仮定することで，必然的に so 置換も仮定せざるをえなくなっている．一方，(32ii) にあるように，本分析では so 置換や主語の後置のような操作を仮定することなく，so 倒置構文を捉えることができる．文法理論を構築する際には，仮定は少なければ少ないほどよい．少ない道具立てで多くの現象を説明できる方が望ましい．よって，本分析の方が理論的に優れているといえる．さらに，本章で示したように，Toda の仮定（VP 前置・主語後置・so 置換）は，経験的にも支持されないものであった．つまり，Toda の分析では仮定の数が増えたばかりでなく，その仮定群も妥当性を欠いていることになる．

経験的妥当性と説明的妥当性の両方を満たす文法理論を構築するためには，データをいかに棲み分けるかが重要になってくる．もう一度，(4) のデータを見てみよう．

(4) Bill must be a genius and *so must be Ann.*

Toda は (4) の例を分析の出発点としているが，まず考えないといけないことは，(4) のような例が「どのくらいの容認度」をもつかということである．

(33) a. John is a musician and *so is Bob*. [5]
     b. John is a musician and *so must be Bob*. [4]
     c. John is a musician and *so must have been Bob*. [3]

7.1.2 節でも見たように，(33) の各例文の最後に示されているカギカッコの数字は，英語母語話者に各文の容認度を 5 段階で示してもらったものである (5 が最も容認度が高く，1 が最も容認度が低いことを表す)．(33a-c) では，so と Bob の間に生起している助動詞および動詞の数が異なっているが，間にくる助動詞および動詞の数が多くなればそれだけ容認度が下がることがわかる．このことは，Toda の分析からはまったく予測できない．なぜなら，Toda の分析では主語の Bob が機械的に文末に後置されるからである．

これに対して，本分析では (4) および (33b, c) の助動詞と動詞はアマルガムを形成し，I-to-C 移動を起こしている．この主要部のアマルガム移動に関して，(33) の結果は 2 つのことを示している．1 つは，(33a) と (33b, c) の間で容認度に差が認められることから，アマルガム移動を起こさない方が容認度が高いということである．もう 1 つは，(33b) と (33c) の間で容認度に差が認められることから，アマルガム移動を比較的許容する英語母語話者でさえ，アマルガムする主要部の数が増えると容認度が下がるということである．以上のことから，アマルガム移動は，それを許す so 倒置構文においても有標のルールだと考えられる．つまり，Toda が so 倒置構文分析の根拠とした (4) のような例は，そもそも so 倒置構文の中でも有標のデータであることになる．このような有標のデータをもとに so 倒置構文の構造を考えているため，Toda の分析は技術的に複雑になっているだけでなく，多くの概念的・経験的問題を生み出してしまっている．このことは，典型的な現象と周辺的な現象の適正な「棲み分け」が言語分析にとってとくに重要であることを示唆している (この点に関しては，第 IV 部も参照)．本分析に基づくと，(4) の so 倒置構文の周辺性は主要部のアマルガム移動にあると考えられるが，それ以外は独立して必要な一般的な規則であり，それらの組み合わせによって so 倒置構文は派生されていることになる ((31) および (32) 参照)．

本章を終える前に，本分析から得られる帰結を述べる．本分析では，主要部のアマルガム移動が可能であるという仮定が得られたが，この仮定は新たな問題を提起する．それは，「どのような場合に主要部のアマルガム移動が許されるのか」という問題である．この問題を考えるにあたり，(34) の否定倒置構文の例と (35) の wh 疑問文の例を見てみよう．[7]

(34) a. John is a musician, but *never is Bob.*
    b. ?John is a musician, but *never must be Bob.*
    c. *John is a musician, but *never must have been Bob.*

(35) a. What *must* Ann be thinking?
    b. What *must be* Ann thinking?
    c. *What *must have been* she doing?

(34a) と (35a) にあるように，通常，否定倒置構文と wh 疑問文においては，主要部のアマルガム移動は起こらない（否定倒置構文に関しては，7.2.2 節の (26) の例も参照）．しかし，(34b) および (35b) にあるように，(判断に揺れはあるものの）両構文においても主要部のアマルガム移動は可能であることがわかる．ここで注意すべきことは，(34) の否定倒置構文の否定辞 (never) も (35) の wh 疑問文の wh 句 (what) も，ともに CP の指定部にあると仮定されていることである．本分析をとれば，so 倒置構文の so も CP の指定部にあると考えられるため，主要部のアマルガム移動に関して，次の一般化が得られることになる．

(36) CP の指定部に音形のある要素がある場合にのみ，主要部のアマルガム移動が可能となる．

(36) の一般化は次の例からも支持される．

(37) *Must be Robin sleeping? (cf. Must Robin be sleeping?)

(37) にあるように，CP の指定部に音形のある要素が現れていない場合は，主要部のアマルガム移動は許されない．つまり，(36) の一般化は (37) が非

---

[7] (34) の容認性の判断は筆者らの英語母語話者によるものである．また，(35) の容認性の判断は Hatakeyama, Honda and Tanaka (2010) の査読者によるものである．

文法的であることを説明できる．さらに注意すべきことは，(34c) と (35c) にあるように，否定倒置構文と wh 疑問文においては，アマルガムを形成する主要部の数が 2 つ以上になると容認されなくなるということである．これに対して，(33c) にあるように，so 倒置構文の場合はアマルガムを形成する主要部の数が 2 つ以上でも容認される（上述したように，アマルガム移動は有標のルールであるため，容認度は下がる）．このことから，主要部のアマルガム移動の容認度は，CP の指定部にある要素のタイプによって変わるといえる．

　本分析の帰結として得られた (36) はあくまで 1 つの可能性に過ぎないが，ここで重要なのは，本分析により新たな問題が提起された結果，(36) の一般化が得られたということである．理論言語学で大事なことは，問題がないことではなく，新しい発見につながる（であろう）問題を提起することである．

第 8 章

場所構文の相関関係[*]

　場所構文の特徴は (i) 場所を表す PP をもつことと, (ii) 主語 NP が後置されることである. この 2 つの特徴をもつ場所構文として, まず there 構文があげられるが, (1) にあるように, there 構文は後置主語 NP の位置によって 2 種類に分けられる (Milsark (1974) 参照).

(1) a.　There appeared a man in the room.　(**there V NP PP**)　[**IV**]
　　b.　There walked into the room a man.　(**there V PP NP**)　[**OV**]

(1a) の there 構文は後置主語 NP (a man) が場所を表す PP (in the room) より内側 (inside) にあるため inside verbals (IV) とよばれ, (1b) の there 構文は後置主語 NP (a man) が場所を表す PP (into the room) より外側 (outside) にあるため outside verbals (OV) とよばれる.[1]
　さらに, 場所構文として (2) の場所句倒置 (LI: Locative Inversion) 構文もあげられる.

---

[*] 本章は田中 (2012) を改訂したものである. なお, 田中 (2012) は執筆過程において, 畠山と本田と田中の 3 人で長時間にわたり議論を重ねてきたものであり, 実質的には 3 人の共著論文である.

[1] IV は存在文の意味合いが強く, OV は提示文の意味合いが強いとされている (Aissen (1975) 参照). 提示文に関しては 8.2 節でとりあげる.

(2) Into the room walked a man.　(**PP V NP**)　[**LI**]

LI の場合には there が現れず，場所を表す PP（into the room）が文頭にくる．しかしながら，(3) のように場所を表す PP が文頭にきた上で，there も現れる場所構文も存在する．

(3) Into the room there walked a man.　(**PP there V NP**)　[**LTC**]

以下では (3) のような倒置構文を Locative PP-*There* Construction (LTC) とよぶことにする．本章では，まず，8.1 節で上の 4 つの場所構文の統語構造を明らかにする．次に，8.2 節で 4 つの構文の相関関係を示す．最後に，8.3 節で本分析の理論的意義を述べる．

8.1. 場所構文の統語構造

本節では，① there および前置 PP の統語位置と②後置主語 NP の特性という 2 つの観点から場所構文の統語構造を明らかにする．①に関しては，(i) Yes-No 疑問文が可能かどうか，(ii) 例外的格標示（ECM: Exceptional Case Marking）構文に現れるかどうかという 2 点から考察していく．②に関しては，定性効果（DE: Definiteness Effect）の有無という点を見ていく．

8.1.1.　there および前置 PP の統語位置

本節では，上述した 4 つの場所構文を (i) Yes-No 疑問文と (ii) ECM の観点から比較する．もう一度，4 つの場所構文を以下に示す．

(4) a.　There appeared a man in the room.　[IV]
　　b.　There walked into the room a man.　[OV]
　　c.　Into the room walked a man.　[LI]
　　d.　Into the room there walked a man.　[LTC]

まず，(4) の 4 つの場所構文を Yes-No 疑問文にすると，文法性は以下のようになる．

(5) a.　Did there appear a man in the room?　[IV]
　　b.　*Did there walk into the room a man?　[OV]

c. *Did into the room walk a man?   [LI]
   d. *Did into the room there walk a man?   [LTC]

(5) にあるように，IV 以外は Yes-No 疑問文にできないことがわかる．構造的には，Yes-No 疑問文では助動詞が CP の主要部（head）である C に移動することで主語・助動詞の倒置（SAI: Subject-Auxiliary Inversion）が起こるとされている．

   (6)　[CP [C did] [IP John [VP read the book]]]?

つまり，Yes-No 疑問文が可能な (5a) の IV では，there が主語位置（IP の指定部）にあることになる．これに対して，Yes-No 疑問文にできない (5b) の OV の there および (5c, d) の LI と LTC の前置 PP は主語位置にはないといえる．そこで，本分析では (5b-d) の there と PP (into the room) は主語位置より上の CP の指定部にあると仮定する．よって，本分析に基づくと，(5) の 4 つの場所構文の構造は以下のようになる．

   (7) a.　[CP [C Did] [IP there appear a man in the room]]?　[IV]
      b. *Did [CP there [IP walk into the room a man]]?　[OV]
      c. *Did [CP into the room [IP walk a man]]?　[LI]
      d. *Did [CP into the room [IP there walk a man]]?　[LTC]

(7a) にあるように，IV では there が IP 内にあるため，助動詞（did）が CP の主要部に移動することで SAI が起きる（=Yes-No 疑問文が可能）．一方，(7b) の OV の there および (7c, d) の LI と LTC の PP (into the room) は CP の指定部にあるため，助動詞（did）が移動していく着地点がない．よって，OV, LI, LTC では SAI が起きない（=Yes-No 疑問文にできない）ことになる．

以上のことから，IV とそれ以外の場所構文（OV, LI, LTC）では句構造のサイズが違うことがわかる．具体的にいうと，IV は IP を最大投射とするが，他の 3 つの場所構文は CP を最大投射とすると考えられる．[2] これを図

---

[2] 本分析では派生の経済性の仮説に従い，統語構造は必要とされるだけ投射されると考える（Bošković (1997) 参照）．

示すと次のようになる．

(8) a. [IP There appeared a man in the room]　　[IV]
　　b. [CP There walked into the room a man]　　[OV]
　　c. [CP Into the room walked a man]　　[LI]
　　d. [CP Into the room there walked a man]　　[LTC]

この分析の妥当性はECM構文との共起関係からも支持される．(9)にあるように，IV以外の他の3つの場所構文はECM構文に起こることができない．

(9) a. I expect there to appear a man in the room.　　[IV]
　　b. *I expect there to walk into the room a man.　　[OV]
　　c. *I expect into the room to walk a man.　　[LI]
　　d. *I expect into the room there to walk a man.　　[LTC]

過去の研究では，ECM構文のto不定詞句はIPであるとされている(Chomsky (1981)等参照)．

(10) I expect [IP him to come].

よって，(9a)のようにECM構文に起こるIVはIPであるといえる(=(8a))．これに対して，他の3つの場所構文(OV, LI, LTC)はCPまで投射している(=(8b-d))ため，ECM構文に起こることができないことになる．
以上のことから，(11)の仮説が得られる．

(11) IVのthereはIPの指定部(主語位置)にあるが，OVのthereとLIおよびLTCの前置PPはCPの指定部にある．

8.1.2.　後置主語NPと定性効果

過去の研究では，there構文は後置主語NPに定名詞句を許さないという定性効果(DE)が指摘されている(Milsark (1974), Belletti (1988)等参照)．このDEに関して，4つの場所構文は以下の対比を示す．

(12) a. There appeared (a/*the) man in the room.　　[IV]
　　 b. There walked into the room (a/the) man.　　[OV]

　　　　c. Into the room walked (a/the) man.　　　　[LI]
　　　　d. Into the room there walked (a/*the) man.　[LTC]

まず，(12a) の IV と (12b) の OV を比べてみると，IV には DE があるが OV には DE がないことがわかる．このことは，虚辞の there の存在だけでは DE を捉えることができないことを示している．前節で見たように，IV では there は IP の指定部にあるが，OV では there は CP の指定部にある．このことを踏まえて，以下の仮説を提案する．

　　(13)　定性効果（DE）は there が IP の指定部にある場合に起こる．

(13) の仮説により，(12c) の LI はそもそも there を含まないため DE がないことが説明できる．さらに，(12d) の LTC には DE があることも説明できる．

　　(14)　[$_{CP}$ Into the room [$_C$ did] [$_{IP}$ there [$_{VP}$ walk a man]]]?

(14) にあるように，LTC の場合も (5a) の IV と同じく there と did の倒置が可能であるため，LTC の there は IP の指定部にあるといえる (cf. (7a))．よって，(13) の仮説から LTC には定性効果があることが説明できる．

8.1.3. 本節のまとめ

本節をまとめると (15) のようになる（表の○は「可能」もしくは「ある」を意味し，×は「不可能」もしくは「ない」を意味する）．

　　(15)　4 つの場所構文の統語構造と特性

構文	SAI	ECM	DE	統語構造
IV	○	○	○	[$_{IP}$ There appeared a man in the room]
OV	×	×	×	[$_{CP}$ There [$_{IP}$ walked into the room a man]]
LI	×	×	×	[$_{CP}$ Into the room [$_{IP}$ walked a man]]
LTC	×	×	○	[$_{CP}$ Into the room [$_{IP}$ there walked a man]]

(15) の表にあるように，IV だけが SAI が可能で ECM 構文に起こることから，IV の最大投射は IP であるが，残りの OV, LI, LTC の最大投射は CP

であることになる.また,DEを起こすIVとLTCではthereがIPの指定部にあるが,DEを起こさないOVではthereはCPの指定部にある((13)参照).次節では,4つの場所構文のより詳細な派生と相関関係を見ていく.

8.2. 場所構文の相関関係

前節で見た4つの場所構文を (i) there の有無と (ii) DE の有無という観点で分類すると (16) のようになる (○は「ある」を意味し,×は「ない」を意味する).

(16)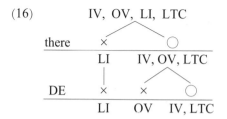

(16) にあるように,there がない LI は他の3つの場所構文 (IV, OV, LTC) と区別され,さらに DE がない OV は IV と LTC と区別される.つまり,「there の有無」と「DE の有無」という点において,LI と OV と LTC の3つは区別される.しかし,この3つの場所構文は,統語構造という点において共通性を示す.まず,IV とは異なり,LI と OV と LTC の3つの場所構文は CP まで投射される (8.1.1節参照).さらに,IV の後置主語 NP と他の3つの場所構文の後置主語 NP では統語的な位置が異なることが指摘されている.まず,IV では後置主語 NP が動詞の目的語の位置に現れるとされている.これは,IV に現れる動詞が存在や出現を表す非対格動詞に限られるからである (Burzio (1986), Belletti (1988) 等参照).これに対して,OV, LI, LTC では動詞が非対格動詞に限られるという制約は見られず,後置主語 NP が焦点 (focus) を担う VP 付加位置にあるとされている (Levin and Rappaport (1995), Culicover and Winkler (2008) 等参照).つまり,OV, LI, LTC は派生の段階で (17) の構造を共通してもっていることになる.

(17) [VP [VP V PP] NP]

本節では，この (17) の構造を共通してもつ OV, LI, LTC の派生関係が (16) の場所構文の相関関係と一致することを示す.

まず，(17) の構造を出発点とすると，there が現れない LI の派生は以下のようになる.

(18) LI の派生：
 a. [$_{IP}$ PP [$_{VP}$ [$_{VP}$ V t_{pp}] NP]]
   ↑_____| PP が IP の指定部（主語位置）に移動
 b. [$_{CP}$ PP [$_{IP}$ t'_{pp} [$_{VP}$ [$_{VP}$ V t_{pp}] NP]]]
   ↑_____| PP が CP の指定部に移動

(18a) にあるように，LI では PP が EPP (Extended Projection Principle) を満たすために IP の指定部に移動する．さらに，(18b) にあるように，PP は CP の指定部にまで移動する (Kuwabara (1994) 等参照)．よって，(4c) の LI の統語構造は (19) のようになる.

(19) [$_{CP}$ Into the room [$_{IP}$ t'_{pp} [$_{VP}$ [$_{VP}$ walked t_{pp}] a man]]]　[LI]

ここで，(18a) のように NP ではなく PP が IP の指定部にくる（＝主語になる）ことは経験的にも支持される (Levine (1989), Bresnan (1994) 参照).

(20) a. *Under the bed* is a good place to hide.
 b. Is *under the bed* a good place to hide?

(20a) の PP (under the bed) は，(20b) のように Yes-No 疑問文で SAI を起こすことから，IP の指定部（主語位置）にあることがわかる．

次に，there が現れる OV と LTC の派生はそれぞれ (21) と (22) のようになる.

(21) OV の派生：
 a. [$_{IP}$ there [$_{VP}$ [$_{VP}$ V PP] NP]]
   ↑ there を IP の指定部（主語位置）に挿入
 b. [$_{CP}$ there [$_{IP}$ t_{there} [$_{VP}$ [$_{VP}$ V PP] NP]]]
   ↑_____| there が CP の指定部に移動

(22) LTC の派生：
　　a.　[IP there [VP [VP V PP] NP]]
　　　　↑ there を IP の指定部（主語位置）に挿入
　　b.　[CP PP [IP there [VP [VP V t_{pp}] NP]]]
　　　　↑_____| PP が CP の指定部に移動

OV と LTC ともに，there が EPP を満たすために IP の指定部に挿入される (=(21a), (22a))．その後，OV では there が CP の指定部に移動するが (=(21b))，LTC では PP が CP の指定部に移動する (=(22b))．よって，(4b) の OV と (4d) の LTC の統語構造はそれぞれ (23) と (24) になる．

(23)　[CP There [IP t_{there} [VP [VP walked into the room] a man]]]　　[OV]
(24)　[CP Into the room [IP there [VP [VP walked t_{pp}] a man]]]　　[LTC]

以上のことより，後置主語 NP が VP に付加した (17) の構造を共通にもつ OV, LI, LTC の派生関係は (25) のようになる．

(25)

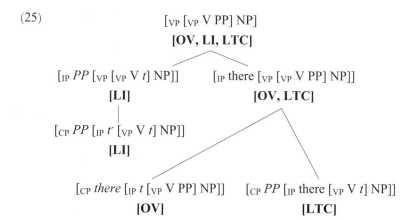

ここで注意すべきことは，(25) の OV, LI, LTC の派生関係は，there と DE の有無に関する (16) の OV, LI, LTC の相関関係と同じであるということである．とくに，本分析に基づくと，統語的には LI と LTC は直接関係しないことになる．ここで，LI と LTC が関係しているとする Lumsden (1988)

の分析と本分析を比較してみよう（(26) の「φ」は削除を表す).³

(26) Lumsden (1988) の LI の派生：
a. [_CP_ Into the room [_IP_ there walked a man]]
b. [_CP_ Into the room there [_IP_ t_{there} walked a man]]
　　　　　　　　↑＿＿＿＿＿｜ there が CP の指定部に移動
c. [_CP_ Into the room φ_there_ [_IP_ t_{there} walked a man]]　[LI]
　　　　　　　　↓ there を PF で削除

Lumsden では，本分析と同じく，there が CP に移動する（=(26b)）という分析をとっている．しかし，本分析とは異なり，LTC の there を削除することで LI がつくられる派生（=(26c)）を仮定しているが，この分析には問題がある．8.1.2 節で見たように，LI には DE が見られないが，LTC には DE が見られる（以下，例文を再掲）.

(12) c. Into the room walked (a/the) man.　　[LI]
　　 d. Into the room there walked (a/*the) man.　　[LTC]

もし (26) のように LI が LTC から派生されるのであれば，両者ともに DE が見られるはずである．しかし，実際は LI には DE が見られない（=(12c)）．さらに，Lumsden の分析では LTC は PP と there の両方が CP にある統語構造（=(26b)）をもつことになるが，この分析では LTC を (14) のような Yes-No 疑問文にできるという事実を説明できない（以下，例文を再掲）.

(14) [_CP_ Into the room [_C_ did] [_IP_ there [_VP_ walk a man]]]?　(cf. (7d))

このように，LI と LTC を統語的に関連づける分析より，LI と LTC が派生的には直接関係しないとする本分析の方が妥当であるといえる．本分析の主張をまとめると，次のようになる．

(27) i. LTC は LI ではなく OV と派生的に関係している．

---

³ LI と LTC が派生的に関係するという分析に関しては Kuno (1971) も参照．

ii. LI と LTC では PP が CP の指定部に移動し，OV では there が CP の指定部に移動している．

本節を終える前に，OV, LI, LTC の LF 表示について見ておく．まず，there を含まない LI では (18b) の統語構造が LF 表示になる．

(28)　LI の LF 表示: [$_{CP}$ PP [$_{IP}$ t'_{pp} [$_{VP}$ [$_{VP}$ V t_{pp}] NP]]]　(=(18b))

次に，there を含む OV と LTC の LF 表示はそれぞれ (29) と (30) になる．

(29)　[$_{CP}$ PP ~~there~~ [$_{IP}$ [$_{VP}$ [$_{VP}$ V t_{pp}] NP]]]　(cf. (21b))
　　　　　↑_____|
　　　　　there が PP に置き換わる

(30)　[$_{CP}$ PP ~~there~~ [$_{IP}$ t_{there} [$_{VP}$ [$_{VP}$ V t_{pp}] NP]]]　(cf. (22b))
　　　　　↑_____|
　　　　　there が PP に置き換わる

語彙的意味をもたない虚辞の there は LF で語彙的意味をもつ要素に置き替えられると仮定されている (Chomsky (1986) 参照).[4] 本分析では畠山 (2003) に従い，there は LF で場所を表す PP に置き換えられると仮定する．つまり，(29) の OV と (30) の LTC では LF で there が PP に置き換えられると考える.[5] よって，本分析に基づくと，OV, LI, LTC は (31) の LF 表示を共通してもつことになる．

(31)　[$_{CP}$ PP [$_{IP}$ ... [$_{VP}$ [$_{VP}$ V t_{pp}] NP]]]

過去の研究では OV, LI, LTC はすべて提示の機能をもつことが指摘されている (Aissen (1975), Levin and Rappaport (1995) 等参照)．本分析をとれば，この 3 つの構文が同じ提示という機能をもつことは，共通の LF 表示 (= (31)) をもつことに還元できる．

---

[4] Chomsky (1993) および Lasnik (1995) では there を LF affix と仮定している．

[5] Kuno (1971) および Kitagawa (2000) では，there が LF で PP と置き換えられる証拠があげられている．また，Bošković (1997) および Cardinaletti (1997) では，there 構文の NP が LF で VP 内にとどまっている証拠があげられている．

8.3. 理論的意義

　本章では，場所構文の鳥瞰図を示し，IV, OV, LI, LTC の統語構造および相関関係を明確にした．さらに，構文間の関係を考察することにより，there は後置主語 NP と PP の両方に関係するという二重の役割をもつことを示した．過去の研究では there が後置主語 NP と PP のどちらに関係するかに関して，理論的な枠組みに左右される見解しか提出できていない．その1つの原因は there 構文のみに着目し考察しているところにあるといえる．本分析のように，関連構文の有機的なつながりを考察することで，より妥当性のある仮説を立てることが可能となる．

第 9 章

there 構文の複文分析: 時制の解釈と主語の解釈の相関性[*]

英語は，主語と動詞の間で一致 (agreement) を起こす．通常，動詞は先行する主語と一致する（例：{*He* **is** / *You* **are**} a student.）．しかし，(1) にあるように，there 構文の場合，動詞は後続する主語（＝意味上の主語）と一致を起こす．

   (1)   There {**is** *a boy* / **are** *many girls*} in the room.

本章では，there 構文が複文構造をしていることを示した上で，there 構文に「特殊な」主語と動詞の一致を仮定する必要がないことを示す．さらに，本分析の帰結として，主文と補文の主語名詞句の関係と主文と補文の時制 (tense) の関係が統一的に捉えられることを示す．

9.1. there 構文と時制のパラドックス

次の文はともに「昨日，事故でケガをした少年が 2 人いた」という意味を表している．

   (2) a.   There were two boys *who were* injured in the accident yesterday.
         b.   There were two boys injured in the accident yesterday.

---

[*] 本章は畠山・本田・田中 (2011) を改訂したものである．

同じ内容を表しているため, (2b) は (2a) の who were が省略された文だと考えられるかもしれない. 事実, 英語では関係代名詞と be 動詞は省略可能であるといわれている (例 : The man (who are) talking on the phone is my brother.).

しかし, そう考えると時制の点で矛盾が起きる. 次の対比を見てみよう.

 (3) a. There **are** two boys who **were** injured in the accident yesterday.
  b. *There **are** two boys injured in the accident yesterday.

(3a) は「昨日ケガを<u>した</u>少年が 2 人 (今ここに) <u>いる</u>」という状況を表し, there 構文と関係節 (who 以下) で時制が異なることが可能である. しかし, 関係節を使わない (3b) の there 構文では, 上のような状況を仮定しても現在形の are は使えない.

この (3) に見られる時制の対比は, (2b) が単に (2a) の who were を省略した文ではないことを示している. つまり, 両者は根本的に異なった構造をしていると考えることができる. そこで, 本章では, (2b) の there 構文は受け身文 (Two boys were injured in the accident yesterday.) を補文に含む複文構造をしていると分析する. 次節では, 本分析の妥当性を見ていく.

9.2. there 構文の構造

本節では, 主文と補文の時制の関係が大きく 3 つのタイプに分けられるという考察に基づき, there 構文が複文構造をしていることを示す.

9.2.1. 独立タイプ

まず, 主文と補文の間で時制が独立しているタイプを見てみよう.

 (4) John *believes* that Mary *was* not guilty.

上の文は John believes (John が信じている) と Mary was not guilty (Mary は無罪だった) という 2 つ文から成り立っている. この場合, 2 つの動詞はそれぞれ「独立 (independent)」して時制を表すことができる (believes (現在形)／was (過去形)). よって, このタイプの構造は (5) のようになる.

(5) 独立 (independent) タイプ
   [$_{S1}$ S V$_1$ [$_{S2}$ S V$_2$]]
             └independent┘

9.2.2. 制御タイプ

次に主文と補文の間で時制が制御されるタイプを見ていく．

(6) I *saw* John *run*.

上の文は I saw（私が見た）と John run（John が走る）という2つの文から成り立っている．ここで，(6) の動詞 run の時制について考えてみよう．主語が三人称単数の John であるにもかかわらず，runs（現在形）でも ran（過去形）でもなく原形である．動詞の原形は時制が形態上明示されないが，(6) の run の時制は解釈上，過去であることは明らかである．つまり，(6) の動詞 run の時制は，主文の動詞 saw がもつ過去時制に「制御 (control)」されているといえる．よって，このタイプの構造は (7) のようになる．

(7) 制御 (control) タイプ
   [$_{S1}$ S V$_1$ [$_{S2}$ S V$_2$]]
            └control─┘↑

(7) にあるように，制御タイプでは，主文 (S1) の動詞の時制が補文 (S2) の動詞の時制を決める（＝制御する）．この制御タイプとして，(8) のような使役構文もあげられる．

(8) I *made/had/let* John *run*.

9.2.3. 上昇タイプ

これまで独立タイプと制御タイプを見てきたが，there 構文はこのどちらとも異なる．9.1 節であげた対比をもう一度見てみよう．

(9) a.　There **were** two boys injured in the accident yesterday.　（=(2b)）
　　b. *There **are** two boys injured in the accident yesterday.　（=(3b)）

上述したように，本分析では (9a) と (9b) の there 構文は複文構造をしてお

り，ともに以下の受け身文を含んでいると考える．

 (10) Two boys **were** injured in the accident yesterday.

(10) の例では，yesterday との関係から過去形の were が使われる．よって，(9) の対比が示しているのは，(10) の補文 (=受け身文) で使われている be 動詞 (were) が，そのまま主文 (=there 構文) でも使われるということである．

 (5) の独立タイプと (7) の制御タイプの場合は，2 つの動詞の間の関係であった．これに対し，(9) の there 構文には be 動詞が 1 つしか現れない．しかも，(10) の補文の be 動詞 (were) が主文でも使われる．以上のことから，(9a) は (5) の独立タイプや (7) の制御タイプとは異なる新たな時制関係のタイプと考えざるを得ない．具体的にいうと，補文にある受け身文の be 動詞が主文に「上昇 (raising)」するタイプであると考えられる．このタイプの構造を (9a) の例を使って図示すると，以下のようになる．

 (11) 上昇 (raising) タイプ
   [$_{S1}$ There **were** [$_{S2}$ two boys ~~were~~ injured in the accident yesterday]]
     ↑————**raising**————┘

(11) に示されているように，上昇タイプでは，S2 (受け身文) の be 動詞 were が S1 (there 構文) へ上昇する．そのため，S2 (受け身文) で使われる were と時制が異なる are が S1 (there 構文) で使われる (9b) のような文は，そもそも生成されないことになる．

 本分析は，(12) のような省略現象に対しても自然な説明を与えることができる ((12B) の φ は省略を表す)．

 (12) A: The teacher went out to see if any girls were in the classroom.
    B: He found that there were φ.

寺津 (1979: 20) は，(12) を VP 削除の例としてあげている．VP 削除は一般に，主語および助動詞要素を取り除いた動詞句 (寺津 (1979) では V′ とされている) を同一表示をもとに削除する統語操作であると考えられている．具体的には，(13) のような統語操作になる．

第 9 章　there 構文の複文分析：時制の解釈と主語の解釈の相関性　　　　93

　(13)　The dog will [$_{VP}$ chase the cat], and the horse will ~~chase the cat~~ too.

本分析をとれば，(12B) も同一表示の文が削除されてできたことになる．なぜなら，(12B) は基底構造に (12A) の any girls were in the classroom という文（=S2）を含むからである（ここでは some-any 交替は考えない）．

　(14)　He found that [$_{S1}$ there **were** [$_{S2}$ any girls ~~were~~ in the classroom]]

さらに，本分析では (14) にあるように be 動詞の were が S1 に上昇するため，(12B) の φ（=省略部分）は be 動詞を欠いた any girls in the classroom であることも捉えられる．

　以上のことから，there 構文は複文構造をしていると考えられる．さらに，統語構造における be 動詞の上昇が時制の共有という機能につながっていることになる．また，本分析をとれば there 構文に「特殊な」主語と動詞の一致を仮定する必要はなくなる．

　(15)　[$_{S1}$ There **is** [$_{S2}$ a student ~~is~~ in the room]]

(15) にあるように，there 構文の複文分析では，be 動詞の is はもともと S2 内にあり，そこで意味上の主語 (a student) と一致を起こす．その後，be 動詞の上昇が起こるため，語の配列的には，be 動詞が一致を起こす主語 (a student) より前にくることになる．つまり，there 構文においても「先行する主語と動詞の間で一致が行われる」という大原則は守られていることになる．

9.3.　理論的意義と帰結

本分析をまとめると，there 構文に関係する仮定は次のようになる．

　(16)　a.　複文構造をしている．
　　　　b.　be 動詞が上昇する．

ここで注意すべきことは，(16) の 2 つの仮定自体は there 構文に特化した

ものではなく，英語の文法現象として一般的なものであるということである．つまり，本分析に基づけば，一見「特殊」に思える there 構文も一般的な仮定が組み合わさって成り立っていることになる．

　本章を終える前に，本分析から得られる帰結を 2 つ紹介する．1 つ目は，本分析が Milsark (1979) の一般化に対して，原理的な説明を与えることができるということである．次の対比を見てみよう．

　　(17) a.　There was a student killed in the room.
　　　　b. *There was killed a student in the room.

(17a) は文法的であるのに対して (17b) は非文法的であることから，Milsark は (18) の一般化を提出している．

　　(18)　there 構文では，最も左端の be 動詞の直後に意味上の主語を置かなければならない．

この (18) の一般化は，本分析をとれば当然の帰結として捉えられる．まず，本分析に基づくと，(17a) と (17b) の派生はそれぞれ (19a) と (19b) のようになる．

　　(19) a.　[S1 There **was** [S2 a student ~~was~~ killed in the room]]

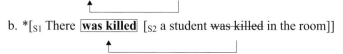

　　　　b. *[S1 There **was killed** [S2 a student ~~was killed~~ in the room]]

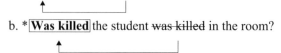

(19) にあるように，S2 の受け身文から be 動詞 (was) だけを S1 に移動させた (19a) は文法的であるが，be 動詞と動詞の過去分詞 (was killed) をいっしょに移動させた (19b) は非文法的である．一般的に，英語では (19b) のように be 動詞といっしょに他の動詞要素を動かすことはできない．

　　(20) a.　**Was** the student ~~was~~ killed in the room?
　　　　b. ***Was killed** the student ~~was killed~~ in the room?

(20a) のように，be 動詞（was）だけを移動させた場合には文法的な疑問文になるが，(20b) のように，be 動詞と動詞の過去分詞（was killed）をいっしょに動かすと非文法的な疑問文になってしまう．つまり，英語には (21) の一般的なルールがあることになる．[1]

(21) be 動詞は他の動詞要素をともなって動かしてはいけない．

(18) の Milsark の一般化は (17) の対比を単に記述したものに過ぎないが，本分析をとれば，(17) の対比は (21) の英語の一般的な原則を使って説明することができる．

本分析の2つ目の帰結として，主文と補文の主語名詞句の関係と主文と補文の時制の関係が統一的に捉えられることがあげられる．まず，本章で示した主文と補文の時制関係のパターンをまとめると以下のようになる．

(22) 主文と補文の時制関係

時制関係	構造	例文
独立	$[_{S1}\ S\ V_1\ [_{S2}\ S\ V_2]]$ independent	(4)
制御	$[_{S1}\ S\ V_1\ [_{S2}\ S\ V_2]]$ control	(6)/(8)
上昇	$[_{S1}\ S\ V\ [_{S2}\ S\ \cancel{V}]]$ raising	(2b)

(22) は，時制関係という観点から，主文と補文の関係を3つのタイプに分けたものである．この時制の分類に使われている3つの概念（独立・制御・上昇）は文法の別の現象にも用いられている．それは to 不定詞の意味上の主語に関するものである．

---

[1] ただし，有標のルールとして，be 動詞が他の助動詞をともなって移動するアマルガム移動がある．これについては，第7章の「So 倒置構文再考」を参照．

(23) a. [$_{S1}$ I asked　[$_{S2}$ **John** to go]].　　　［独立］
　　　　└independent┘
　　b. [$_{S1}$ **John**$_i$ is eager [$_{S2}$ **PRO**$_i$ to win]].　［制御］
　　　　　　　　└──control──┘
　　c. [$_{S1}$ **John** is likely [$_{S2}$ ~~John~~ to win]].　［上昇］
　　　　　　↑────raising────┘

　(23a) では S1（主文）の ask の主語 (I) と S2（補文）の to 不定詞 (to go) の主語 (John) が異なっている．このように主文の主語と補文の主語が独立しているため，(23a) は独立タイプとよぶことができる．次に，(23b) では S2 の to 不定詞の主語は音形をもたない PRO と仮定されている．eager の補文の中にある PRO は必ず主文の主語に制御 (control) されるため，(23b) の補文の PRO が指すのは主文の John となる．このように主文の主語が補文の主語を制御することから，(23b) は制御タイプとよばれている．最後に，(23c) の is likely は「上昇述語 (raising predicate)」とよばれ，補文の主語を主文の主語に上昇 (raising) させる働きをもつ．このことから (23c) は上昇タイプとよばれている．以上のように，to 不定詞の意味上の主語も 3 つの概念（独立・制御・上昇）によってタイプ分けすることができる (cf. Chomsky (1981, 1986))．

　このように，本章では複文分析を通して，時制と主語という別々の文法事項に対してつながりをつけたことになるが，つながりをつける作業は文法理論の重要な側面の 1 つである．さらに，本分析から「動詞の上昇という形式が時制の共有という機能につながる」という仮説が得られたが，なぜ there 構文では be 動詞が上昇するのかは実のところ不明である．しかし，データに基づき，there 構文の複文分析に行き着いたからこそ出てきた新たな疑問であるといえる．このように，1 つの問題が解決しても次に挑戦すべき新しい問題が生まれる．文法理論で大事なことは，問題がないことではなく，新しい発見につながる（であろう）問題を提起することである．

第 10 章

英語の二重目的語構文と所有者昇格構文*

与格構文は二重目的語構文に変換可能であるとされている．次の例を見てみよう．

(1) a. John sent an e-mail to Mary.　　［与格構文］
　　b. John sent Mary an e-mail.　　　［二重目的語構文］
(2) a. John made a model plane for his son.　［与格構文］
　　b. John made his son a model plane.　　［二重目的語構文］

(1a) と (2a) の与格構文では，前置詞が to であるか for であるかという違いはあるものの，両者ともに (1b) と (2b) の二重目的語構文にそれぞれ変換可能である．変換可能であるということは，情報の重要度などの機能的な違いを除くと，基本的には変換前と変換後で命題内容に違いがないことを意味している．

しかし，過去の研究で指摘されているように，与格構文と二重目的語構文は所有という点で異なる（岸本 (2001) 等参照）．たとえば，(1a) では Mary がメールを受け取ったかどうかはわからないが，(1b) では Mary がメールを受け取ったことまで含意される．同様に，(2a) では飛行機のプラモデルを息子が受け取ったかどうかはわからないが，(2b) では息子は飛行機のプラモデルを受け取ったことが含意される．これらのことは，以下の対比から

---

* 本章は畠山・本田・田中 (2008) を改訂したものである．

も支持される．

(3) a. John sent an e-mail to Mary, but she didn't receive it.　(cf. (1a))
　　b. *John sent Mary an e-mail, but she didn't receive it.　(cf. (1b))
(4) a. John made a model plane for his son, but he didn't receive it.
　　　　　　　　　　　　　　　　　　　　　　　　　　　　(cf. (2a))
　　b. *John made his son a model plane, but he didn't receive it.
　　　　　　　　　　　　　　　　　　　　　　　　　　　　(cf. (2b))

上述したように，(3a) と (4a) の与格構文には所有の含意はないため，後続する文（but 以下）でメールやプラモデルの受け取りを否定しても意味の矛盾は生じない．一方，(3b) と (4b) の二重目的語構文には所有の含意があるため，後続する文（but 以下）でメールやプラモデルを受け取っていないと否定すると，意味的に矛盾を起こしてしまう．よって，(3b) と (4b) は容認されない．このように，与格構文と二重目的語構文は所有の含意に関して異なっていることがわかる．

　本章では所有という概念に基づき，与格構文と二重目的語構文および所有者昇格構文の3つの構文の関係を考察していく．とくに，envy タイプの動詞が示す所有関係を考察することで，同じ V NP PP という文型であっても，与格構文と所有者昇格構文に区別されることを示す．さらに，本分析に基づくと，英語には2つのタイプの二重目的語構文が存在することを示す．

10.1.　envy タイプの動詞に見られる所有関係

envy タイプの動詞も (1) の send や (2) の make と似た変換を示す．

(5) a. John envied Mary for her success.
　　b. John envied Mary her success.

しかし，(5) は (1) や (2) に見られる与格構文と二重目的語構文の変換とは異なる点がある．1つは語順である．(1) と (2) にあるように，与格構文の前置詞の目的語は二重目的語構文では動詞の目的語になる．これを図示すると，次のようになる（(2) を繰り返す）．

(2) a. John made a model plane for his son.　［与格構文］

　　b. John made his son a model plane.　　［二重目的語構文］

これに対して，(5) の envy タイプの動詞の場合は，前置詞 for が使われる (5a) も二重目的語をとる (5b) も，ともに動詞の目的語は Mary のままである．

　もう1つは所有関係に関する違いである．前述したように，与格構文には所有関係が含意されないが，二重目的語構文では所有関係が含意される．これに対して，(5) の envy タイプの動詞の場合，前置詞 for が使われる (5a) も二重目的語をとる (5b) も，ともに Mary と her success の間に所有関係が成り立つ．つまり，(5a) と (5b) の関係は (1) や (2) の与格構文と二重目的語構文の関係とは異なる．

　ここで，所有という概念をもう一歩踏み込んで考えてみると，envy タイプの動詞に見られる所有関係は，(1) や (2) に見られる所有関係とは質が異なることがわかる．たとえば，(1b) では Mary とメールは分離可能な所有関係にあり，Mary は受け取ったメールを他の誰かにさらに送ることができる．ところが (5) では，「Mary の成功 (her success)」は Mary が必ず所有するものであり，誰かに譲渡することはできない．このような不可分な所有は譲渡不可能所有 (inalienable possession) とよばれている (池上 (1995) 等参照)．この譲渡不可能所有の場合は必ず所有関係を含意するため，envy タイプの動詞が所有関係を含意する (5b) の二重目的語構文に現れることは予測できる．しかし，envy タイプの動詞の場合，前置詞 for をともなう (5a) においても所有関係を含意する．そのため，(5a) は (2a) の与格構文とは異なる構文と考えられる．次節では，譲渡不可能所有という点から，(5a) がどのような構文であるかを考察していく．

10.2. 所有関係から見える構文間のつながり

　譲渡不可能所有の代表的な動詞として，身体に関係してくる接触動詞があげられる．

(6) a. John struck Bill's head.
　　b. John struck Bill on the head.

上の (6) において，Bill と head は切り離すことのできない譲渡不可能所有の関係にある．この点で (6) と (5) は類似している．ここで，(6a) では所有格で表されている Bill's が，(6b) では Bill の形で動詞の目的語に「昇格」されている．ゆえに，(6b) は一般的に所有者昇格 (possessor ascension) 構文とよばれている (Levin (1993) 等参照)．この (6) と同じパラダイムが envy にも見られる．

(7) a. John envied Mary's success.
　　b. John envied Mary for her success.　(=(5a))

つまり，譲渡不可能所有という観点から見ると，(7b) (=(5a)) は (6b) の所有者昇格構文であると考えられる．

以上のことをまとめると，次のようになる（説明の便宜上，各構文の具体例を (8) の表の下に再掲する）．

(8)

所有関係の有無	なし	あり	
構文の種類	与格構文	二重目的語構文	所有者昇格構文
send/make タイプ （譲渡可能所有）	send/make NP PP ((1a), (2a))	send/make NP NP ((1b), (2b))	該当なし
envy タイプ （譲渡不可能所有）	該当なし	envy NP NP ((5b))	envy NP PP ((5a))

与格構文
　(1a)　John sent an e-mail to Mary.
　(2a)　John made a model plane for his son.
二重目的語構文
　(1b)　John sent Mary an e-mail.
　(2b)　John made his son a model plane.
　(5b)　John envied Mary her success.

所有者昇格構文

(5a)　John envied Mary for her success.

(8) にあるように，所有関係がない場合は与格構文が使われ，所有関係がある場合は二重目的語構文と所有者昇格構文の2つが使われる．このように，「所有」という観点から分析することで，同じ V NP PP という文型を示す (1a) および (2a) (send/make タイプ) と (5a) (envy タイプ) は，それぞれ与格構文と所有者昇格構文という異なった構文に分けられることがわかる．また，ともに所有関係を有する send/make タイプの二重目的語構文と envy タイプの二重目的語構文も，譲渡可能性という点では異なる．具体的にいうと，前者の所有関係は譲渡可能であるが，後者の所有関係は譲渡不可能である．さらに，両者は統語的にも違いがある．それは，send/make タイプの二重目的語構文の場合は与格構文と変換可能であるが，envy タイプの二重目的語構文の場合は変換可能な構文が存在しないということである．(7) で示したように，(5a) (=(7b)) は (7a) の所有格名詞句 (Mary's) が目的語に昇格した所有者昇格構文であり，(5b) の二重目的語構文とは対応関係にない (10.1 節参照)．つまり，envy タイプの二重目的語構文は，変換可能な構文がない純粋な二重目的語構文であると考えられる．[1] このように，本分析に基づけば，二重目的語構文には send/make タイプと envy タイプの2種類があることになる．

10.3. 理論的意義

本章では所有という概念に基づき，与格構文と二重目的語構文と所有者昇格構文の3つの構文の関係を明らかにした．本章の主張をまとめると，以下のようになる．

---

[1] envy と同じく譲渡不可能所有を表す strike などの接触動詞は，(ia) の所有者昇格構文には現れるが，(ib) の二重目的語構文には現れない．

(i) a.　John struck Bill on the head.　(cf. (5a))
　　b.　*John struck Bill his head.　(cf. (5b))

このことは，(ia) の所有者昇格構文は (ib) の二重目的語構文と変換可能な関係にはないことを示している．

① 同じ V NP PP という文型であっても，所有関係の有無という観点から与格構文と所有者昇格構文という別々の構文に分けられる．
② 所有関係を含意する二重目的語構文は，譲渡可能性という観点から send/make タイプと envy タイプの 2 種類に分けられるが，後者は対応する構文がない純粋な二重目的語構文と考えられる．

このように，本章では所有という基準を用いて構文を分類し，構文間の関係を明らかにした．文法理論においては，構文は仮説を立てる際の出発点となる．よって，構文を正確に分類することは，妥当性のある文法理論を構築するためにも必要不可欠な作業となる．

第 11 章

With 独立構文の構造とその汎用性*

　本章では，(1) の with 独立構文 (*with* absolute construction) の統語構造を明らかにする．

(1) a.　With the bus drivers on strike, we'll have to ride our bicycles.
　　b.　With a girl in every port, Harry feels contented.
　　　　　　　　　　　　　　　　　(McCawley (1983: 271, 274))

McCawley (1983) で指摘されているように，(1a) と (1b) では意味の違いがある．この意味の違いは，(1a) と (1b) の with 句をそれぞれ (2a) と (2b) のようにパラフレーズするとより鮮明になる．

(2) a.　The bus drivers ARE on strike.　(cf. (1a))
　　b.　Harry HAS a girl in every port.　(cf. (1b))

(1a) の with 句は (2a) のようにパラフレーズされるのに対して，(1b) の with 句は (2b) のようにパラフレーズされる．具体的にいうと，(1a) の場合には (2a) のように be 動詞 (are) が補充されるのに対して，(1b) の場合には (2b) のように have が補充される．また，(1a) の場合とは異なり，

＊ 本章は本田 (2012) を改訂したものである．なお，本田 (2012) は執筆過程において，畠山と本田と田中の 3 人で長時間にわたり議論を重ねてきたものであり，実質的には 3 人の共著論文である．

(1b) の場合には (2b) のように主語 (Harry) も補充される．これらのことから，(1a) と (1b) の with 句の内部構造は異なっていると考えられる．

本章では (1a) を be タイプの with 句，(1b) を have タイプの with 句とよび，11.1 節で両者の構造を詳しく検討する．とくに，(1b) の have タイプの with 句に対して，with が PRO を含む節を補部にとる構造を提案する．11.2 節では，名詞句内部の with 句や動詞の補部の with 句も，(1b) の have タイプの with 句と同様の構造をしていることを示す．11.3 節では，本章の with 独立構文の分析が，否定倒置および否定極性表現のデータにも自然な説明を与えることを示す．11.4 節では，本分析の理論的意義と帰結を述べる．

11.1. With 独立構文の構造

まず，(1a) の be タイプの with 句の構造から見ていく．McCawley (1983: 272) は (3) を証拠として，with 以下が構成素であると主張している．

(3) a. With everyone planning on attending, which I hadn't expected, we'll be short of space.
    b. I wouldn't want to live in Sicily with, or for that matter, even without, Mt. Etna erupting.
    c. With mother in the hospital and father on a drunken binge, the family is in bad shape.

(3a) では，everyone planning on attending が関係代名詞 which の先行詞となっている．(3b) では，Mt. Etna erupting が右枝節点繰り上げ (right node raising) の適用を受けている．(3c) では，mother in the hospital と father on a drunken binge が等位接続されている．これらの事実は，with 以下が構成素であると考えることですべて自然に説明できる．

さらに，with 以下の構成素には主動詞が欠けているが，(4) から文 (=S(entence)) であると考えられる (McCawley (1983: 273) 参照)．

(4) a. With politicians being shot at by snipers every day, I don't see

why anyone would go into politics.
b. With Gonzalez appearing to know everything about economics, we could hardly put up a better candidate.
c. With there being no possibility of advancement in her present job, Linda is determined to find a new job.
d. With it obvious that the money is lost, we don't know what to do.
e. With Pollini playing the Brahms Second and Arrau the Beethoven Fourth, we're going to have a great week of concerts.

(4) の with 句内を見ると，(4a) は受動文，(4b) は上昇構文，(4c) は there 構文，(4d) は it ~ that ... 構文，(4e) は空所化がそれぞれ使われている．これらは S で起こるものであるため，with 句内の構成素は S であるといえる．よって，with 句全体を PP と仮定すると，(1a) の be タイプの with 句は (5) の構造をもつことになる．

(5) [PP with [S the bus drivers **BE** on strike]] (=(1a))

(5) の BE は抽象的な動詞を表し，音形はないが統語上存在していると考える．

次に，(1b) の have タイプの with 句の構造を見ていく．(1b) を以下に繰り返す．

(1b) With a girl in every port, Harry feels contented.

Sakakibara (1982) は，(1b) の with 句は (6) のように be 動詞を補充してパラフレーズすることができないことから，S を含む構造をしていないと主張している．

(6) A girl is in every port.

たしかに，(1b) の with 句は解釈上，(6) のように a girl を主語と捉え，be 動詞を補充してパラフレーズすることはできない．しかし，すでに (2b) で示したように，with 句内の主語を主節の主語と捉え，動詞 have を補充すれば，(1b) の with 句も (1a) の with 句と同様に命題 (proposition) をもつ S としてパラフレーズできる．よって，本分析では，have タイプの with 句内

のSはPROを主語としてもつと仮定し，(1b) の with 句の内部構造は (7) であると考える．

(7) [_PP_ with [_S_ *PRO* **HAVE** a girl in every port]]   (=(1b))

(7) の HAVE は抽象的な動詞を表し，音形はないが統語上存在していると考える (cf. (5))．また，(7) の PRO は主節の主語 (Harry) を先行詞としてとる．

have タイプの with 句の中に PRO があるとする本分析の統語的な証拠としては (8) があげられる (McCawley (1983: 279))．

(8) a.　With currently a girl in every port, Harry feels contented.
    b.　With rarely anything to say, Oscar isn't highly regarded.
    c.　With usually more money than she knows how to spend, Sarah is living a dissolute life.

Emonds (1976: 196) で指摘されているように，非定形節の文頭（＝補文化辞の右隣）には，副詞(句)は生起することができない．

(9) a.　*Mary arranged for in St. Louis John to rent a house cheap.
    b.　*They build machines for during lunch hours businessmen to exercise on.

(9a) は非定形節の文頭（補文化辞 for の右隣）に副詞句 (in St. Louis) が現れているため非文となっている．同様に，(9b) も非定形節の文頭に副詞句 (during lunch hours) が現れているため非文となっている．このことを考慮に入れてもう一度 (8) を見てみよう．もし (8) において，副詞 (currently, rarely, usually) が with 句内の非定形節の文頭（with の右隣）に生起していると考えた場合，(8) は (9) と同じく非文法的であると誤って予測してしまう．これに対して，本分析のように PRO を仮定した場合，副詞が非定形節の文頭（with の右隣）に生起していないことになるため，(8) の文法性を正しく捉えることができる．[1] 具体的に (8a) を例にとると，(8a) の with 句は

---

　[1]　(8) の have タイプの with 句とは対照的に，次の (i) の be タイプの with 句の場合は，副詞 (currently, obviously, still) が with 句内の NP (lawyers, Emil, his wife) より前にくる

(10) の構造をもつ.

(10) With [_S_ PRO currently **HAVE** a girl in every port]　(=(8a))

(10) にあるように，副詞 currently は主語の PRO と HAVE の間に現れているが，この位置は副詞の生起する場所としては一般的な位置である．事実，副詞は主語と動詞の間に生起することができる．

(11) Harry currently has a girl in every port.　(McCawley (1983: 279))

このように，have タイプの with 句の中に PRO があるとする本分析は経験的にも妥当であるといえる．

本節では，2 種類の with 独立構文があることを見た ((5) と (7) を下に繰り返す).

(5)　[_PP_ with [_S_ the bus drivers **BE** on strike]]　　[be タイプ]
(7)　[_PP_ with [_S_ PRO **HAVE** a girl in every port]]　　[have タイプ]

次節では，名詞句内部の with 句や動詞の補部の with 句の構造を考察する．

11.2.　With 独立構文が現れる環境

まず，名詞句内に with 句が現れる場合から見ていく．(12a) と (12b) は意味的にほとんど同じであるため，McCawley (1988) は，(12a) は (12b) から派生されると仮定している．

(12) a.　a man with a scar on his face
　　　b.　a man who has a scar on his face

ことができない (McCawley (1983: 279)).

(i) a. *With currently lawyers subjected to frequent attacks in the press, ...
　　b. *With obviously Emil afraid of snakes, ...
　　c. *With still his wife in Florida, ...

このことは，be タイプの with 句の NP が主語であることを示している ((5) 参照)．よって，(i) では副詞が非定形節の文頭 (with の右隣) に生起していることになるため，(9) と同じく非文法的となる．

具体的にいうと，McCawley は以下の 2 つの変形を仮定している．

① (12b) の who has を having に変える．
② その having を with に変える．

しかしながら，この①と②の 2 つのステップはどちらもアドホックというしかなく，(12a) をつくり出すためになぜこの 2 つのステップを経なければならないのかという点に関しては，独立した根拠が示されていない．

ここで，(12a) の with 句が前節で提案した (7) の構造をもつと仮定すると，(12a) の with 句の構造は (13) のようになる．

(13) [$_{PP}$ with [$_S$ *PRO* **HAVE** a scar on his face]]

さらに，(12a) は a man に (13) が付加している構造だと考えると，(12a) は (14) の構造をもつことになる．

(14) [$_{NP}$ a man [$_{PP}$ with [$_S$ *PRO* **HAVE** a scar on his face]]]　(=(12a))

(14) の構造は，Williams (1980) が提案した不定詞関係節の構造とほぼ同じである．Williams は，(15a) のような不定詞関係節の構造として (15b) を仮定している．

(15) a. the man to do the job
b. the man [*PRO* to do the job]

(15b) において，the man と [*PRO* to do the job] は叙述 (predication) によって関係付けられ，PRO の先行詞は the man になる．同じように，(14) においても a man と [$_{PP}$ with [$_S$ *PRO* **HAVE** a scar on his face]] が叙述によって関係付けられ，PRO の先行詞は a man になると分析できる．このように，(12a) が音形のない抽象的な動詞 HAVE を含む (14) の構造をもつと考えると，McCawley (1988) のようなアドホックな変形を仮定せずに，(12a) と (12b) がともに所有の意味を表すことを捉えることができる．

次に，動詞の補部に with 句が現れる場合を見てみよう．

(16) John presented Mary with a book.

(16) にあるように，動詞 present は Mary と with a book を補部としてと

る.(16)には「(JohnがMaryに本をプレゼントした結果)Maryが本を所有している」という解釈が出るが,この所有の解釈は,(16)のwith句に(7)のhaveタイプの構造を仮定すると自然に捉えられる.

(17)　[$_{PP}$ with [$_S$ *PRO* **HAVE** a book]]

(17)にあるように,本分析をとれば,(16)のwith句の構造にPRO(=Mary)とHAVE(=所有)があるため,「Maryが本を所有している」という解釈が出ることになる.

　以上のように,with独立構文の構造は文頭の副詞句だけではなく,名詞句の内部(=(12a))や動詞の補部(=(16))にも適用できる.本分析に基づけば,これらのwith句が共通して所有の意味をもつことは統語構造の観点から統一的に捉えられる.次節では,本分析のwith独立構文の分析が,否定倒置および否定極性表現のデータにも自然な説明を与えることを示す.

11.3. 否定倒置および否定極性表現

本節では,with句を含む否定倒置および否定極性表現について考察する.

11.3.1. 否定倒置

英語には,否定語が文頭に現れると倒置が起こる否定倒置とよばれる現象がある.

(18)　a.　At no time was Sam miserable.
　　　b.　*At no time, Sam was miserable.

(18)では,否定語を含む前置詞句 (at no time) が文頭に現れているが,(18a)のように主語と助動詞の倒置 (SAI=Subject-Auxiliary Inversion) が起こると文法的となり,(18b)のようにSAIが起こらないと非文法的となる.しかしながら,McCawley (1988: 199) では否定語が文頭に現れているにもかかわらず,SAIが起こらない例があげられている.

(19)　a.　With no job, Sam is miserable.
　　　b.　Since he has no job, Sam is miserable.

とくに，(19b) にあるように，副詞節が前置された場合には，節内部に否定語があっても SAI は起こらないことが知られている．このことから，McCawley は (19a) の with no job は with [he has no job] のような副詞節の短縮形であるため，(19b) と同様に SAI が起こらないと分析している．

しかし，本分析の with 独立構文の内部構造を仮定すれば，with no job が副詞節の短縮形であるとするアドホックな仮定をすることなく，(19a) に倒置が起こらない事実を捉えることができる．本分析に基づくと，(19a) の with 句は (20) の構造をもつ．

(20) [PP with [S *PRO* **HAVE** no job]]　(＝(19a))

(20) では，否定語 no job が S の内部に入っているが，この構造は (19b) の副詞節の構造と同じである．

(21) [PP since [S he has no job]]　(＝(19b))

つまり，(20) と (21) のどちらの構造においても，否定語が S の内部に入っている．よって，本分析をとれば，(19a) と (19b) に SAI が起こらない事実は，「否定語が S の内部にある場合は倒置が起こらない」という一般化によって統一的に捉えることができる．このように，本分析は，with 句が副詞節の短縮形であるとするアドホックな仮定をすることなく，(19a) に倒置が起こらない事実を捉えることができるため，McCawley (1988) の分析よりも妥当性が高いといえる．

11.3.2. 否定極性表現

次に否定極性表現 (NPI=Negative Polarity Item) の例を見ていく．次の対比を見てみよう（なお便宜上，否定語は太字で，NPI は斜体字で示してある）．

(22) a.　[At **no** time] did Sam give me *a red cent*.
　　 b. *[To people [who [S have **no** jobs]]], Bert would give *a red cent*.

(22a) のように，否定語の no time が前置詞 at の目的語になっている場合，NPI の *a red cent* は否定語によって認可される．これに対して，(22b) のように，否定語が関係節内部（＝S）に埋め込まれている場合は，NPI は否定語

によって認可されないため非文となる．これらのことを踏まえて，次の例を見てみよう．

(23)　*With **no** job, Sam would give you *a red cent.*

(McCawley (1988: 199))

もし (23) の with no job が (22a) の at no time と同じく前置詞句であるなら，(23) でも NPI の *a red cent* は否定語によって認可され，文法的となるはずである．しかし，事実として (23) は非文法的である．

ここでも，本分析の with 独立構文の構造を仮定すれば，(23) の非文法性を「否定語が S の内部にある場合は NPI を認可しない」という一般化から捉えることができる．本分析に基づくと，(23) の with 句の構造は (24) になる．

(24)　[$_{PP}$ with [$_S$ *PRO* **HAVE no** job]]　(=(23))

(24) では，(22b) の関係節の場合と同じく，否定語が S 内部に埋め込まれている．よって，(24) の構造をもつ (23) は NPI が否定語によって認可されないため非文となる．

以上見てきたように，本分析の with 独立構文の構造を仮定すると，with 句を含む否定倒置および否定極性表現のデータを統一的に説明することができる．

11.4.　理論的意義と帰結

本章では，(1a) と (1b) のような with 独立構文に対して，それぞれ (5) と (7) の構造を提案した ((1a), (1b), (5), (7) を下に再掲する)．

(1)　a.　With the bus drivers on strike, we'll have to ride our bicycles.
　　　b.　With a girl in every port, Harry feels contented.
(5)　[$_{PP}$ with [$_S$ the bus drivers **BE** on strike]]　　(=(1a))
(7)　[$_{PP}$ with [$_S$ *PRO* **HAVE** a girl in every port]]　　(=(1b))

とくに，(7) の構造は文頭の副詞句だけではなく，名詞句の内部 (=(12a)) や動詞の補部 (=(16)) にも適用できることを指摘した．さらに，(7) の構造

は否定倒置および否定極性表現のデータにも自然な説明を与えることを示した.

　本章を終える前に，本分析から得られる帰結を 2 つ述べる．まず，本分析に基づけば，山田 (2010) で「「A を B に」構文」とよばれている日本語の構文を英語の with 独立構文と同じように分析できる.

　　(25) ［そのコンサートを最後に］彼女は引退した.
　　(26) 太郎は［タバコを手に］街を歩いた.

(25) および (26) の括弧の部分が「A を B に」構文であるが, (25) と (26) の括弧の部分を独立した文にパラフレーズすると, それぞれ (27) と (28) のようになる.

　　(27) そのコンサートが最後である．　　　(=(25))
　　(28) （太郎が）タバコを手にもっている．　(=(26))

(25) の括弧の部分をパラフレーズする場合には, (27) のように「ある」を補い, (26) の括弧の部分をパラフレーズする場合には, (28) のように「もっている」を補う. つまり, (25) の「A を B に」構文は音形をもたない抽象的な動詞 BE をもち, (26) の「A を B に」構文は音形をもたない抽象的な動詞 HAVE をもつと考えられる. さらに, 「A を B に」構文は独立文としては機能せず, 修飾節として機能することから, S ではなく S を含む PP と仮定すると, (25) と (26) の「A を B に」構文の構造はそれぞれ (29) と (30) のようになる（φ は音形のない後置詞を表す）.[2]

　　(29) [PP [S そのコンサートを最後に **BE**] φ]　((25) の「A を B に」構文)
　　(30) [PP [S *PRO* タバコを手に **HAVE**] φ]　((26) の「A を B に」構文)

このように, 日本語の「A を B に」構文も be タイプと have タイプの 2 種類があり, 英語の with 独立構文と同じ構造をもつ. 以下に両構文の対応関係を示す.

---

　[2] 音形のない英語の前置詞（zero preposition）に関しては, Bowers (1993) や Pesetsky (1995) 等を参照.

(31) a. [$_{PP}$ with [$_S$ the bus drivers **BE** on strike]]
   　　　　　　　　　　　　　　　　[be タイプの with 独立構文]
   b. [$_{PP}$ [$_S$ そのコンサートを最後に **BE**] ϕ]
   　　　　　　　　　　　　　　　　[be タイプの「A を B に」構文]
(32) a. [$_{PP}$ with [$_S$ *PRO* **HAVE** a girl in every port]]
   　　　　　　　　　　　　　　　　[have タイプの with 独立構文]
   b. [$_{PP}$ [$_S$ *PRO* タバコを手に **HAVE**] ϕ]
   　　　　　　　　　　　　　　　　[have タイプの「A を B に」構文]

とくに，(32) の have タイプの場合，どちらの構造にも抽象的な動詞 HAVE が含まれているという共通点のほかに，主節の主語をコントローラーとする PRO が含まれているという共通点もある．このように，抽象度を少し上げることで，構文間の関連性が見えてくる（日英語の比較分析に関しては第 I 部も参照）．

さらに，本分析は動詞と前置詞のパラレリズムも捉えることができる．Chomsky (1981) 等で指摘されているように，PRO に関して以下の定理が仮定されている．

(33)　PRO の定理：PRO は統率されない．

そのため，(32a) の have タイプの with 独立構文の構造は GB 理論の枠組みを用いると，次のようになる（ϕ は音形のない補文化辞を表す）．

(34)　[$_{PP}$ with [$_{CP}$ ϕ [$_{IP}$ *PRO* **HAVE** a girl in every port]]]

このことは，have タイプの with 独立構文の場合，IP の指定部（主語位置）に音形がある NP がこられないことから支持される．以下の対比を見てみよう．

(35) a. *[$_{PP}$ with [$_{CP}$ ϕ [$_{IP}$ *him* HAVE a girl in every port]]], Harry feels contented.
   b. [$_{PP}$ with [$_{CP}$ ϕ [$_{IP}$ *PRO* HAVE a girl in every port]]], Harry feels contented.　(=(34))

(35a) では，前置詞 with と IP の指定部にある him との間に CP が介在して

いる.そのため,him が with から格をもらうことができず,(36) の格フィルターに違反するため,(35a) は非文となる (Chomsky (1986) 等参照).

(36)　格フィルター:音形をもつ NP は格をもたなければならない.

そうすると,with 句内に音形のある主語 NP が現れる be タイプの with 独立構文の場合は,音形のある主語 NP に格を与える必要があるため,CP ではなく IP を補部にとる構造をしていることになる (cf. (31a)).このことは,以下の対比からも支持される.

(37) a.　[PP with [IP them on strike]], we'll have to ride our bicycles.
　　　b. *[PP with [IP PRO on strike]], we'll have to ride our bicycles.

(37b) にあるように,be タイプの with 独立構文の場合は PRO が現れることができない.このことは,be タイプの with の補部は CP ではなく IP であることを示している.

しかし,このことは with 独立構文が 2 つの異なった構造をもつことには必ずしもならない.次の対比を見てみよう.

(38) a.　I want [IP John to win]
　　　b.　I want [CP [IP PRO to win]]

(38) にあるように,want の場合,音形のある NP(John) も PRO も両方とることが可能である.この事実は,want が CP 削除を随意的にできる動詞であると仮定することで捉えられる.同様に,with 独立構文の場合も,with が CP 削除を随意的にできる前置詞であると考えると,with 独立構文に 2 つの異なった構造を仮定する必要はなくなる.具体的にいうと,CP 削除が起こる場合は be タイプになり,CP 削除が起こらない場合は have タイプになると考えられる.

以上のことから,CP 削除の適用に関して,動詞と前置詞にはともに以下の 3 つのタイプがあることになる.

(39)

CP 削除	不可	随意的	義務的
動詞	(i) *try*	(iii) *want*	(v) *believe*
前置詞	(ii) *in*	(iv) *with*	(vi) *before*

それぞれの具体例を示すと，次のようになる．

(40) ① **CP 削除ができないタイプ**
  (i) 動詞 (*try*):
   a. John tries [$_{CP}$ [$_{IP}$ PRO to win]]
   b. *John tries [$_{IP}$ Mary to win]
  (ii) 前置詞 (*in*): [3]
   a. They are unwise in [$_{CP}$ that [$_{IP}$ they are trying to escape]].
   b. *They are unwise in [$_{IP}$ they are trying to escape].
 ② **CP 削除が随意的なタイプ**
  (iii) 動詞 (*want*):
   a. I want [$_{CP}$ [$_{IP}$ PRO to win]]
   b. I want [$_{IP}$ John to win]
  (iv) 前置詞 (*with*):
   a. With [$_{CP}$ ϕ [$_{IP}$ PRO a girl in every port]], Harry feels contented.
   b. With [$_{IP}$ the bus drivers on strike], we'll have to ride our bicycles.
 ③ **CP 削除が義務的なタイプ**
  (v) 動詞 (*believe*):
   a. *John believes [$_{CP}$ [$_{IP}$ PRO to be honest]]
   b. John believes [$_{IP}$ Mary to be honest].
  (vi) 前置詞 (*before*): [4]
   a. *I will leave before [$_{CP}$ that [$_{IP}$ you have left]].

---

[3] 現代英語では前置詞が CP を補部にとることはまれであるが，フランス語では通常，前置詞は CP を補部にとる．

  (i) [$_{PP}$ avant [$_{CP}$ que tu partes]]
      before   that you leave-SUBJUNCTIVE

このように，CP 削除の適用に関しては，言語間でパラメータ化されている可能性がある．この点に関しては今後の研究課題としたい．

[4] 前置詞と CP 補部に関しては注 3 も参照．

b. I will leave before [$_{IP}$ you have left].

本分析の構造を仮定すると，CP 削除の適用という観点から，動詞と前置詞を統一的に扱えることができる．このように言語現象を統一的に捉えることは理論言語学の重要な目標である．

第 III 部

日本語の構文研究

　自然言語は（人工言語とは違い）私たち人間が何らかの目的をもってつくったものではない．あくまでも自然発生したものである．その意味では，自然言語は，名は体を表すように，自然物である．しかし，自然言語は，自然発生したものとはいえども，私たち人間と独立して発生ならびに存在しうるものではない．自然言語は人間の存在に完全に依存しており，惑星や衛星，それに植物や鉱物といった自然物とは一線を画すものである．その意味において自然言語は，実は，人工物的なものでもある．

　このように，自然言語は自然物と人工物のハイブリッド的なものということもあり，いわゆるサイエンスの手法がそのまま使えるというわけでもない．言語現象は厳密にいうと自然現象ではないので，例外もあれば論理から逸脱する部分もある．だからこそ，仮説演繹的な手法で何から何まで捉えることができるわけでもない．そのような事情もあり，自然言語にどうアプローチしていったらよいのかという点に関しては，21 世紀になってもいまだに方法論が確立されていないのが現状である．第 III 部では，言語直観のきく母語の日本語の分析を通して言語研究の方法論を探っていく．

第 12 章

日本語の動詞移動*

　日本語に主要部移動，とくに動詞の移動が存在するかということがこれまで生成文法において論争となってきた (Otani and Whitman (1991), Hoji (1998), Koizumi (2000), Takano (2002) 等参照).[1] その大きな理由として，主要部末尾言語の日本語では動詞が時制辞をともなって常に右端にくるため，動詞が移動しているか否かが確認しにくいということがあげられる．これに対して，動詞の移動が比較的容易に見てわかるのは，(1) の例にあげたフランス語である．

(1) a. *Marie ne pas [$_{VP}$ regardait ce film].
　　　 Marie　not　　watched　this film
　　　 'Mary did not watch this film'
　 b. Marie ne regardait pas [$_{VP}$ ＿ ce film].

　　　 '*Mary watched not this film'

---

* 本章は Hatakeyama, Honda and Tanaka (2008) および本田 (2012) を改訂したものである．なお，本田 (2012) は執筆過程において，畠山と本田と田中の 3 人で長時間にわたり議論を重ねてきたものであり，実質的には 3 人の共著論文である．

[1] 日本語の動詞移動をめぐる論争の詳細に関しては，Hatakeyama, Honda and Tanaka (2008) を参照．

フランス語の否定辞（ne) pas は動詞句（VP）の外側に生成されると考えられている（Pollock (1989) 参照）．(1a) と (1b) の対比からわかるように，動詞 regarder (regardait) は VP 内から否定辞を越えて移動しなければならない．つまり，フランス語の動詞は義務的に移動するということがわかる．一方，英語では，(1b) の英語のグロスからわかるように，動詞 watch は否定辞 not を越えて移動することはできない．これらのことから，動詞が義務的に移動しなければならない言語（フランス語）と移動してはいけない言語（英語）の 2 つのグループが存在することがわかる．

本章では，とりたて詞の作用域（scope），軽動詞「す」の挿入および尊敬語文の等位構造の観点から，「日本語に動詞移動が存在すること」および「その移動自体は随意的であること」を示す．[2]

12.1. 随意的な動詞移動

本節では，とりたて詞の作用域と軽動詞「す」の挿入の観点から，日本語では随意的な動詞移動が起きていることを示す．

12.1.1. 「も」のスコープ

日本語にもフランス語の pas や英語の not のような「目印」があれば，動詞移動の有無が容易に確認できる．本節では，とりたて詞（あるいは副助詞）の「も」の作用域という観点から，日本語にも動詞移動が存在することを示す．[3] 次の文を見てみよう．

---

[2] 自然言語の中には，動詞が屈折辞（Infl）に移動する言語と移動しない言語がある．このような違いは，Vikner (1995) によると，動詞の形態変化（とくに人称変化）が顕著か否かに起因している（Roberts (1993) も参照）．より具体的にいうと，動詞の人称変化が顕著な言語ほど動詞移動が起きやすい．よって，Vikner の仮説に従えば，日本語の動詞は西洋語のような人称変化をまったく起こさないため，日本語には動詞移動が許されないことになる．そのため，日本語に動詞移動が存在するという本章の主張は Vikner の仮説にとって反例となるといえる．

[3] ここでは「も」を使っているが，「さえ」や「だけ」などのとりたて詞でも同じ議論が成り立つ．

(2) a. 太郎は花子に指輪をあげもした．
    b. 太郎は花子に指輪(を)もあげた．

まず，(2a) の「も」の解釈に注目してみよう．(2a) では「花子にも」，「指輪(を)も」，「あげも」，「花子に指輪をあげも」という解釈がどれも可能である．(2a) にこのような解釈が可能なのは「花子に指輪をあげ」全体（=VP）が「も」の作用域に入っているからだと考えられる．ここで，X が Y を c 統御する場合にのみ Y が X の作用域に入るという一般的な仮定をとると，(2a) の「も」は VP より構造的に高い位置に付加していなければならないことになる．[4] さらに，(2a) に「太郎も」の解釈ができない（=主語は「も」の作用域に入らない）ことを考慮に入れると，「も」が付加している位置は VP であると特定できる（VP に付加している「も」は構造的に上にある主語の「太郎は」を c 統御できない）．このことを念頭に置いて，(2b) を見てみよう．(2b) でとくに注目すべきことは，「花子に指輪を」全体（=VP）に「も」がかかる解釈はできるが，動詞「あげ」に「も」がかかる解釈はできないということである．[5] このことは，構造上，VP の「花子に指輪を」は「も」の作用域に入っているが，動詞「あげ」は「も」の作用域の外側にあることを示している．よって，(2b) では VP 内に生成された動詞「あげ」は「も」の作用域である VP の外側へ移動していると考えられる．つまり，(2b) は (3) の構造をもつと考えられる（(2b) においても主語（=「太郎は」）は「も」の作用域に入らない）．

---

[4] とりたて詞「も」が付加詞であることに関しては，Aoyagi (1998) や青柳 (2006) を参照．

[5] (2b) に「花子に指輪を」のようなセットリーディング (set reading) の解釈が可能なことは，次のような文脈でより明確になる．

(i) 気が多い太郎は，明子にイヤリングをあげたばかりでなく，花子に指輪もあげた．(cf. (2b))

(i) では，(2) と同様に，2 項述語の動詞「あげ」が使われているが，「明子にイヤリング」と「花子に指輪」という 2 つの NP のセットが対比されていることがわかる．

(3)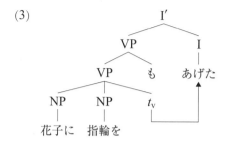

このように，とりたて詞「も」の作用域という観点から動詞の構造上の位置を捉えることで，日本語にも動詞移動が存在することがわかる．しかし，ここで注意すべきことは，動詞移動が見られる (2b) とともに，動詞「あげ」が VP 内に残っている (2a) も文法的であるということである (cf. [$_{VP}$ [$_{VP}$ 花子に指輪をあげ] も] した (=(2a) の VP 構造))．つまり，日本語においては，動詞移動は義務的ではなく随意的だと考えられる．次節では，日本語の動詞移動が随意的であると仮定することで，軽動詞「す」の挿入の有無が適切に捉えられることを示す．

12.1.2.「す」の挿入

日本語の「す」の挿入の分析に入る前に，形態結合 (Morphological Merger) という操作について見ていく．形態結合は以下のように定義される (Lasnik (1995: 259))．[6]

(4) Affixal Infl must merge with a V, a PF process (distinct from head movement) demanding adjacency.

(4) にあるように，接辞 (affixal Infl) と動詞が PF において隣接する場合に両者の形態結合が可能となる．この (4) の形態結合は以下の対比を捉えることができる．

---

[6] 形態結合は，接辞が動詞の方に下降すると仮定する affix-hopping (Chomsky (1957) 参照) や Rule-R (Chomsky (1981) 参照) に相当する．

(5) a. Mary [$_I$ -ed] [$_V$ watch] this film.

→ Mary **watched** this film.

b. Mary [$_I$ -ed] not [$_V$ watch] this film.

→ *Mary {not **watched**/**watched** not} this film.

(5a)では過去時制を表す接辞（-ed）を含むI(affixal Infl)とV（watch）が隣接している．そのため，IとVの形態結合が可能になり，過去形のwatchedが形成される．一方，(5b)ではIとVの間に否定辞のnotが介在しているため，両者は隣接していない．そのため，(5b)ではIとVの形態結合が妨げられ，過去形のwatchedを形成することができない．[7]

本分析では，日本語においても(4)の形態結合が適用されると仮定する．その上で，次の対比を見てみよう．

(6) a. 寿司を食べる．

b. *寿司を食べする．

まず，(6a)から見ていく．前節で見たように，日本語の動詞移動は随意的だと考えられるため，(6a)は2つの派生をもつことになる．すなわち，動詞移動が起こる派生（=(7a)）と動詞移動が起こらない派生（=(7b)）である．

(7) a. [$_{VP}$ 寿司を t_V] [$_{V\text{-}I}$ 食べ-る]　（動詞移動あり）

b. [$_{VP}$ 寿司を [$_V$ 食べ]] [$_I$ る]　（動詞移動なし）

(7a)では，VP内にあった動詞「食べ」がIにある時制接辞の「る」（現在時制を表す接辞）のところへ移動しているため，PFにおいてIとVは隣接している．また，(7b)では動詞移動が起こらないため，動詞「食べ」と時制接

---

[7] 本章の冒頭で述べたように，英語では一般動詞の主要部移動が許されないため，(5b)のような環境ではdo挿入が適用される．

(i) Mary *did* not watch this film.

つまり，時制接辞（-ed）を救う最後の手段（last resort）としてdoが挿入される．日本語の「す」の挿入も最後の手段という点では英語のdo挿入と同じであると考えられる．この点に関しては以下の議論で詳しく見ていく．

辞の「る」は構造的には違う位置にあるが，語順的には隣接している．そのため，PF においては I と V は隣接している．よって，(7a, b) ともに (4) の形態結合が適用され，現在形の「食べる」が形成される．このように，形態結合が 2 つの異なった派生 (=(7a, b)) に適用されることで，どちらの派生も結果的に (6a) の「寿司を食べる」を生成することになる．

次に，非文である (6b) を見ていく．(6b) は (6a) に「す」の挿入を適用させたものであるため，次の 2 つの派生をもつ．

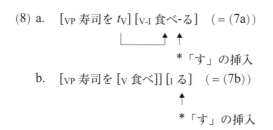

(8a, b) ともに「す」の挿入が許されないことから，「す」の挿入には (9) の制約がかかると考えられる．

(9) 「す」の挿入は形態結合ができない場合に限られる．

上述したように，(8a, b) (=(7a, b)) ではともに形態結合が適用される．言い換えれば，(8a, b) ではともに I にある時制接辞が動詞と結合可能である．そのような場合，あえて「す」を挿入することは不要であるため，「す」の挿入が起こらないといえる．

以上のことを踏まえて，次の例を見てみよう．

(10) a. 寿司(を)も食べる．
　　 b. 寿司を食べもする．

まず，(10a) から見ていく．(10a) では「寿司(を)も」とともに「寿司を食べも」という解釈が可能であることから，VP 全体が「も」の作用域に入っていることになる．よって，(10a) では「も」が付加している位置は VP であることになる (cf. (2b))．しかし，動詞「食べ」に「も」がかかる解釈はできないことから，(10a) では VP 内に生成された動詞「食べ」は「も」の作用域

であるVPの外側へ移動していると考えられる．つまり，(10a)は以下の派生をもつ (cf. (3))．

(11)　[VP [VP 寿司を t_V] も] [V-I 食べ-る]

(11)にあるように，VP内にあった動詞「食べ」はIにある時制接辞の「る」のところへ移動しているため，PFにおいてIとVは隣接している．よって，(4)の形態結合が適用され，現在形の「食べる」が形成される．このように，(10a)ではIとVの間で形態結合が起こるため，(9)の制約に基づくと，(10a)には「す」の挿入が起こらないことが予測される．事実，(10a)に「す」を挿入した(12)は非文である ((13)に(12)の派生を示している)．

(12)　*寿司(を)も食べする．
(13)　[VP [VP 寿司を t_V] も] [V-I 食べ-る]　(= (11))

　　　　　　　　　　　　　*「す」の挿入

次に，(10b)の派生を見ていこう．(10b)では，(10a)の場合とは異なり，動詞「食べ」に「も」がかかる解釈が可能なことから，動詞「食べ」がVP内にとどまっていると考えられる．よって，(10b)は次の派生をもつ．

(14)　[VP [VP 寿司を食べ] も] [I る]

　　　　　　　　「す」の挿入

(14)では動詞「食べ」と時制接辞の「る」の間に「も」が介在しているため，両者は隣接していない．そのため，(14)ではIとVの形態結合が妨げられ，現在形の「食べる」を形成することができない (cf. (5b))．このように，(14)では形態結合ができないため，(9)の制約により，「す」の挿入が適用されることになる．事実，(14)で「す」の挿入が起こらないと非文になる．

(15)　*寿司を食べもる．　(cf. (10b))

このように，日本語では随意的な動詞移動が起きているとする本分析に基

づくと，一般的な操作である形態結合を仮定するだけで，「す」の挿入の有無を適切に捉えることができる．また，日本語では動詞移動が随意的なため，動詞移動が起こらないときだけ「す」が挿入されることも捉えられる．次節では，本分析が日本語の尊敬語化の観点からも支持されることを示す．

12.2. 尊敬語化による検証

本節では，日本語では随意的な動詞移動が起きているとする本分析が，日本語の尊敬語化の観点からも支持されることを示す．

12.2.1. 尊敬語文の統語構造

まず，日本語の尊敬語化の規則について見ていく．次の例を見てみよう（例文の頭についている「#」は，その文が不自然であることを表す）．

(16) a. 学生が寿司を食べた．
 b. #学生が寿司をお食べになった．
(17) a. #先生が寿司を食べた．
 b. 先生が寿司をお食べになった．

日本語では，主語が尊敬に値する人物である場合には尊敬語を使う．そのため，(16) のように，通常尊敬に値する人物とはみなされない「学生」に対して尊敬語の「お食べになった」が使われている (16b) は不自然な文になる．これに対して，(17) の主語の「先生」は通常尊敬に値する人物であるとみなされるため，尊敬語が使われていない (17a) は不自然な文になる．[8] 原田 (1972)（福井（編）(2000) に再録）は，このような尊敬語文に関して，(18) の尊敬語化の規則を仮定している．

(18) 動詞 X の尊敬語を「お＋X＋に＋なる」という形にする．ただし X は動詞の連用形．

---

[8] ここで注意すべきことは，主語が尊敬に値する人物であるか否かは話し手の捉え方によるということである．そのため，「学生」を尊敬に値するとみなす人にとっては (16b) は自然な文になる．また，「先生」を尊敬に値するとみなさない人にとっては (17a) は自然な文になる．

(18) を言い換えると，動詞 X の尊敬語は「お＋X＋に＋なる」というセットだということである．つまり，次の (19a) のように「お食べになる」というセットで動詞「食べ」の尊敬語とみなされる．そのため，(19b-d) のようにセットが不完全な場合には動詞「食べ」の尊敬語にはならない．

(19) a. お食べになる
b. *食べになる
c. *お食べなる
d. *食べなる

次に，とりたて詞の「も」の生起場所から，尊敬語の内部構造を明らかにする．

(20) a. [寿司をお食べになり] もした
b. [寿司をお食べに] もなった
c. [お食べに] もなった
d. *[お食べもに] なった

とりたて詞の「も」は (i) 構成素につき，(ii) 語中には入り込めないという性質をもつ (Kuroda (1965), 岸本 (2005), 青柳 (2006) 等参照)．このことを踏まえると，(20a) の「寿司をお食べになり」は「も」がつけられるので構成素をなしていると考えられる．さらに，(20b) の「寿司をお食べに」と (20c) の「お食べに」にも「も」がつけられるので両者は構成素をなしていると考えられる．これに対して，(20d) の「お食べもに」は文法的でないことから，「お食べに」は 1 つの単語 (=V) であると考えられる．[9] 以上のことから，「寿司をお食べになった」の統語構造は，概略，(21) のようになる．[10]

---

[9] とりたて詞の「も」は XP にも X^0 にも付加することができるとされている（青柳 (2008) 等参照）．よって，(20b) と (20c) はそれぞれ (ia) と (ib) の構造をもつ．

(i) a. [$_{VP}$ [$_{VP}$ 寿司をお食べに] も] なった　(= (20b))
b. [$_V$ [$_V$ お食べに] も] なった　(= (20c))

[10] 本分析では，尊敬語の「なる」は「する」と同じ軽動詞 (light verb) であると考える．その理由として，両者が省略に関して同じ振る舞いを示すことがあげられる (Ivana and Sakai (2007) 参照)．なお，下の例文の「φ」は省略を表す．

(21)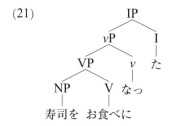

　ここで，本分析では (18) の尊敬語化の規則を踏まえ，尊敬語の解釈に関して (22) の条件を仮定する．

(22)　LFにおいて「お＋V＋に＋なる」というセットを形成する場合に尊敬語の解釈が得られる．

この (22) の条件に基づくと，(21) のVの「お食べに」はLFで v の「なっ」まで移動していることになる．つまり，「寿司をお食べになった」のLF構造は (23) になる．

(23)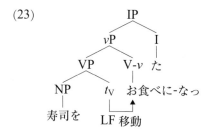

(i)　a.　アキコが気絶した．
　　 b.*ナオコも φ した．　(cf. ナオコも気絶した．)
(ii)　a.　山田先生はもうこの本をお読みになりましたか．
　　 b.*ええ，φ なりました．　(cf. ええ，お読みになりました．)

(ib) にあるように，軽動詞「する」は省略を許さない．同様に，(iib) にあるように，尊敬語の「なる」も省略を許さない．よって，尊敬語の「なる」は「する」と同じ軽動詞だと考えられる．

以上のことを踏まえ，次節では尊敬語文の等位構造を用いて，日本語に顕在的（overt）な動詞移動が存在し，その移動は随意的であることを示す．

12.2.2. 尊敬語文の等位構造と日本語の動詞移動

尊敬語文が等位に結ばれている（24）の例を見てみよう．

(24)　先生はビールをお飲みにも，寿司をお食べにもなった．

(24) の統語構造としては，(25) や (26) が考えられる．

(25)

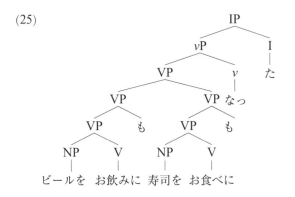

(26)

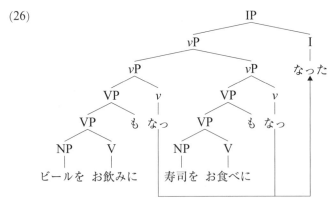

(25) は VP と VP が等位に結ばれている構造であるのに対して，(26) は vP と vP が等位に結ばれている構造である．以下では，両構造の妥当性を検証していく．

まず，(25) の構造について考えてみよう．前節で見たように，(22) の尊敬語の解釈条件を満たすためには，「お飲みに」と「お食べに」の両方の V が LF で v にある「なっ」まで移動しなければならない．このような2つ以上の要素の一律の移動は ATB (Across-the-Board) 移動とよばれている (Ross (1967) 参照)．この ATB 移動に関しては，S 構造と LF で振る舞いが異なることが指摘されている．次の英語の等位文を見てみよう (Bošković and Franks (2000: 110))．

(27) a. *What$_i$ did you say that [John bought a house] and [Peter sold t_i]?
　　 b. What$_i$ did you say that [John bought t_i] and [Peter sold t_i]?
(28) a. *Who said that [John bought a house] and [Peter sold what]?
　　 b. *Who said that [John bought what] and [Peter sold what]?

(27) は S 構造で wh 移動が起こっている例であるが，(27a) のように片方の等位項の一部（ここでは sold の目的語）だけが wh 移動を起こすと，等位構造制約の違反となるため非文になる．[11] しかし，(27b) のように2つの等位項の一部（ここでは bought の目的語と sold の目的語）が一律に wh 移動を起こす (=ATB 移動する) と文法的になる．つまり，S 構造において，ATB 移動は等位構造制約を回避できることがわかる．次に，(28) を見てみよう．(28) は LF で wh 移動が起こっている例であるが，(28a) のように片方の等位項の一部（ここでは sold の目的語）だけが LF で wh 移動を起こすと非文になる．この非文法性は，(27a) の S 構造における wh 移動の場合と同じく，等位構造制約の違反による．しかし，S 構造の場合とは異なり，LF の場合は (28b) のように2つの等位項から一律に what を ATB 移動しても等位構造制約は回避できず非文となってしまう．以上のことから，(29) の一般化が成り立つことがわかる．

---

[11] 日本語の等位文も等位構造制約に従うことが Hirata (2006) で指摘されている．

　(i) *[何を] [ジョンがテニスをし] (そして) [メアリーが t し] たの．
　　 (cf. [ジョンがテニスをし] (そして) [メアリーがバトミントンをし] たの．)

(i) では片方の等位項の一部（「何を」）だけを移動しているため非文になっている（詳細に関しては Hirata (2006) を参照）．

(29) S構造におけるATB移動は等位構造制約を回避できるが，LFにおけるATB移動は等位構造制約を回避できない．

このことを念頭に置いて，(25)の構造を見てみよう．上述したように，(22)の尊敬語の解釈条件を満たすためには，「お飲みに」と「お食べに」の両方のVがLFでvにある「なっ」まで移動しなければならない．しかし，(29)にあるように，LFでのATB移動は等位構造制約を回避できないため，(25)の構造を仮定すると，事実とは異なり，(24)を非文と予測してしまう．よって，(24)の統語構造として(25)を仮定するのは妥当ではないといえる．

次に，(26)の構造について考えてみよう．(26)はvPとvPが等位に結ばれている構造であり，vの「なっ」がATB移動によってIの時制接辞「た」(過去時制)まで移動している．このATB移動はS構造で行われているため，(29)にあるように等位構造制約を回避できる．さらに，(22)の尊敬語の解釈条件を満たすために，左のvP等位項内で「お飲みに」が「なっ」(のCopy)にLFで移動し1つのセットをなし，右のvP等位項内でも「お食べに」が「なっ」(のCopy)にLFで移動し1つのセットをなす．つまり，それぞれの等位項内で(22)を満たすようなセットが形成される．このように，(26)の構造は何の統語制約にも違反しないため，(24)の統語構造として(26)を仮定するのは妥当であるといえる．

以上のように，(24)の統語構造としては，(25)ではなく(26)が妥当であるが，ここで重要なことは，(26)の構造において(軽)動詞「なっ」がS構造で時制接辞「た」まで(ATB)移動しているということである．つまり，(24)の統語構造を説明するためには，(26)のような(軽)動詞の顕在的(overt)な移動を仮定しなくてはならない．このことは，日本語に動詞移動が存在する根拠の1つになると考えられる．さらに，次の例を見てみよう(cf. (24))．

(30) 先生はビールをお飲みになりも，寿司をお食べになりもした．

本分析に基づくと，(30)の構造は(31)のようになる．

(31)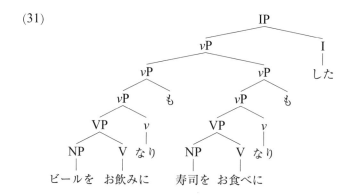

(31) は (26) と同じく vP と vP が等位に結ばれている構造をしているが，(26) とは異なり，I が「した」になっていることから，「す (=「し」)」の挿入が起こっていることがわかる．12.1.2 節で見たように，動詞移動が起こらない場合に「す」が挿入されるため，(31) の (軽) 動詞「なっ (=「なり」)」は「た」まで ATB 移動しないで vP 内にとどまっていることになる．よって，(軽) 動詞「なっ」は，(26) のように I の「た」まで (ATB) 移動する場合もあれば，(31) のように (ATB) 移動しない場合もあることがわかる．このことは，日本語の動詞移動が随意的であるという本分析の主張が妥当であることを示している．

12.3. 理論的意義と帰結

本章では，とりたて詞の作用域，軽動詞「す」の挿入および尊敬語文の等位構造の観点から，「日本語に動詞移動が存在すること」および「その移動自体は随意的であること」を示した．本章の冒頭で述べたように，過去の研究では，動詞が義務的に移動しなければならない言語（フランス語）と移動してはいけない言語（英語）の 2 つのグループが存在することが指摘されている．しかし，本分析が正しいとすると，日本語は動詞が随意的に移動するため，動詞移動に関して第 3 のタイプが存在することになる．よって，動詞移動に関して次の (32) のパラダイムが得られる．[12]

---

[12] 日本語には，同じく随意的な移動と考えられているスクランブリングという操作が存

(32)

言語	動詞移動
フランス語	義務的
英語	不可
日本語	随意的

これまでの生成文法研究では，日本語の動詞移動に関してあるかないかの2項対立的な議論がなされてきたが，この点に関して随意性を指摘したところに本分析の理論的意義がある．

さらに，本分析に基づくと，とりたて詞の解釈に関して興味深い帰結が得られる．12.1.2節で見たように，(10a)（以下に再掲）には「寿司を食べも」というVP全体がとりたて詞「も」の作用域に入る解釈が可能である．

(10) a. 寿司(を)も食べる。

しかし，(10a) はVの「食べ」がIまで移動している (11) の統語構造（以下に再掲）をもつ．

(11) [VP [VP 寿司を t_V] も] [V-I 食べ-る]

そうすると，(10a) では動詞の「食べ」が「も」の作用域の外側にあるにもかかわらず，「寿司を食べも」という解釈が可能であることになる．1つの可能性として，Vの「食べ」がLFでVP内に戻るという分析が考えられるが，この分析は経験的に問題がある．次の例を見てみよう．

(33) りんごを [太郎は [花子が t_N 食べもした] と思っている]

(33) は「りんごを」が文頭に長距離スクランブリング (=A′ 移動) されている例であるが，スクランブリングされた要素はLFでundoされ元の位置に戻るとされている (Saito (1985, 1989, 1992) 参照)．したがって，(33) の

在する (Saito (1985) 参照)．そのため，日本語の動詞移動およびスクランブリングの随意性は，移動に関するパラメーターセッティングという観点から捉えられる可能性がある．この点に関しては今後の研究課題とする．

「りんごを」はLFでVP内に戻り,「も」の作用域に入ることになるが,(33)には「りんごも」の解釈はない.このことから,「も」の作用域はLFではなくS構造で決まるといえる.つまり,統語論的にはS構造で「も」の作用域に入っている要素だけに「も」の焦点があたることになる.そのため,(10a)で「寿司を食べも」という解釈が可能であるのは,統語論以外の要因,とくに語用論的な要因が関わっていると考えられる.具体的にいうと,(11)のようにVPの主要部のV(「食べ」)がVPの外に移動しても,VP内の他の要素は「も」の作用域に入っているため,語用論的にはVP内に当然あるはずのVを含めたVPに「も」の焦点があたる読みが許されると考えられる.このような語用論的な解釈のサポートの可能性に関してはさらなる検証が必要であるが,本分析に基づくと,とりたて詞の解釈には統語論と語用論の両方が関係している可能性が出てくる(統語論と他の部門との関係に関しては第IV部を参照).

第 13 章

動詞「ある」の統語構造[*]

「美しかった」などの日本語の形容詞述語に,存在動詞「ある」が内在していることは,伝統的な国語学の分野の研究において,すでに山田 (1908) で指摘されている.さらに,尾上 (2006: 3) は「白かった」が「白く」と「あった」に分けられることに着目して,次のような主張をしている.

(1) 形容詞述語と見えるものは,実は,どのようにあるかという存在のありさま,存在様態を示す形容詞部分「白い」とそのようなありさまをもって存在するということを示す側面(それを言語の形に顕在化させて言うなら存在詞「あり」)とが合体したものだと見ることができる.

このように,山田や尾上は 2 つの別々の用法と考えられている本動詞「ある」と形容詞述語に含まれている「ある」とを関連づけている.本分析ではこの国語学の知見に基づき,(2a) の「噴水があった」と (2b) の「美しかった」はそれぞれ (3) と (4) の構造をもつと仮定する((3) と (4) の統語構造は X′ 式型構造を簡略化して書いてある).

(2) a. 公園に噴水が**あった**. [存在動詞]
    b. 彼女は**美しかった**. [形容詞述語]

---

[*] 本章は畠山・本田・田中 (2012) を改訂したものである.

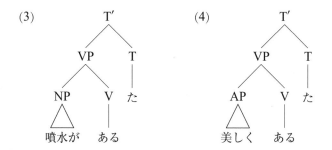

(3) と (4) にあるように，存在動詞の「ある」と形容詞述語に含まれている「ある」は統語構造上同じ位置 (=VP の主要部) を占めている．なお，(4) では「美しく」と「ある」は AP と V に分かれているが，最終的には「美しく」と「ある」と「た」は融合 (fusion) を起こし「美しかった」となる．[1] つまり，(3) と (4) の統語構造を仮定すれば，(1) の国語学の洞察は「同じ構造をもつ」という観点から説明できることになる．

本章では，13.1 節で，(3) と (4) の構造を仮定することにより，存在動詞「ある」と形容詞述語の丁寧語化および否定形に対して統一的な説明を与えることができることを示す．さらに，13.2 節では (3) と (4) の構造に基づき，日本語の「ある」と「いる」の交替現象 (以下，「ある」/「いる」交替) が主要部 (V) と補部 (NP) の一致であることを示す．最後に，13.3 節で本分析の理論的意義と帰結を述べる．

13.1. 動詞「ある」と形容詞述語に現れる「ある」

(3) と (4) に示されているように，存在動詞「ある」と形容詞述語に含まれている「ある」は同じ統語位置を占めていることから，両者には共通点があることが予測される．以下では，この点について見ていく．

---

[1] 日本語の顕著な融合の例としては (i) があげられる．

(i) 美しく＋ある→美しい ／ きれいで＋ある →きれいだ

(i) にあるように，「く＋ある」が融合して「い」になり，「で＋ある」が融合して「だ」になる (Nishiyama (1999) 参照)．

13.1.1. 丁寧語化

次の例にあるように，存在動詞「ある」と形容詞述語はともに丁寧語化が可能である．

(5) a. この公園に噴水が {あった／ございました}．
　　b. 彼女の流した涙は {美しかった／美しうございました}．

まず，(5a) の存在動詞「ある」の丁寧語化の場合，存在動詞「あった」が丁寧語の「ございました」に置き替えられていることがわかる．つまり，(5a) には (6) の丁寧語化の規則が適用されていることになる．

(6) 丁寧語化規則：「ある」を「ございます」に替えよ．

本分析では，形容詞述語に対して (4) のように形容詞 (AP) と動詞 (V) の「ある」が分かれている統語構造を仮定するため，(5b) の形容詞述語の丁寧語化も (5a) の存在動詞「ある」の丁寧語化と同じように扱うことができる．具体的に見ていくと，(5a, b) の丁寧語化の派生はそれぞれ (7a, b) になる (cf. (3) と (4))．

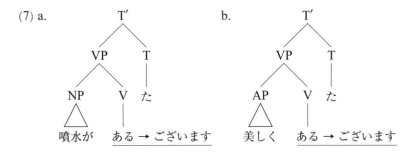

(7) にあるように，両者ともに V の位置の「ある」が (6) の丁寧語化規則によって「ございます」に替わる．その後，(7b) の形容詞述語の場合は，「美しく」と「ございます」と「た」が融合を起こし，さらに音便化（ウ音便化）を経て (5b) の「美しうございました」となる．

このように，本分析では，存在動詞「ある」と形容詞述語に含まれている「ある」が同じ統語位置を占めているため，両者ともに (6) の丁寧語化規則が適用されると説明できる．ところが，形容詞述語を形容詞と「ある」とに

分けない分析では，(6) を (5b) にそのまま適用することができない．つまり，(5a) と (5b) の丁寧語化に対して異なる仕組みを考えなければならなくなる．本分析のように，存在動詞「ある」と形容詞述語の「ある」が同じ統語位置を占めると考えることで，両者に見られる丁寧語化を統一的に捉えることができる．

13.1.2. 否定文

本分析に基づけば，存在動詞「ある」の否定形と形容詞述語の否定形を統一的に捉えることもできる．次の例を見てみよう．

(8) a. 噴水がない．
    b. 美しくない．

否定文では NegP（否定辞句）が VP を補部としてとると考えられている (Pollock (1989) 等参照)．そのため，本分析をとると，(8a, b) の構造はそれぞれ (9a, b) になる．

(9) a. [$_{NegP}$ [$_{VP}$ [$_{NP}$ 噴水が] ある] ない]
    b. [$_{NegP}$ [$_{VP}$ [$_{AP}$ 美しく] ある] ない]

(9a, b) では，NegP の主要部を占めている否定辞「ない」が「ある」と融合し「あらない」という形になる．しかし，ここで注意すべきことは，「噴水があらない」や「美しくあらない」は現代日本語では許されないということである（小林 (1968) 参照）．つまり，現代日本語では，(9) の統語構造に現れている「ある (=あら)」を省略した形 (=(8) の「ない」) が用いられていることになる．

このように，本分析に基づくと，(8) の否定辞「ない」は「あらない」という基底形から派生することになるが，この「あらない」は単なる理論上の構築物ではない．経験的な証拠として，「あらない」が江戸時代に使われていたという報告がある（湯沢 (1970: 348, 349)）．

(10) a. 急く事は**あらない**．
     b. 首もこはいものでは**あらない**．

(10) のように，「あらない」の形が江戸時代に現れているという事実から，

本分析の (9) の構造は経験的な側面からも支持されるといえる．しかし，(8) にあるように，現代日本語では「あらない」という表層形が許されないことから，現代日本語文法には (11) の形態論的規則があると仮定できる．

(11) 「ある」削除：「ない」の直前に現れる「ある」を削除せよ．

つまり，(9) の「噴水があらない」や「美しくあらない」の中の「ある（＝あら）」が (11) の規則によって削除されることで，(8) の「噴水がない」や「美しくない」がつくられることになる．このように，本分析の統語構造を仮定することで，存在動詞「ある」の否定形と形容詞述語の否定形を同じ派生形として捉えることができる．これに対して，形容詞述語を形容詞と「ある」に分けない分析を仮定してしまうと，両者の否定形を別々の規則で説明しなければならなくなる．

以上のように，(3) と (4) の統語構造を仮定する本分析では，存在動詞と形容詞述語の丁寧語化および否定形を統一的に捉えることができる．

13.2. 「ある」／「いる」交替

前節では，存在動詞「ある」と形容詞述語が同じ統語構造をもつと仮定することで，両者を統一的に捉えることができることを示した（(3) と (4) 参照）．しかし，存在動詞「ある」と形容詞述語に現れる「ある」には相違点も見られる．その１つが「ある」／「いる」交替の有無である．次の対比を見てみよう．

(12) a. 噴水が {ある／*いる}． ［無生名詞―ある］
b. 鳩が {*ある／いる}． ［有生名詞―いる］

(12a) のように，主語が「噴水」のようなモノ（無生）の場合には「ある」が使われ，(12b) のように，主語が人や動物（有生）の場合には「いる」が使われることが知られている（柴谷 (1978) 参照）．[2] しかし，同じ統語構造をも

---

[2] なお，歴史的には動詞「ある」はもともと有生にも無生にも使われていたが，後に有生に対して「いる」が使われるようになったことがわかっている（金水 (2006) 参照）．つまり，通時的には「ある」がデフォルト形であり，「いる」は有生名詞と一致を起こした「ある」

第13章 動詞「ある」の統語構造

つ形容詞述語文には,この交替現象が見られない.

(13) a. その少女は美しかった. ← [TP [VP その少女 [AP 美しく] ある] た]
　　 b. *その少女は美しきった. ←*[TP [VP その少女 [AP 美しく] いる] た]

(13)では,主語の「その少女」が人(有生)であるため「ある」ではなく「いる」が使われると予測されるが,実際はその逆で,(13a)の「ある」は許されるが,(13b)の「いる」は許されない.

では,なぜ(12)の存在動詞だけが「ある」/「いる」交替を起こすのだろうか.本分析では,「ある」/「いる」交替の有無は存在動詞と形容詞述語のVの補部の違いに還元できると考える.まず,両者の統語構造を比較してみよう.本分析に基づけば,(12)と(13)の構造はそれぞれ(14)と(15)のようになる(cf. (3)と(4)).

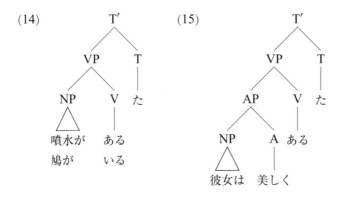

(14)と(15)にあるように,存在動詞と形容詞述語ではVの補部が異なる.まず,(14)にあるように,存在動詞「ある」は非対格動詞であるためNPを補部にとる(Miyagawa (1989)等参照).一方,(15)にあるように,形容詞述語に現れる「ある」は補部にAPをとる.ここで,(12)と(13)の対比にあるように,存在動詞は「ある」/「いる」交替を起こすが形容詞述語は「ある」/「いる」交替を起こさないことから,以下の仮説が立てられる.

(16) 「ある」/「いる」交替は主要部(V)と補部(NP)の一致である.

の派生形であるといえる.

この仮説に立てば,以下のパラダイムを統一的に説明することができる.

A:「ある」/「いる」交替がある
(17) **存在文** (cf. (12))
　　a. 庭に噴水が{ある／*いる}.
　　b. 庭に鳩が{*ある／いる}.
(18) **所有文**
　　a. 勇人には夢が{ある／*いる}.
　　b. 勇人には弟が{*ある／いる}.

B:「ある」/「いる」交替がない
(19) **形容詞述語文** (cf. (13))
　　a. 彼女は美しく{ある／*いる}た.（=美しかった／*美しきった）
　　b. 山は美しく{ある／*いる}た.　（=美しかった／*美しきった）
(20) **連結動詞文**
　　a. 駿介は学生で{ある／*いる}.
　　b. 絵は趣味で{ある／*いる}.
(21) **アスペクト動詞文**
　　a. あそこに太郎が立って{*ある／いる}.
　　b. あそこにポールが立って{*ある／いる}.

まず,「ある」/「いる」交替を起こす文には,(17)の存在文のほかに(18)の所有文がある.過去の研究では,(18)の所有文は「に」格名詞(「勇人には」)が主語で,「が」格名詞(「夢が」/「弟が」)が目的語であるとされている(岸本(2002)参照).つまり,(18)の所有文のVP構造は(22)のようになる.

(22)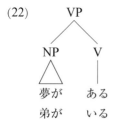

(22) にあるように，存在文と同じく，所有文においても V と NP は主要部と補部の関係にある（cf. (14))．よって，(16) の仮説より，(18) の所有文では「ある」/「いる」交替が起こることが捉えられる．

次に，「ある」/「いる」交替を起こさない文について見ていく．まず，(19) の形容詞述語文と (20) の連結動詞文の VP 構造はそれぞれ (23) と (24) になる．

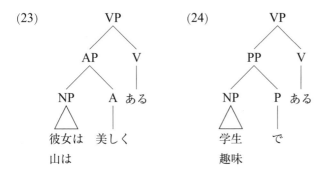

(23) では V（「ある」）の補部は AP であり，(24) では PP である．つまり，両者ともに V と NP が主要部–補部の関係ではない．よって，(16) の仮説より，(19) の形容詞述語文と (20) の連結動詞文では「ある」/「いる」交替が起きないことが捉えられる．さらに，本分析に基づけば，アスペクト動詞が「ある」/「いる」交替を起こさないことも捉えられる．金水 (2006) で指摘されているように，日本語のアスペクト形式は動詞に存在動詞を付加することによってつくられる．よって，(21) のアスペクト動詞文の VP 構造は (25) のようになる．

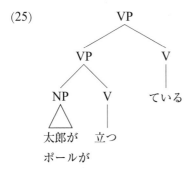

(25) にあるように，動詞「立つ」は非対格動詞であるため，NP（「太郎が」/「ポールが」）を補部にとる（cf. (14)）．一方，アスペクト動詞の「(て)いる」の補部は VP であって NP ではない．つまり，「(て)いる」は NP と主要部-補部の関係にはない．よって，(16) の仮説より，(21) のアスペクト動詞文では「ある」/「いる」交替が起きないことが捉えられる．

　以上のことから，日本語の「ある」/「いる」交替は主要部（V）と補部（NP）の一致であると結論づけることができる．

13.3. 理論的意義と帰結

　本章では，山田（1908）や尾上（2006）などの伝統的な国語学の洞察が生成文法の観点から捉えられることを示した．しかし，本章は単に国語学の研究を生成文法の研究に「翻訳」できることを示したわけではない．国語学でとり扱われてきたデータに対し，統語構造の観点から統一的な説明が可能になることを示したところに，本分析の理論的意義がある．このように，国語学研究と生成文法研究の相乗効果によって，日本語の本質，さらには，言語の真髄に迫ることができるといえる．動詞「ある」に関する本分析は，その壮大な目標のささやかな第一歩である．

　本章を終える前に，本分析の帰結を述べる．これまで一致現象は英語のような西欧言語を中心に，指定部-主要部の観点から扱われてきた．しかし，本分析では「ある」/「いる」交替の振る舞いを通して，日本語にも一致現象が見られ，かつ，それは主要部-補部の一致であることを示した．このように，主要部と補部の一致を認めることで，日本語の「ある」と英語の be 動詞の比較が可能になる．まず事実として，日本語の「ある」は英語の be 動詞で表すことができる．[3]

---

　[3] ただし，所有文に使われる「ある／いる」は英語では have が対応する．事実，(18) の所有文を英語に訳した場合，所有を表す動詞 have が使われる．

　　(i) Yuto *has* a dream / a brother.
　　　（cf. 勇人には {夢が<u>ある</u>／弟が<u>いる</u>}．）

しかし，存在と所有は書き換えが可能な場合が多い．たとえば，次の (ii) の日本文の英訳と

(26) a. {The book *is* / The books *are*} on the table. ［存在動詞］（cf. (17)）
     b. {She *is* / They *are*} beautiful. ［形容詞述語］（cf. (19)）
     c. He *is* a student. / They *are* students. ［連結動詞］（cf. (20)）
     d. {He *is* / They *are*} standing there. ［アスペクト動詞］（cf. (21)）

この共通点は，英語の be 動詞と日本語の「ある」が統語上同じ構造を占めると仮定することで捉えられる．しかし，両者は一致に関して違いが見られる．(26) にあるように，be 動詞の場合はすべての文において主語 NP と一致を起こすが，日本語の場合，主語 NP と一致を起こすのは存在文と所有文の「ある」だけである (cf. (17), (18))．本分析をとれば，この一致に関する差は一致の仕方に還元できる．一般に仮定されているように，英語ではどの文においても主語 NP は必ず TP の指定部にいき，そこで主要部 T との間で一致を起こす．英語の be 動詞と主語 NP はこの指定部-主要部の一致であるため，(26) のすべての文で一致が見られることになる．これに対して，(16) で見たように，日本語の「ある」/「いる」交替は主要部-補部の一致であるため，動詞「ある」が NP を補部にとらない場合は「ある」/「いる」交替が起きないことになる．[4] このように，主要部と補部の一致を認めることで，日本語の「ある」と英語の be 動詞の共通点と相違点の両方を捉えることができる．

して，(iia) の存在を表す there 構文と (iib) の所有を表す have の両方が可能である（吉川 (1995: 204))．

(ii) この学校の改装計画には障害がある．
  a. *There's* a drawback to this plan for redecorating school.
  b. This plan for redecorating school *has* a drawback.

[4] 日本語の「ある」/「いる」交替は話者の捉え方に左右されることがある．次の所有文を見てみよう．

(i) a. 私は妻がある身だ．
   b. 明日，お客さんがあるはずだ．

(i) では，有生名詞（「妻」/「お客」）に対して「ある」が使われているが，これは有生・無生の意識がなくなっているためだと考えられている（金水 (2006) 等参照）．つまり，(i) の「妻」や「お客」を無生的に捉えた場合には「ある」が使われることになる．このように，一致が捉え方によって左右されるのは主要部-補部の一致の特徴であると考えられる．

文法理論の大きな目的の1つとして，言語一般に当てはまる原理を見つけることがあげられる．そのためにも，タイプの異なる言語間で構文や現象を比較，検証することが重要となる（比較研究については第I部も参照）．

第 14 章

日本語の長距離格付与の可能性について*

　日本語の例外的格付与（Exceptional Case Marking, 以下 ECM）構文については，これまで多くの研究がなされてきた（Kuno (1976), Kaneko (1988), Tanaka (2002), 三原・平岩 (2006) 等参照）．代表例として，次の (1b) があげられる．

(1) a.　僕は [太郎が馬鹿だと] 思う．
　　b.　僕は [太郎を馬鹿だと] 思う．

格付与は一般的に同じ節内で行われるため，(1a) では，「太郎」は補文内で主格（ガ格）を与えられている．しかし，(1b) では，主節の動詞「思う」が「と」が示す節境界（=CP）を越えて補文の中の「太郎」に対格（ヲ格）を与えている．つまり，主節の動詞が同じ節内にない名詞句に格を与えているため，(1b) では例外的な格付与が行われていることになる．[1]

　しかし，(1b) の「太郎を」は補文から主節に移動している可能性もある（とくに Kuno (1976) や Tanaka (2002) 参照）．そのことを示す 1 つの証拠として，副詞との位置関係があげられる．次の対比を見てみよう．

---

*　本章は畠山・本田・田中 (2008) を改訂したものである．

[1] 本章では，便宜上「格付与」という用語を主に使っているが，引用の際や文脈に応じて「照合」や「認可」という用語も使っている．しかし，この用語の使い分け自体は本章の議論に何も影響しない．

(2) a. *僕は [太郎が愚かにも馬鹿だと] 思う．
    b. 僕は太郎を愚かにも馬鹿だと思う．

上の例において，「愚かにも」という副詞は主節の動詞「思う」と関係するため，主節に位置すると考えられる．そのため，(2a) のように，「愚かにも」が「太郎が馬鹿だと」という補文の中に入ると非文になる．一方，(2a) と同様に，一見，「愚かにも」が補文の中にあるように思われる (2b) は文法的である．上述したように，「愚かにも」は主節に位置するため，この副詞より左に現れている「太郎を」は主節にあることになる．しかし，「太郎を」はもともとは補文内の要素（すなわち「馬鹿だ」の主語）であるため，(2b) では「太郎を」が補文内から主節へ移動したものと考えられる．同様に，(1b) においても「太郎を」が補文内から主節へ移動していると考えられるため，「太郎を」は「思う」と同じ主節内で対格が付与されていることになる．このように，「繰り上げ」分析に基づくと，(1b) では，主節の動詞「思う」が補文 (=CP) の境界を越えて「太郎」に対格を与えていると考える必要はないことになる．つまり，(1b) は補文の主語が対格をもつという点では例外的な格付与ではあるが，同じ節内で格付与が行われているという点では長距離の格付与ではないことになる．

これに対して，Ura (2007) では，CP を越えて実際に長距離格付与（long-distance Case assignment）が行われているとされる例が提出されている．(3) がその代表的な例である (Ura (2007: 13))．

(3) 僕は [ジョンにそのことをできそうや(て)] 思う．［関西方言 A］
    (cf. 僕は [ジョンにそのことができそうや(て)] 思う．)

(3) は関西方言で，「て」は標準語の補文標識「と」に相当し，省略（脱落）が可能である．Ura はこのような例を長距離例外的格付与（Long-Distance ECM，以下 LD-ECM）とよんでいる．Ura によると，LD-ECM が許されるのは，関西方言の中でも一部の話者（Ura では便宜上，関西方言 A (Dialect-A) とよばれている）だけに限られる．(3) が LD-ECM であると認定するためには，2 つのことを証明する必要がある．1 つは，対格が与えられている「そのことを」が補文内にあるということであり，もう 1 つは，その対格は主節の動詞「思う」から与えられているということである．Ura は，この 2 点

が実際に成立すると論じている．

まず，(3) の「そのことを」が補文内にある証拠として，(4) があげられる (Ura (2007: 21))．

(4) *僕はジョンにそのことを愚かにもできそうや(て)思う．
(cf. 僕は太郎を愚かにも馬鹿だと思う．(=(2b)))

(4) は (2b) の ECM 構文と同様に対格名詞句が副詞「愚かにも」の左側にきているが，両者は文法性に違いがある．上述したように，文法的な (2b) の ECM 構文では，対格名詞句 (「太郎を」) が主節に移動しているため，主節に位置する副詞「愚かにも」の左側にこられる．これに対して，(4) が非文であるのは，(2a) の場合と同じく，(4) では主節に位置するはずの副詞「愚かにも」が補文内に現れているためであると考えられる．このことは，(4) (および (3)) において，「そのことを」が主節ではなく補文内にあることを示している．

次に，(3) の対格が補文内で与えられていないことは，次の (5) が非文であることから証明される (Ura (2007: 15))．

(5) *ジョンにそのことをできそうや．

(5) にあるように，標準語と同じく，関西方言 A においても「できる」という動詞は「ニ格＋ヲ格」という格パターンをとることができない．つまり，(3) の「そのことを」は補文内では対格を付与されないため，主節の動詞「思う」によって対格が付与されていると考えられる．

以上の考察から，Ura は (3) の補文内の対格付与は従来の ECM とは異なり，主節の動詞から補文の CP を越えて行われている真性の長距離格付与であると見なしている．しかし，(3) のような構文がもし可能だとすると，長距離格付与のような特殊な操作を理論的に認めることになる．さらに，日本語の記述という点においても変更を加えることになる．なぜなら，日本語では「ガ格＋ヲ格」，「ガ格＋ニ格」，あるいは「ニ格＋ガ格」という格パターンは許されるが，(3) の補文の「ジョンにそのことをできる」という「ニ格＋ヲ格」の格パターンは許されないとされているからである．

本章では，まず，14.1 節で Ura (2007) の分析を概観し，その問題点を指摘する．14.2 節では，関西方言以外における LD-ECM の容認性に関する調

査結果を示し，長距離格付与を用いない分析を提案する．14.3 節で本分析の理論的意義と帰結を述べる．

14.1. Ura (2007) の分析とその問題点

本節では，Ura (2007) の分析を概観し，その問題点を指摘する．なお，ここでは Ura で仮定されている定理等の細かい定義や修正された箇所などについての詳細には立ち入らず，問題の本質にかかわる部分のみをとりあげる．

14.1.1. Ura (2007) の分析

Ura は (3) のような LD-ECM の現象は，生成文法のフェイズ理論 (Chomsky (2001)) にとって問題となることを指摘している (以下に (3) を再掲)．

(3) 僕は [ジョンにそのことをできそうや(て)] 思う．

フェイズ理論では，(3) は位相不可侵条件 (Phase Impenetrability Condition, 以下 PIC) および不活性要素介在条件 (Defective Intervention Condition, 以下 DIC) という2つの条件のいずれかで排除されることになる．概略，PIC は生成文法初期 (Chomsky (1973)) の時制文条件 (Tensed-S Condition) に，DIC は指定主語条件 (Specified Subject Condition) に相当する一般的な条件であると考えられている．関西方言 A では，(3) がこれらの一般的な条件に違反しているにもかかわらず文法的とされることから，理論的には次の2点が問題となる．

① 格付与が節境界を越えて行われている (統語操作が局所的ではない).
② 潜在的に格付与を受けられる要素が介在しているにもかかわらず格付与が行われている (統語操作が最短距離ではない).

まず，PIC に関連する①からみていく．PIC は統語操作の局所性 (locality) を保証したもので，統語操作のかかる範囲をフェイズ (Phase) と規定している．ゆえに，主節の動詞が補文のフェイズ (=CP) を越えて格付与する

ことは禁止される (Chomsky (2001)). そこで, Ura は (3) の現象を捉える
ために, フェイズには強弱があり, 強いフェイズは PIC の対象となるが, 弱
いフェイズは PIC の対象外になると仮定している. その上で, 関西方言で
は補文標識「と」が「て」に弱化し, さらに脱落もすることから, (3) の補文
の CP は弱いフェイズであると主張している (この点については, 次節で詳
しく扱う). よって, Ura の分析では, (3) の LD-ECM は PIC の対象外にな
るため, ①は問題にならないことになる.

次に, DIC に関連する②について見ていく. DIC は統語操作が最短距離
で行われること (minimality) を保証したものであり, 照合するものと照合
されるものの間に別の照合可能要素が介在してはいけないことを規定してい
る (Chomsky (2001)). そのことを踏まえ, もう一度 (3) の例を見てみよ
う.

(3) 僕は [ジョンにそのことをできそうや(て)] 思う.

(3) では, 主節の動詞「思う」が, 補文の名詞句「ジョン」を飛び越えた形で,
名詞句「そのこと」の格を照合している (つまり, 対格を与えている). これ
は統語操作が最短距離で行われていないことになるため DIC に違反する.
そこで, Ura は DIC の定義を一部改訂して, 主節の動詞「思う」が補文の名
詞句「ジョン」を飛び越えて名詞句「そのこと」の格を照合できるようにし
ている.[2] つまり, Ura の分析では, (3) の LD-ECM は DIC にも抵触しない
ため, ②も問題にならないことになる.

---

[2] Ura (2007) で提案された DIC の定義の詳細に関しては, 本章の議論の内容には関係し
ないため割愛するが, 参考までに Chomsky (2000) の DIC の定義と Ura で提案された
DIC の定義を以下にあげておく (Ura (2007: 27)).

(i) **Chomsky's (2000) definition of the DIC**
In the situation A>B>C, where A is a probe and B is a matching goal, A cannot
agree with C if B is inactive due to a prior Agree with some other probe.
(ii) **New definition of the DIC**
In the situation A>B>C, where A is a probe and B is a matching goal, A cannot
agree with C if B is inactive due to a prior Agree with some other probe that has no
Agree relation with C.

以上が LD-ECM に対する Ura の分析の概略である．次節では，Ura のアプローチが経験的にも理論的にも問題があることを指摘する．

14.1.2. Ura (2007) の問題点

前節で述べたように，Ura の分析ではフェイズの強弱が中心的な役割をはたしている．なぜなら，PIC においては「何がフェイズか」という点が重要になるからである．また，DIC はあくまで PIC が成り立たない場合に適用される条件であると仮定されている (Chomsky (2001))．よって，Ura の分析の流れは，次のように整理できる．

  (i) フェイズの強弱 → (ii) PIC の適用の有無 → (iii) DIC の適用の有無

よって，分析の出発点であるフェイズの強弱という考え方に問題があれば，Ura の分析自体が成り立たないことになる．以下では，Ura の分析の妥当性を検証していく．

まず，重要なのは，(3) の例において，補文の CP が弱いフェイズであると考える独立した根拠があるかどうかである．このフェイズの強弱に対する独立した根拠がないと，「LD-ECM を許すからフェイズが弱い」のか「フェイズが弱いから LD-ECM を許す」のかがはっきりせず，議論が循環してしまう．そこで，Ura はフェイズの強弱に関する独立した経験的証拠として，関西方言では補文標識の省略が許されることをあげている．

  (6) ビルは [CP [TP ジョンが来た] (て／と)] ゆうた／思った．
                   (Ura (2007: 24))

(6) にあるように，関西方言では補文標識の「て」および「と」が省略可能である．この事実をもとに，Ura は次の仮説を立てている．

  (7) 補文標識が省略可能 → 弱いフェイズ

しかし，(7) が成り立たない場合もある．Ura 自身が指摘するように，関西方言の中にも，(3) の LD-ECM を許す話者と許さない話者がいる．Ura は LD-ECM を許す話者を関西方言 A とよび，LD-ECM を許さない話者を関西方言 B (Dialect-B) とよんで区別している (Ura (2007: 15))．ここで注意すべきことは，LD-ECM を許さない (=(3) の例を非文と考える) 関西方

言Bの話者も，補文標識の省略を許すということである．つまり，LD-ECMを許さない関西方言Bでは，補文標識が省略できるにもかかわらず，補文は強いフェイズであることになってしまうため，(7)の仮説と矛盾する．また，補文標識が省略可能であることは関西方言Aも関西方言Bも同じであるため，補文標識の省略だけでは，LD-ECMを許す関西方言AとLD-ECMを許さない関西方言Bとの区別ができないことになってしまう．

Uraはこのことを考慮して，補文標識の省略はLD-ECMが成立するための必要条件であるとした上で，次のように述べている (Ura (2007: 24, note 12))．

(8) 関西方言Aの補文標識の特異性によって，それに導かれた定形節が強いフェイズにならない．

しかし，Uraでは「関西方言Aの補文標識の特異性」とは一体何を指すかは明確にされておらず，「形態的には具現化していないが目に見えない何らかの特異性がある」という示唆だけに留めている．しかし，上述したように，Uraの分析の出発点である「フェイズの強弱」に関する経験的証拠が薄弱であるなら，Uraの分析自体の妥当性が疑わしいことになる．

最後に，DICにかかわる問題点について見ていく．なお，以下では，DICそのものの問題点というより，DICを使ったUraの分析方法の問題点を指摘する．本節の冒頭で述べたように，DICはPICが成り立たないときにのみ適用される条件とされている．つまり，あくまでフェイズが弱く，PICが適用されない場合にのみ，(3)のLD-ECMに対してDICが適用されることになる．しかし，これまでの議論で見てきたように，フェイズが弱いというUraの仮定は根拠が弱いため，(3)にPICが適用されDICが適用されない可能性が依然として残っている（しかも，PICが適用された場合，(3)のLD-ECMは関西方言Aにおいても非文であるという誤った予測をしてしまう）．

しかし，ここでは議論の便宜上，Uraに従って，(3)の補文は弱いフェイズであり，DICが適用されると仮定した上で議論を進めることにする．14.1.1節で見たように，(3)にDICをそのまま適用すると，(3)が誤って排除されることになる．そこで，UraはDICの定義を一部改訂して，(3)の文法性を捉えようとした．しかし，この分析の方向性には大きな問題がある．

Uraも認めているように，(3) のような LD-ECM が許されるのは関西方言 A のみである．つまり，(3) は一部の話者にだけ許容される有標な文と考えられる．この有標性という観点から Ura の分析を捉え直した場合，DIC のような一般的な条件を緩和させて (3) を説明することは，(3) のもつ有標性を捉えられないことを意味する．なぜなら，Ura の分析では，(3) は一般的な条件（= 改訂された DIC）によって文法的と判断されてしまうため，(3) の有標性がどこからきているのかという点が不明なままになってしまうからである．

本節の要点をまとめると次のようになる．まず，(3) の LD-ECM の補文が弱いフェイズと考える根拠が薄弱であることから，フェイズに関して強弱を仮定する Ura の分析は妥当性にかける．さらに，フェイズに強弱がないのであれば，(3) の LD-ECM に PIC を適用せざるをえなくなるため，関西方言 A においても (3) は誤って排除されてしまう．また，(3) の補文を弱いフェイズだと仮定した場合，(3) を説明するためだけに一般性のある DIC の定義を改訂しなければならなくなるが，その場合，(3) の有標性が捉えられなくなる．

次節では，関西方言以外（非関西方言）に対して行った調査結果を分析した上で，Ura (2007) の長距離格付与とは異なる分析を提案する．

14.2. 非関西方言における LD-ECM

14.1 節では，Ura (2007) が関西方言で LD-ECM が許されると主張していることを見たが，本節では，本研究で行った調査をもとに，非関西方言においても (3) のような LD-ECM が容認される場合があることを指摘する．[3] さらに，LD-ECM は有標な現象であり，補文内の名詞句が強勢を置かれることで非顕在的に移動する現象であることを示す．

---

[3] 本研究の調査では，被験者 60 名を対象に文法性の調査を行った（調査の詳細に関しては 14.2.1 節を参照）．なお，Ura (2007) の調査でも被験者は 60 名で，その内訳は言語学の専門家 21 名，言語学専攻の大学院生 8 名，学部生 31 名となっている (Ura (2007: 14))．

14.2.1. 調査の方法と結果

これまで見てきた Ura (2007) の観察をまとめると，次のようになる．

(イ)　LD-ECM は関西方言の一部の話者で可能である．
(ロ)　LD-ECM では補文標識が省略可能である．

まず，(イ) の妥当性については，(3) のような文が非関西方言で可能かどうかを調査した．この意図は，LD-ECM が本当に方言であるのかどうかを見るためである．もし方言なら，Ura の分析のように，「その方言ではフェイズが弱い」というような，方言特有の特徴として分析する可能性もありうる．しかし，もし非関西方言の話者でも LD-ECM を許すのであれば，それは方言というよりむしろ個人差である可能性が出てくる．

次に，(ロ) は Ura の分析でも中心となる観察であるが，その妥当性は次の 2 通りの方法で検証できる．

(A)　補文標識が省略可能であるが，LD-ECM が許されない．（弱い反例）
(B)　補文標識が省略不可能であるが，LD-ECM が許される．（強い反例）

まず，(A) は弱い反例といえる．なぜなら，Ura によれば補文標識の省略はあくまで必要条件に過ぎないからである．しかし，(B) は強い反例となる．なぜなら，Ura の分析では，LD-ECM はあくまで補文標識の省略が許される場合にのみ可能だからである．よって，補文標識の省略を許さないのに LD-ECM を許す話者がいるなら，Ura の主張は経験的に反証されることになる．この場合，補文標識の省略の有無は LD-ECM の容認性とは関係ないことになる．補文標識の省略の有無が関係ないのであれば，フェイズの強弱を前提とする Ura の分析は成り立たないことになる（14.1.2 節参照）．

以上を念頭に置き，本研究で行った調査とその結果を見ていく．調査は次の手順で行った．なお，本調査の被験者は，大学の学部生 58 名と社会人 2 名の合計 60 名である．

予備調査：　1 と 2 の文法性を判断してもらった．
1.　ジョンにそのことがわかる．
2.　ジョンにそのことをわかる．

まず，「1 を適格文，2 を不適格文」と判断しない被験者は，以降の調査から

外した．理由は，2の「ニ格＋ヲ格」パターンを許す被験者は，(3) のような LD-ECM の文においても補文内で対格付与を許す可能性があるからである．

本調査： 予備調査で，「1 を適格文，2 を不適格文」と判断した被験者に，3，4，5 の文法性を判断してもらった．
3. 私はジョンにそのことができると思う．
4. 私はジョンにそのことができる思う．
5. 私はジョンにそのことをできると思う．(cf. (3))

確認調査： 5 を許す被験者に当該文を発音してもらった．

では，本調査の内容を具体的に説明していく．分析に用いた例文は上の 3，4，5 の3つである．これらの文は，関西方言ではなく，標準的な日本語の形式（とくに標準的な補文標識「と」）を用いている．これは，Ura が関西方言の補文標識「て」を問題にしたのに対して，標準的な補文標識「と」でも LD-ECM に相当する現象が起こるかどうかを調べるためである．まず，3 が基本的な文で，補文標識「と」が省略されず，LD-ECM も起こっていない（補文の名詞句「そのこと」が主格の「が」で標示されている）．次に，4 は補文標識「と」が省略可能かどうかを調べる例である．この場合も LD-ECM は起こっていない．最後の 5 が LD-ECM の例であり，補文の名詞句「そのこと」が対格「を」で標示されている．

被験者には，各文の文法性の判断を紙に書いて提出してもらった．その調査結果をまとめたのが (9) である．(9) では，関係するところだけ出身地を明記し，どのような地域の出身者が LD-ECM を許すか（または許さないか）を示している．

第 14 章　日本語の長距離格付与の可能性について　　　　　　　155

(9) a. 3 が適格（60／60）

b. 4 が適格（8／60）
　＝補文省略可
　　　i. 5 が不適格（6／8）＝ LD-ECM 不可
　　　　和歌山・埼玉・群馬・栃木・北海道・神奈川
　　　ii. 5 が適格（2／8）＝ LD-ECM 可
　　　　富山・石川

c. 4 が不適格（52／60）
　＝補文省略不可
　　　i. 5 が不適格（46／52）＝ LD-ECM 不可
　　　ii. 5 が適格（6／52）＝ LD-ECM 可
　　　　山口・埼玉・東京・千葉・神奈川・愛媛

(9) のカッコ内の数字は全体数に対する該当数を表す．たとえば，「8／60」は「60 人中 8 人が該当」という意味である．また，(9b) と (9c) はそれぞれ枝分かれしているが，これは 4 の文法性と 5 の文法性の相関関係を表している．たとえば，(9)b-i は，「4 を適格文とみなした 8 人のうち，6 人が 5 を不適格とみなした」ことを表す．ここで，(9) の調査結果を集約すると，次の 3 点になる．

① 5 の LD-ECM を許す話者は全体の 10 分の 1 強しかいない：(8／60 (=13.3%))：((9b-ii)・(9c-ii))
② 補文標識を省略できるが 5 の LD-ECM を許さない話者の比率は高い：(6／8 (=75%))：((9b-i))
③ 補文標識を省略できないが 5 の LD-ECM を許す話者は（比率が低いが）存在する：(6／52 (=11.5%))：((9c-ii))

まず，①は 5 のような LD-ECM が有標であることを示している．これは，LD-ECM が関西方言の中でも一部の話者（関西方言 A）に限られるという Ura の観察と合っている．次に，②にあるように，補文標識が省略できるが LD-ECM を許さない話者の比率が 75％と高いことから，補文標識の省略が

LD-ECM と関係しているという Ura の分析の妥当性は低いといえる．さらに，③にあるように，比率が 11.5％と低いものの，補文標識を省略できないが LD-ECM を許す話者が存在するということは，Ura の分析にとって強い反例となる．このように，本研究の調査結果は，補文標識の省略が LD-ECM とは関係していないことを示している．

　14.1 節で見たように，Ura (2007) はフェイズが弱いことが LD-ECM を可能にしていると分析しているが，このフェイズの強弱を決めるのが補文標識の省略の可否であった．しかし，本研究の調査では，補文標識が省略できることと LD-ECM が許されることの間には強い相関関係がないことが明らかになった．つまり，フェイズに強弱などなく，フェイズはあくまでフェイズであると考える方が妥当であると結論できる．では，フェイズの強弱が LD-ECM に関与していないとすると，なぜ，一部の話者にとって (3) のような LD-ECM が許されるのだろうか．次節では，この問題に対して，長距離の格付与を用いない分析を提案する．

14.2.2. 焦点化による分析

　前節の調査の手順で述べたように，5 の LD-ECM を許容する被験者には，実際に 5 の文を音読してもらい，その音読の特徴を調べた．その結果が次の (10) である．

> (10) 5 の文（「私はジョンにそのことをできると思う」）を適格と認めた 8 名 (9b-ii, 9c-ii) のうち，6 名が「そのことを」に強勢を置いた：(6／8 (75％))：出身地の内訳：石川・山口・埼玉・千葉・神奈川・愛媛）

(10) より，有標文の 5 では，話者の方言（出身地）とは関係なく，「そのことを」に強勢が置かれる場合が多いことがわかる．[4] 強勢が置かれるという

---

　[4] (10) の調査結果では，5 の LD-ECM を許す 8 名のうち，2 名が「そのことを」に強勢を置かないという結果が得られている．この事実に対する 1 つの可能性として，ヲ格の許容度ということが考えられる．通常，与格主語構文においては「ニ格＋ガ格」の組み合わせが許されるが，予備調査の結果，「ニ格＋ヲ格」の組み合わせを許す人も少なからずいることが判明している．つまり，ヲ格の許容度に関して個人差があることになるが，この許容度の差が対格名詞句に強勢を置くかどうかということに関係している可能性がある．この点に

第14章 日本語の長距離格付与の可能性について　　　　157

ことは意味的な焦点が当てられていると考えられるが，焦点が当てられる要素は，一般的に，ある種の演算子 (operator) として文頭に移動することが知られている (Chomsky (1976), Culicover (1991) 等参照)．次の英語の例を見てみよう．

(11) a. *Who$_i$ does his$_i$ mother love t_i?
　　 b. *His$_i$ mother loves JOHN$_i$.

(11a) は弱交差 (weak crossover) とよばれる現象で，who がその先行詞である his を飛び越えて移動した場合，who が his を指す解釈は困難になる．興味深いことに，(11b) のように，一見，John が his を飛び越えていない場合でも，John に強勢が置かれると，(11a) と同じく非文になる（なお，強勢が置かれない場合には，his が John を指すことが可能となる）．この (11b) の非文法性は，(11a) の who が CP 指定部に移動するのと同じように，(11b) の強勢を置かれた JOHN が LF において CP 指定部に移動すると考えることで説明できる．

(12) a. [$_{CP}$ Who$_i$ [$_{C'}$ does his$_i$ mother love t_i]]　　(=(11a))
　　 b. [$_{CP}$ JOHN$_i$ [$_{C'}$ his$_i$ mother loves t_i]]　　(=(11b))

(12a) の who の移動が顕在的移動 (overt movement) であるのに対し，(12b) の JOHN の移動は非顕在的移動 (covert movement) であるという違いはあるが，両者はともに先行詞である his を飛び越えて移動しているため (11a, b) は非文になる．

　このことを踏まえて，5 の文の構造を考えてみよう．(10) に示したように，5 の文を文法的と判断する話者の多くが「そのことを」に強勢を置いている．(12b) にあるように，強勢が置かれた（=焦点化された）要素は CP 指定部に非顕在的に移動すると仮定すると，5 の「そのことを」も CP 指定部に移動していると考えられる．

(13)　私は [$_{CP}$ そのことを$_i$ [$_{IP}$ ジョンに t_i できると]] 思う．
　　　(cf. 私はジョンにそのことをできると思う．(=5の文))

関しては今後の研究課題とする．

三原・平岩 (2006) では，(1b)（以下に再掲）のような典型的な ECM 構文においても，対格が補文の CP 指定部で認可されると分析している．つまり，この分析に基づくと，(1b) は (14) の統語構造をもつ．

(1b)　僕は太郎を馬鹿だと思う．
(14)　僕は [$_{CP}$ 太郎を$_i$ [$_{IP}$ t_i 馬鹿だ] と] 思う．

(14) にあるように，「太郎を」は顕在的に CP 指定部に移動し，その位置で主節の動詞「思う」と一致（Agree）することで対格が認可される．[5] 同様に，(13) の非顕在的な移動の場合も，対格（「そのことを」）が補文の CP 指定部の位置で認可されると考えると，5（および (3)）のような LD-ECM と (1b) のような通常の ECM を統一的に捉えることが可能となる．

最後に，本節のまとめとして，本分析と Ura (2007) の分析を比較してみる．本分析が Ura の分析と異なっているのは次の 3 点である．

(i)　LD-ECM と補文標識の省略可能性の間に相関関係はない．
(ii)　LD-ECM を許す話者の多くが対格名詞句に強勢を置くことが説明できる．[6]
(iii)　PIC や DIC のような一般的な条件に変更を加えることなく，LD-ECM の容認性と有標性を説明できる．

とくに，(iii) に示したように，本分析においては，LD-ECM は格付与の局所性の観点から原理的にはありえない．14.2.1 節で LD-ECM は有標であることを見たが，そのような通常は許されない LD-ECM が容認されるのは，特別な操作をして格付与が局所的に行われるような構造をつくり出しているからであると考えられる．特別な操作をしているからこそ有標であり，個人差が出ることになる．本節では，非関西方言の調査に基づき，その特別な操

---

[5] フェイズ理論でも，補文の CP 指定部の位置は主節の動詞（あるいは v）との一致が可能な場所（= edge）であると仮定されている（Chomsky (2001) 参照）．

[6] ただし，関西方言 A の話者が対格名詞句に特別な強勢を置くかどうかは，Ura (2007) でも触れられていないため現段階では不明である．もし，関西方言 A の話者が対格名詞句に対して強勢を置くことなく LD-ECM を許すなら，Ura が扱った現象と本分析で調査した現象は見かけは同じでも本質的に異なるという可能性も出てくる．

作とは，補文内の名詞句に強勢を置いて非顕在的な移動を引き起こすことであると主張した．

14.3. 理論的意義と帰結

Ura (2007) は，関西方言のデータに基づき，「補文標識の省略が可能な場合に LD-ECM が許される」という一般化を提出した．この一般化に対し，本章では非関西方言の調査をもとに，以下の 2 種類の反例を示した．

(i) 補文標識が省略可能であるが，LD-ECM が許されない．
(ii) 補文標識が省略不可能であるが，LD-ECM が許される．

とくに，Ura の分析では補文標識の省略ができない場合には LD-ECM は許されないと予測するため，(ii) は Ura の一般化にとって強い反例となる．さらに，本章では補文標識が省略できることと LD-ECM が許されることの間には強い相関関係が見られないことを示した上で，フェイズに強弱を仮定する Ura の分析には問題があることを指摘した．その上で，代案として，補文の対格名詞句が強勢を置かれることで，補文の CP 指定部に非顕在的に移動し，そこで対格を認可されるという分析を提案した．本分析は，Ura の分析とは異なり，PIC と DIC がそれぞれもつ文法操作の局所性（locality）や最短距離性（minimality）という文法理論の核となる部分を保持したまま，(3) のような LD-ECM の有標性を捉えることができる．

最後に，本分析の帰結を述べる．14.2.2 節で見たように，本分析では，(3) の LD-ECM の場合でも，補文内に埋め込まれた名詞句が非顕在的に主節の近く（補文の CP 指定部）まで上がり，通常の ECM と同じような構造のもとで対格が与えられる．つまり，(3) のような LD-ECM においても，格付与は局所的に行われることになる．よって，本分析が正しいとすると，Ura が LD-ECM としてあげた例は，実際には LD-ECM ではないことになるため，日本語には長距離の格付与は存在しないと結論付けられる．

第 15 章

とがめ文の統語構造[*]

　日本語では,「何を」が目的語の疑問詞ではなく,「なぜ」「どうして」という付加詞の疑問詞として用いられ,相手の行為へのとがめだてを表すことがある (Kurafuji (1996), Konno (2004), 天野 (2008) 等参照). 本章では, このような文を総称して「とがめ文」とよぶことにするが, 高見 (2010) は, 以下に見られるとがめ文の文法性の対比を線形順序 (＝語順) に基づいて分析している.

　(1)　何を文句をいってるの.
　(2)　*文句を何をいってるの.

これに対し, 本章では次の 2 点を主張する.

　①　高見 (2010) の線形順序に基づく分析には経験的な問題がある.
　②　「何を」の機能と解釈は, 階層構造 (項と付加詞の区別) に基づいて捉えられる.

X バー理論を採用する生成文法研究では, 主に英語の現象に基づき項と付加詞の区別が仮定されてきた. 本章では, 日本語においても階層構造が解釈の際に重要な役割をはたすことを示すことで, 項と付加詞の区別が言語一般に当てはまる普遍性の高いものである可能性を示す (項と付加詞の区別に関し

---

[*] 本章は畠山・本田・田中 (2012) を改訂したものである.

ては第 IV 部で詳しく扱う）．

15.1. 高見（2010）の分析と問題点

疑問詞「何を」は「なぜ」「どうして」を意味する付加詞として機能する場合と，目的語として機能する場合がある．

(3) a. 何を文句をいってるの．（=(1)）　［付加詞として機能］
　　b. あなたは何を食べているの．　　　［目的語として機能］

高見（2010）は，「何を」の機能が (4) のような日本語の基本語順（= 線形順序）に基づいて決定されると主張している．

(4)　基本語順：[$_S$ 主語 + 付加詞$_1$・・・+ 付加詞$_n$ + 目的語 + 他動詞]

(4) は，他動詞のすぐ左側に目的語が生起し，目的語よりさらに左側に付加詞が生起する並びが基本語順であることを示している（神尾・高見（1998）参照）．(4) を考慮に入れて，もう一度，(3) の対比を見てみよう．(3a) の「何を」は目的語の「文句を」より左側に位置しているので，付加詞の機能をもつことになる．一方，(3b) の「何を」は他動詞「食べる」のすぐ左側にきているので，目的語の機能をもつことになる．

高見は，さらに (2) の不適格性も (4) から導けると主張する（以下に (2) を再掲）．

(2)　*文句を何をいってるの．

(4) に基づくと，(2) の「何を」は他動詞「いう」の直前に置かれているので，目的語として機能する．ところが，「いう」の目的語はすでに「文句を」と示されているので，先に「文句を」といっておいて，その後でいっていることが何であるかを尋ねるのは意味上矛盾する．この点が (2) が不適格となる 1 つの要因であるとされている（高見（2010: 17））．[1] このように，高見

---

[1] もう 1 つの要因として，(2) の「文句を」と「何を」の両方が目的語だとすると，いわゆる二重ヲ格制約（Double O Constraint）に抵触することがあげられている．二重ヲ格制約については，15.2 節を参照．

(2010) は (2) の不適格性を線形順序に基づいて説明している．
しかし，高見の分析では，(5) のような文が問題となる．

(5) （そんな）文句を，あんた何（を）いってるの．

(5) では，目的語の「(そんな) 文句を」がかき混ぜ (scrambling) によって文頭に置かれている．つまり，(2) の線形順序と同じく，「何を」が他動詞「いう」の直前にきている．よって，高見の分析では，(5) の「何を」は (2) の「何を」と同じように目的語として機能すると見なされる ((4) 参照)．そのため，(5) は (2) と同じ理由で不適格な文であると予測されてしまうが，事実として (5) は文法的であるため，高見の分析は誤った予測をすることになる．また，上述したように，高見の分析では，(5) の「何を」は他動詞「いう」の直前に置かれているため，目的語の機能をもつと予測されるが，(5) では，「何を」は「なぜ」「どうして」を意味する付加詞として機能している．このように，「何を」の機能という点においても，高見の分析は誤った予測をすることになる．

このような問題点は，「何を」の機能（目的語か付加詞か）が線形順序で決まるという仮定にあるといえる．次節では，線形順序ではなく統語構造における階層構造の違いが，「何を」の機能および解釈を決定づけることを示す．

15.2. とがめ文の統語構造と機能

まず，(1) の文を例に，とがめ文の統語構造を明らかにする（以下に (1) を再掲）．

(1) 何を文句をいってるの．

(1) の動詞「いう」は目的語（=項）を 1 つだけとる動詞である．「文句を」が「いう」の項だとすると，「何を」は項ではない要素，すなわち付加詞である．X バー理論では，項は動詞の補部，付加詞は動詞の付加部に（基底）生成されると仮定されている．

第 15 章　とがめ文の統語構造　　163

(6)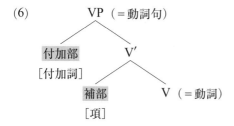

よって，(1) は (7) のような構造をもつと考えられる．

(7)

Chomsky (1981) 等に従い，項と付加詞の入れ替えは許されないと仮定すると，(7) の「何を」と「文句を」を入れ替えた (8) の構造は許されないことになる．

(8)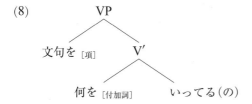

上の (8) は，「文句を—何を」という線形順序をもつ (2) の文（＝「*文句を何をいってるの」）に対応する構造である．つまり，(2) の非文法性は，階層構造において項と付加詞を入れ替えたことによると説明できる．[2]

次に，線形順序に基づく高見 (2010) の分析で問題となる (5) の構造を考えてみよう（以下に (5) を再掲）．

---

[2] 天野 (2008) も階層構造による説明を試みているが，とがめ文を拡張他動詞文として捉えており，本章のような項と付加詞の区別に基づく分析は行っていない．

(5) （そんな）文句を，あんた何(を)いってるの．

まず，項と付加詞の区別を考慮に入れると，(5) の基底構造は (9) となる．

(9)
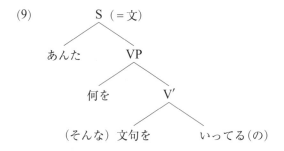

この (9) の基底構造から，項 (= 目的語) の「(そんな) 文句を」がかき混ぜによって文頭に移動すると，(10) の表層構造 (=(5)) が得られる．

(10)
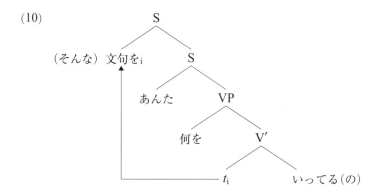

(10) の構造に示されているように，項の「(そんな) 文句を」がかき混ぜによって文頭に移動した後も，「何を」は付加詞の位置を占めているため，動詞の「いう」の目的語にはならない．つまり，(8) とは異なり，(10) では項と付加詞の入れ替えが起きていないため，(5) は文法的な文となる．このように，項と付加詞の区別を考慮した場合，(2) と (5) の対比を捉えることができる．[3] このことは，「何を」の機能および解釈は，線形順序ではなく階層構

---

[3] (2) と (5) の構造上の違いは，音韻的差異によっても顕在化する．(2) の「文句を何をいってるの」では「文句を」の直後にポーズを置かないが，(5) の「(そんな) 文句を，あん

造によって決定されることを示している.

本分析は,さらに次の例からも支持される.

(11) a. 雨の中を猫を追いかけている.
   b. 雨の中を何を追いかているの.
   c. 何を雨の中を追いかけているの.
   d. 何を雨の中を猫を追いかけているの.

(11)の経路を表す「雨の中を」は,(1)のとがめ文の「何を」と同様に,ヲ格でマークされた付加詞である.日本語には二重ヲ格制約(Double O Constraint)がかかるため,ヲ格目的語が2つ以上あることは許されないが,ヲ格でマークされているのが目的語と付加詞の場合は許される(柴谷(1978)参照).つまり,ヲ格名詞句を2つ含む(11a)が適格文であるのは,「雨の中を」が付加詞であるためである.よって,(11a)の目的語の「猫を」を「何を」に変えた(11b)の構造は以下のようになる(cf. (7)).

(12)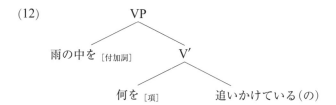

この(12)の構造から,項(=目的語)の「何を」がかき混ぜによって移動した(13)が(11c)の構造となる.

(13)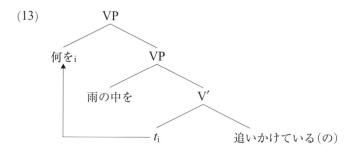

た何(を)いってるの」では「文句を」の直後にポーズが置かれる.

ここで重要なのは，(11c) では「何を」が動詞「追う」の直前に置かれていないにもかかわらず，動詞「追う」の目的語として解釈できるということである．[4] このことは，「何を」の機能が線形順序では決まらないことを表している．(13) に示されているように，階層構造に基づくと，(11c) では「何を」はかき混ぜにより，構造上「雨の中を」（＝付加詞）の上に移動しているだけで，動詞「追う」の項（＝目的語）であることは保障される．これに対して，(11d) は以下の構造をしている．

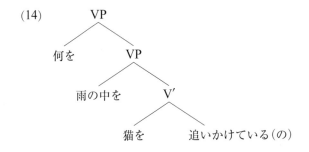

(14) の構造に示されているように，(11d) では「何を」は付加部の位置に基底生成されている．よって，(11c) とは異なり，(11d) では「何を」は動詞「追う」の項とはならない（＝とがめ文としてのみ成り立つ）．

このように，「何を」が項として用いられた場合は疑問文になるが，付加詞として用いられた場合はとがめ文になる．典型例を再掲する．

(15) a. あなたは何を食べているの．　（＝(3b)）　［疑問文］
    b. 何を文句をいってるの．　　　（＝(3a)）　［とがめ文］

(6) で示したように，構造上，項は動詞の補部，付加詞は動詞の付加部に基底生成されることから，「何を」を含む文の解釈は「何を」の統語上の位置によって決定されることになる．以上のことをまとめると，(16) のようになる．

---

　[4] (11c) において目的語が省略されていると考えた場合は，「何を」に付加詞の解釈が可能となる．この点については後述する (cf. (19))．

(16)

「何を」の統語位置	「何を」の機能	「何を」の値	文の解釈
補部	項	求める	疑問文
付加部	付加詞	求めない	とがめ文

上の表にあるように,「何を」が補部の位置に基底生成される場合は項（=目的語）として機能するため,「何を」は通常の疑問詞としての役割をはたす. その結果,「何を」に対する値が求められることになるため, 疑問文としての解釈が得られる. 一方,「何を」が付加部の位置に基底生成される場合は付加詞として機能し,「何を」に対する値が求められない. そのため, 疑問文としては解釈されず, とがめ文としての解釈が生じる.

(16)の表から,「何を」の統語位置が曖昧である場合には, 解釈も曖昧になることが予測される. 次の例を見てみよう.

(17) 何を飲んでるの.

(17)は2種類の構造で表すことができる. 1つは,「何を」が動詞「飲む」の項（=目的語）として機能している(18)の構造である. この場合,「何を」は補部の位置を占めている.

(18)
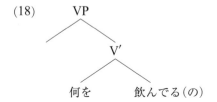

もう1つは, 目的語が省略されていて,「何を」が付加詞として機能している(19)の構造である. この場合,「何を」は付加部の位置を占めている（補部の位置には空の代名詞 pro がある（=文脈上わかるので省略されている）と考える).

(19)

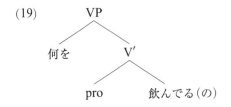

このように，(17) は構造的に曖昧である．この場合の解釈について，(16) の表に基づいて考えてみよう．まず，(18) のように「何を」が補部の位置を占める場合には，疑問文の解釈が出ることになる．事実，(17) には疑問文の解釈がある．次に，(19) のように「何を」が付加部の位置を占める場合には，とがめ文の解釈が出ることになる．実際，(17) にはとがめ文の解釈もある．このように，「何を」の統語位置が曖昧である場合には，解釈も曖昧になることがわかる．言い換えれば，「何を」の統語位置が決まれば文の解釈も決まることになる．[5]

　ここで注意すべきことは，線形順序に基づく高見 (2010) の分析では，(17) の「何を」は他動詞「飲む」の直前にあるため，目的語の機能だけをもつと予測してしまうことである．つまり，高見の分析では，(17) に疑問文の解釈があることは捉えられるが，とがめ文の解釈もあることは捉えられない．このことからも，「何を」の解釈は線形順序ではなく階層構造（項と付加詞の区別）により決定されると結論できる．

15.3. 理論的意義と今後の課題

　本章では，とがめ文における「何を」の機能と解釈が，高見 (2010) のいうような線形順序ではなく，統語構造における項と付加詞の区別により決定されることを示した．これまで，主に英語の現象に基づき仮定されてきた項と付加詞の区別が，日本語においても重要な役割をもつことを示したことに本分析の理論的意義がある．

　本分析の妥当性は，次のような例からも支持される．

---

[5] 項をとらない自動詞の場合，「何を」は常に付加詞の位置に生成されるため，とがめ文の解釈のみ可能となる（例：何を走ってるの！／何を騒いでるの！）．

(20) a. Cleverly, John dropped his cup of coffee.
　　b. John dropped his cup of coffee cleverly.

(Jackendoff (1977: 49))

副詞の cleverly には文副詞と VP 副詞の 2 つの機能があるが，統語位置により，どちらの解釈になるかが決まる．(20a) のように，cleverly が S に付加している場合は，「賢明なことに，ジョンはコーヒーの入ったコップを落とした」という話者の判断を表す解釈（=文副詞）になる．一方，(20b) のように，cleverly が VP に付加している場合は，「ジョンはうまくコーヒーの入ったコップを落とした」という動作の様態を表す解釈（=VP 副詞）になる．このように，統語構造の違いが解釈の違いを生み出していることがわかる．このことからも，とがめ文の解釈が「何を」の統語位置の違いにより決定されるとする本分析には妥当性があるといえる．

今後の研究課題としては，なぜ「何を」が付加詞の場合には相手の行為へのとがめだてを表すとがめ文の解釈になるのかということがあげられる．この問題を解く 1 つのカギは，一般に疑問文はとがめ文としても使われるという事実にあると思われる．

(21) （私の）いうことを聞いてたの．

(21) は疑問文の解釈のほかに，「どうして聞いてないの！」というとがめ文の解釈も可能である．疑問文ととがめ文の関係を考察することで，統語構造と解釈の関係に関するより深い知見が得られる可能性がある．

第 16 章

「太郎は花子のように英語ができない」の曖昧性[*]

　日本語において,「〜のように」という句（以下,「ように」句）は「〜と同程度」という解釈をもつ（以下,この解釈を「同程度解釈」とよぶ）.

(1)　太郎は花子のように英語ができる.
　　（意味：太郎は「花子と同程度」英語ができる.）

興味深いことに,(1) を否定文にした (2) は,(3a) と (3b) の 2 つの解釈をもつ.

(2)　太郎は花子のように英語ができない.
(3) a.　太郎は「花子ほど」英語ができない.
　　b.　太郎は「花子と同程度」英語ができない.

このように,「ように」句が否定辞「ない」と共起することで,(3a) の「花子ほど」という解釈をもつようになることがわかる（以下,(3a) の解釈を「ほど解釈」とよぶ）.つまり,(3a) の「ほど解釈」では,太郎は花子ほどの英語力をもっていないことになる.それと同時に,(2) の否定文には,(1) の肯定文と同じく,(3b) の「同程度解釈」もある.

　本章では,(2) の否定文に見られる 2 つの解釈の統語条件を提案する.本章の構成は以下の通りである.16.1 節では,「ように」句の 2 つの解釈（「同

---

[*] 本章は畠山・本田・田中 (2009) を改訂したものである.

第 16 章 「太郎は花子のように英語ができない」の曖昧性　　　171

程度解釈」と「ほど解釈」）について詳しく述べる．16.2 節では，話題化とスクランブリングの考察をもとに，「同程度解釈」と「ほど解釈」が得られる統語条件を提案する．16.3 節では，本分析の理論的意義と帰結を示す．

16.1.「ように」句の 2 つの解釈

本節では，「ように」句の 2 つの解釈について詳しく見ていく．まず，次の例文を見てみよう．

(4) a. 誰かきた．
　　b. 誰かこなかった．
(5) a. *誰もきた．
　　b. 誰もこなかった．

上の対比にあるように，(4) の「誰か」の場合は肯定形（「きた」）とも否定形（「こなかった」）とも用いられるが，(5) の「誰も」の場合は肯定形は許されず，否定形とのみ用いられる．このことから「誰も」は否定極性表現 (Negative Polarity Item (NPI)) といわれている (Kuroda (1965), Kato (1985) 等参照)．そこで，「誰か」を [−NPI] とし「誰も」を [+NPI] と表記すると，以下のように分類できる．

(6) a. 誰か = [−NPI]：　肯定形・否定形ともに共起可能
　　b. 誰も = [+NPI]：　否定形とのみ共起可能

以上のことを念頭に置き，「ように」句について見ていく．(3) に示したように，「ように」句には「同程度解釈」と「ほど解釈」がある．前者の場合，「〜のように」は「〜と同程度」と言い換えられ，後者の場合は「〜ほど」と言い換えられる．そして，この「〜と同程度」と「〜ほど」は極性に関して「誰か」と「誰も」とそれぞれ対応する振る舞いを示す．

(7) a.　太郎は花子と同程度英語ができる．　　(cf. (4a))
　　b.　太郎は花子と同程度英語ができない．　(cf. (4b))
(8) a.　*太郎は花子ほど英語ができる．　　　(cf. (5a))
　　b.　太郎は花子ほど英語ができない．　　(cf. (5b))

上の対比にあるように，(7) の「〜と同程度」の場合は肯定形（「できる」）とも否定形（「できない」）とも用いられるが，(8) の「〜ほど」の場合は肯定形は許されず，否定形とのみ用いられる．このことから，「ように」句は，「誰か」や「誰も」のような形態的な違いこそ示さないが，[−NPI] と [+NPI] の2種類があると考えられる（cf. (6)）．

(9) a. [−NPI] の「ように」句：肯定形・否定形ともに共起可能（＝同程度解釈）
　　b. [+NPI] の「ように」句：否定形とのみ共起可能（＝ほど解釈）

(9) に示されているように，「ように」句の2つの解釈は，[−NPI] の「ように」句（= (9a)）がもつ「同程度解釈」と [+NPI] の「ように」句（= (9b)）がもつ「ほど解釈」であることがわかる．さらに，[+NPI] の「ように」句は否定形とのみ共起可能であることから，否定文のときだけ「ほど解釈」が許されることがわかる．以上のことをまとめると，(10) のようになる．

(10) 「ように」句には [−NPI] と [+NPI] の2種類があり，そのうち [+NPI] の「ように」句だけが「ほど解釈」をもつ．

つまり，「ように」句が否定形とともに用いられた場合にのみ，2つの解釈（「同程度解釈」と「ほど解釈」）が許されることになる．

次節では，本節の観察に基づき，「ように」句が2つの解釈を許す際の統語条件を考察する．

16.2. 「ように」句に2つの解釈を許す統語条件

本節では，(2) の文（以下に再掲）が2つの解釈をもつ要因を，「ように」句の統語位置という観点から捉えていく．まず，(11) の対比を見てみよう．

(2) 太郎は花子のように英語ができない．
(11) a. 花子のようには，太郎は英語ができない．（話題化）
　　 b. 花子のように太郎は英語ができない．　　（スクランブリング）

上の文において，(11a) は (2) の「花子のように」を話題化した文である．一方，(11b) は (2) の「花子のように」をスクランブリングした文である．ここで注目すべきことは，両者がもつ解釈の違いである．(11a) の話題化の

場合は「ほど解釈」しか許されないが，(11b) のスクランブリングの場合は，(2) と同様に，「同程度解釈」と「ほど解釈」の 2 つの解釈をもつ．これらをまとめると，(12) のようになる．

(12) (i)　話題化：　「ほど解釈」
　　 (ii)　スクランブリング：　「ほど解釈」+「同程度解釈」

(12) にあるように，「花子のように」を前置させる話題化とスクランブリングにおいて，(2) と同じく「同程度解釈」を保持できるのは，スクランブリングが起こった場合だけである．つまり，話題化の場合は「ほど解釈」のみで，解釈の曖昧性が生じない．この違いを説明するためには，話題化とスクランブリングの相違点を考える必要がある．

よく知られているように，話題化とスクランブリングの大きな違いは，LF における前置要素の位置である．話題化の場合，前置要素は移動元に戻れないのに対し，スクランブリングは自由に移動元に戻れる (freely undo) と仮定されている (Saito (1989) 参照)．つまり，(11b) のスクランブリングの場合，解釈にかかわる LF において，「ように」句は元位置に戻っていることになる．よって，LF における (2) および (11) の「ように」句の位置は，概略，以下のようになる．[1]

---

[1] Saito (1989) では，スクランブリングは意味的に空虚な移動 (semantically vacuous movement) であり，解釈のレベル (LF) で自由に元の位置に戻すことができる移動であると仮定されている．この仮定の妥当性に関して，次のような例をあげることができる．

(i) a. 太郎は [s 花子が何を買ったか] 知らない．
　　b. *誰が [s 花子が指輪を買ったか] 知らない．
　　c. 何を$_i$ 太郎は [s 花子が t_i 買ったか] 知らない．

(ia) のように「何を」が「か」と同じ S 内にある場合は文法的であるのに対して，(ib) のように「誰が」が「か」と同じ S 内にない場合には非文法的である．このことから，(ii) が導き出せる．

　　(ii)　wh 句は「か」と同じ S 内にある場合に文法的となる．

(ii) は汎用性の高い一般化だと考えられている (Lasnik and Saito (1992) 等参照)．ところが，(ic) のように，「何を」が「か」と同じ S 内にないのにもかかわらず文法的となる場合がある．一見すると，(ic) は (ii) の反例ともとれるが，「何を」が解釈のレベル (LF) で移動元 (痕跡のある位置) に戻されると考えると，(ii) の一般化はそのまま維持できる．これが，

(13) LF における「ように」句の位置
 a. [s 太郎は [vp 花子のように 英語ができない]]　((2) の LF 構造)
 b. [s' 花子のようには_i [s 太郎は [vp t_i 英語ができない]]]
　　　　　　　　　　　　　　　　（話題化：(11a) の LF 構造）
 c. [s t_i [s 太郎は [vp 花子のように_i 英語ができない]]]
　　　　　　　　　　　　　　　（スクランブリング：(11b) の LF 構造）

上の (13b) にあるように，「同程度解釈」をもつことができない (11a) の話題化の場合，LF において「ように」句が VP 内にないことがわかる．よって，以下の統語条件が成り立つ．

(14) 「同程度解釈」をもつための統語条件：
　　 LF において，「ように」句が VP 内にある場合に限り，「同程度解釈」が許される．

次に，「ほど解釈」をもつための統語条件について考えてみよう．前節で見たように，「ほど解釈」は「ように」句が否定辞「ない」と組み合わされることで出てくる（(10) 参照）．(12) にあるように，(11a) の話題化と (11b) のスクランブリングはともに「ほど解釈」を許すが，話題化された要素とスクランブリングされた要素は S 構造（表層構造）では違う位置を占めていると考えられている．よって，S 構造における「ように」句の位置は「ほど解釈」とは関係しないといえる．一方，上述したように，(11a, b) はともに「ように」句と否定辞「ない」が同じ節内にある (2) を D 構造（深層構造）としてもつと考えられる．よって，「ほど解釈」に関しては，(15) の統語条件が成り立つ．

(15) 「ほど解釈」をもつための統語条件：
　　 D 構造（深層構造）において，「ように」句と否定辞「ない」が同一節内にある場合に限り，「ほど解釈」が許される．

この (15) の妥当性は，以下の例によっても支持される．

スクランブリングでは移動要素が移動元に戻れるという仮定の妥当性を示す証拠の1つであり，さらに，LF レベルは必要であるという根拠にもなっている．

第 16 章 「太郎は花子のように英語ができない」の曖昧性　　175

(16) 次郎は [太郎が花子のように英語ができる] と思っていない．

　上の (16) では，否定辞「ない」が主節にあり，「花子のように」が補文内にある．つまり，D 構造において，「ように」句と否定辞「ない」が同一節内にはない．したがって，(15) の統語条件から，(16) には「ほど解釈」が許されないことが予測される．事実，(16) には「ほど解釈」は許されない．また，(16) において，「花子のように」は何の移動もしていないことから，LF においても補文の VP 内にあるといえる．よって，(14) の統語条件から，(16) には「同程度解釈」が許されると予測される．事実，(16) は「花子と同程度，英語ができる」という解釈をもつ．このように，(16) の解釈が曖昧ではなく，「同程度解釈」しか許されないことが，理論上予測され，事実もそれに合っている．

　(14) と (15) の統語条件は，次のような関係節（連体修飾節）を含む例文の解釈についても正しい予測をする．

(17) a.　太郎は [花子のように英語ができる人] を知らない．
　　 b.　太郎は [花子のように英語ができない人] を知っている．

　まず，(17a) では否定辞「ない」が主節にあり，「花子のように」が関係節内にある．つまり，D 構造において，「ように」句と否定辞「ない」が同一節内にはない．よって，(15) の統語条件より，「ほど解釈」が許されないことが予測される．事実，(17a) には「ほど解釈」が許されない．また，(17a) において，「花子のように」は何の移動もしていないことから，LF においても補文の VP 内にあるといえる．よって，(14) の統語条件から，(17a) には「同程度解釈」が許されることが予測される．事実，(17a) は「花子と同程度，英語ができる」という解釈をもつ．このように，(17a) には「同程度解釈」しか許されないことが理論上予測され，事実もそれに合っている．

　次に，(17b) では「花子のように」と否定辞「ない」がともに関係節内にある．つまり，D 構造において，「ように」句と否定辞「ない」が同一節内にあるので，(15) の統語条件より，「ほど解釈」が許されると予測される．事実，(17b) は「花子ほど英語ができない」という解釈をもつ．また，(17b) において，「花子のように」は何の移動もしていないことから，LF においても補文の VP 内にあるといえる．よって，(14) の統語条件から，(17b) には「同

程度解釈」が許されることが予測される.事実,(17b) は「花子と同程度,英語ができない」という解釈をもつ.このように,(17b) には「ほど解釈」と「同程度解釈」が許されることが理論上予測され,事実もそれに合っている.

以上のように,本節では (2) の「太郎は花子のように英語ができない」という文がもつ解釈の曖昧性が,「ように」句の統語位置および (14) と (15) の統語条件に起因していることを示した.

16.3. 理論的意義と帰結

本章では,「太郎は花子のように英語ができない」という文がもつ「ほど解釈」(=花子ほどできない)と「同程度解釈」(=花子と同程度できない)の2つの解釈に対して,以下の2つの統語条件を提案した ((14) と (15) を再掲).

(14) 「同程度解釈」をもつための統語条件:
LF において,「ように」句が VP 内にある場合に限り,「同程度解釈」が許される.
(15) 「ほど解釈」をもつための統語条件:
D 構造(深層構造)において,「ように」句と否定辞「ない」が同一節内にある場合に限り,「ほど解釈」が許される.

本分析の理論的意義としては,文法理論において表示のレベルを複数設定する必要性があることを示したことがあげられる.上の (14) と (15) の統語条件では,表示のレベル (LF と D 構造) に言及しているが,言語事実を適切に記述し説明するためには,複数の表示レベルを仮定することが望ましいといえる.このような複数の表示レベルを仮定している理論の1つに GB 理論 (Chomsky (1981) 等参照) がある.GB 理論の枠組みを仮定することで,本章で扱ったデータに対して自然な説明を与えることが可能となる.言い換えると,表示レベルを言語理論に組み込まないミニマリスト分析 (Chomsky (1995) 以降のアプローチ) では,本章であげたデータを自然な形で説明することは難しいと考えられる.

本分析に基づくと,日本語の LF 移動に関して興味深い帰結が得られる.次の対比を見てみよう.

(18) a. 太郎は花子のように英語ができない．（=(2)）
　　 b. 太郎は花子のようには英語ができない．

これまで見てきたように，(18a)（=(2)）には「同程度解釈」と「ほど解釈」の2つがある．しかし，(18a) の「花子のように」に助詞の「は」が付け加えられた (18b) には，「同程度解釈」（＝花子と同程度英語ができない）が許されない．(14) の統語条件からすると，(18b) に「同程度解釈」がないということは，(18b) の「花子のようには」は LF で VP の外にあることになる．つまり，(18b) は LF で次の (19) の構造をしていると考えられる．

(19) [$_{S'}$ 花子のようには$_i$ [$_S$ 太郎は [$_{VP}$ t_i 英語ができない]]]
$$((18b) の LF 構造)$$

このことは，日本語に LF 移動を仮定する新しい証拠になるといえる．なお，(18a) と (18b) の違いは助詞の「は」だけであるため，「花子のようには」が LF 移動する理由は助詞の「は」にあると考えられる．[2]

本章を終える前に，文法理論を構築する際の方法論について言及しておく．次の例を見てみよう．

(20) 話者と聴き手は何かの記念像のように動かなかった．

上の文において，「記念像のように」は「まるで記念像のように」という比喩的な意味で用いられている．つまり，「ように」句には比況の用法がある．[3] 以下では，本分析が (20) のような比況の「ように」句をどのように扱うかを見ていく．

まず，(20) において，「記念像のように」は D 構造から LF に至るまで VP 内にとどまっていると考えられる．そのため，(14) の統語条件からすると，(20) には「同程度解釈」が許されると予測される．さらに，(20) においては，「記念像のように」と否定辞「ない」が D 構造において同一節内にあ

---

[2] 話題化句（「は」句）が LF 移動するという仮定に関しては，Kishimoto (2006) も参照．

[3] 『日本語文法』の査読者からの指摘によるもので，(20) の例文は三島由紀夫の『金閣寺』からの引用である．

る．よって，(15) の統語条件から，(20) には「ほど解釈」も許されると予測される．つまり，統語論的には，(20) に「同程度解釈」と「ほど解釈」の両方が許されることになる．

　しかし，ここで注意しなければならないのは，統語条件は可能な意味解釈を規定するための必要条件に過ぎないということである．つまり，語用論的条件等も当然ながら関係してくる．このことを考慮に入れて，(20) の「話者と聴き手」と「記念像」の関係について考えてみよう．まず，前者の「話者と聴き手」は人間なので動くことができるが，後者の「記念像」はモノなので動くことはできない．そのため，この文に「ほど解釈」を与えると，「記念像」の方が「話者と聴き手」という人間より動くことになり，これは論理的にありえないため却下される．その結果，強制的に「同程度解釈」がなされ，次のような推論が成り立つことになる．

(21) 　i. 「話者と聴き手」は「記念像」と同程度，動かない．
　　　 ii. 「記念像」はまったく動かない．
　　　 iii. ゆえに「話者と聴き手」もまったく動かない．

上の推論に加え，人間がまったく動かないことはありえないという常識から，「まるで記念像が動かないのと同じくらい（＝同程度），話者と聴き手は動かなかった」という比喩的な意味が派生されると考えられる．つまり，強制された「同程度解釈」により，比況の意味が「ように」句に派生的につくり出されるといえる．

　このように，(20) では，(15) の統語条件から許されるはずの「ほど解釈」が語用論的に阻止されている．[4] このことは，統語論と意味論・語用論等の適切な「棲み分け」を行うことが重要であることを示している．最近の統語論研究では，語用論上の概念（topic, focus 等）を統語的な概念として組み込むアプローチが多く見受けられる（とくに Rizzi (1997) 以降の研究）．また，統語条件が深く関与していると思われる現象を意味的（機能的）条件だけで説明しようとしている研究も見受けられる（とくに高見・久野 (2002) 等の機能論的アプローチ）．上で示したように，統語論と語用論は独立したもの

---

[4] 窪薗 (1995) では，音韻規則が意味条件によって阻止される例があげられている．

でありながら，相互に関係している．大事なことは，統語論と意味論・語用論等の守備範囲を明確にした上で，文法理論を構築することである．そうすることで，はじめて統語論と意味論・語用論等の関係を明らかにすることが可能になるといえる（この点に関しては第 IV 部を参照）．

第17章

「ゴミ箱がいっぱいだ」の曖昧性をめぐって

　(1)は(2)と(3)の2通りの解釈が可能である（以下，(1)のような曖昧文を「ゴミ箱構文」とよぶ）．

(1)　ゴミ箱がいっぱいだ．
(2)　ゴミ箱にゴミがあふれている．
(3)　ゴミ箱が多数ある．

(1)のゴミ箱構文が示す(2)と(3)の解釈には，次のような違いが見られる．

(4) a.　**対象物の違い**
　　　「いっぱいだ」の対象物が，(2)では「ゴミ」であるのに対し，(3)では「ゴミ箱」である．
　 b.　**意味の違い**
　　　「いっぱいだ」の意味が，(2)では「あふれている」であるのに対し，(3)では「多数ある」である．

便宜上，(4a)を「対象物の違い」，(4b)を「意味の違い」とよぶと，(1)の曖昧性は「対象物の違い」と「意味の違い」に起因することになる．本章では，このゴミ箱構文の曖昧性は壁塗り構文の特性から生じることを示す．
　本章の構成は以下の通りである．17.1節では，ゴミ箱構文に関係する壁塗り構文の基本的な特性をまとめる．17.2節では，ゴミ箱構文が自動詞の壁塗

り構文の省略形であることを指摘した上で，ゴミ箱構文の曖昧性（「対象物の違い」と「意味の違い」）を説明する．17.3 節では，ゴミ箱構文の成立条件を提案する．最後に，17.4 節で本分析の理論的意義と今後の研究課題について述べる．

17.1. 壁塗り構文の基本的な特性

(5a) と (5b) の間の交替は一般に「壁塗り交替（spray/paint alternation）」（あるいは「場所格交替（locative alternation）」等）といわれている（宮島 (1972)，Kageyama (1980)，奥津 (1981)，Fukui et al. (1985)，岸本 (2001)，Kishimoto (2001)，川野 (2002, 2009, 2012)，Iwata (2008) 等参照）．[1]

(5) a. 壁にペンキを塗る． 《場所ニ…物ヲ》
    b. 壁をペンキで塗る． 《場所ヲ…物デ》

本章では，(5) のような壁塗り交替を起こす構文を「壁塗り構文」とよぶ．壁塗り構文では格助詞の交替が見られる．たとえば，(5a) の「壁に」は (5b) で「壁を」に替わり，(5a) の「ペンキを」は (5b) で「ペンキで」に替わっている．ここで注目すべきことは，(1) のゴミ箱構文に現れる「いっぱいだ」も壁塗り交替を起こす述語であるということである（川野 (2002) 参照）．17.2 節で詳しく見るが，ゴミ箱構文の曖昧性は自動詞の壁塗り構文とかかわってくるため，本節では，まず自動詞の壁塗り構文の特性について見ていく．

17.1.1. 全体／部分の解釈の違い

壁塗り構文の特徴の 1 つに意味解釈上の顕著な違いがある．具体的にいうと，「全体的解釈（holistic interpretation）」と「部分的解釈（partitive interpretation）」の違いである（Anderson (1971)，Kageyama (1980) 等参

---

[1] 本章では，壁塗り交替を起こす動詞の意味的な制約等については扱わない．この点については，岸本 (2001)，川野 (2009, 2012) 等を参照．

照).² もう一度, (5) を見てみよう.

 (5) a. 壁にペンキを塗る.　　《場所ニ…物ヲ》
   b. 壁をペンキで塗る.　　《場所ヲ…物デ》

(5a) の《場所ニ…物ヲ》の場合は「ペンキを壁の一部に塗る」という部分的解釈が出るのに対して, (5b) の《場所ヲ…物デ》の場合は「ペンキを壁全体に塗る」という全体的解釈が出る.

「塗る」は他動詞の壁塗り述語であるが, 自動詞の壁塗り交替もある (Kageyama (1980) 等参照). 次の例を見てみよう.

 (6) a. 部屋におもちゃが散らかっている.　　《場所ニ…物ガ》[部分]
   b. 部屋がおもちゃで散らかっている.　　《場所ガ…物デ》[全体]

(6) にあるように, 自動詞の壁塗り構文でも格助詞の交替が見られる (cf. (5)). (6a) の《場所ニ…物ガ》の場合は「おもちゃが部屋の一部に散らかっている」という部分的解釈が出るのに対して, (6b) の《場所ガ…物デ》の場合は「おもちゃが部屋全体に散らかっている」という全体的解釈が出る. 以上のことをまとめると, 自動詞の壁塗り構文には (7) の特性があることになる.

 (7) 《場所ニ…物ガ》は部分的解釈を表し,《場所ガ…物デ》は全体的解釈を表す.

17.1.2.　省略可能性

前節では, 自動詞の壁塗り交替は《場所ニ…物ガ》と《場所ガ…物デ》との交替であることを見たが, 両者では, 省略できる要素が異なる. 次の例を見てみよう.

 (8) a. 部屋におもちゃが散らかっている.　　《場所ニ…物ガ》
   b. *部屋におもちゃが散らかっている.　　*《場所ニ…物ガ》

---

 ² 英語の壁塗り構文については, Fillmore (1968), Fraser (1971), Anderson (1971), Chomsky (1972), Pinker (1989), Iwata (2008) 等を参照.

(9) a.　部屋がおもちゃで散らかっている．　《場所ガ…物デ》
　　b. *部屋がおもちゃで散らかっている．　*《場所ガ…物デ》

　(8a) と (8b) の対比からわかるように，《場所ニ…物ガ》の場合,「場所ニ」は省略できるが,「物ガ」を省略すると非文法的になる．一方，(9a) と (9b) の対比から，《場所ガ…物デ》の場合は「物デ」は省略できるが,「場所ガ」を省略すると非文法的になることがわかる．以上のことをまとめると，自動詞の壁塗り構文には (10) の特性があることになる．[3]

(10)　《場所ニ…物ガ》の場合は「場所ニ」が省略でき,《場所ガ…物デ》の場合は「物デ」が省略できる．

　次節では，(7) と (10) の自動詞の壁塗り構文の特性に基づき,「ゴミ箱がいっぱいだ」の曖昧性を説明していく．

17.2.　「ゴミ箱がいっぱいだ」の曖昧性

　冒頭で見たように,(1) は (2) と (3) の 2 通りの解釈が可能である．

(1)　ゴミ箱がいっぱいだ．
(2)　ゴミ箱にゴミがあふれている．
(3)　ゴミ箱が多数ある．

さらに,(1) の曖昧性は「対象物の違い」(=(4a)) と「意味の違い」(=(4b)) という 2 種類の違いに起因すると指摘した．

---

[3] 他動詞（「塗る」等）の壁塗り構文においても,《場所ニ…物ヲ》の場合と《場所ヲ…物デ》の場合とでは省略できる要素が異なる．次の例を見てみよう．

　(i) a.　壁にペンキを塗る．　《場所ニ…物ヲ》
　　　b. *壁にペンキを塗る．　*《場所ニ…物ヲ》
　(ii) a.　壁をペンキで塗る．　《場所ヲ…物デ》
　　　b. *壁をペンキで塗る．　*《場所ヲ…物デ》

(ia) と (ib) の対比からわかるように,《場所ニ…物ヲ》の場合,「場所ニ」は省略できるが,「物ヲ」を省略すると非文法的になる．一方，(iia) と (iib) の対比から,《場所ヲ…物デ》の場合は「物デ」は省略できるが,「場所ヲ」を省略すると非文法的になることがわかる．

(4) a. **対象物の違い**
「いっぱいだ」の対象物が, (2) では「ゴミ」であるのに対し, (3) では「ゴミ箱」である.
b. **意味の違い**
「いっぱいだ」の意味が, (2) では「あふれている」であるのに対し, (3) では「多数ある」である.

本節では, (1) のようなゴミ箱構文の曖昧性が自動詞の壁塗り構文の特性 (=(7) および (10)) から説明できることを示す.

まず,「ゴミ箱」というのは (ゴミを捨てる) 場所としても (ゴミ箱それ自体を表す) 物としても使われる. さらに, 前節で言及したように, (1) のゴミ箱構文に現れる「いっぱいだ」は壁塗り交替を起こす述語であることから, (11a, b) と (12a, b) の 2 種類の交替が可能となる.

(11) a. ゴミ箱にゴミがいっぱいだ. 《場所ニ…物ガ》[部分]
b. ゴミ箱がゴミでいっぱいだ. 《場所ガ…物デ》[全体]
(12) a. 倉庫にゴミ箱がいっぱいだ. 《場所ニ…物ガ》[部分]
b. 倉庫がゴミ箱でいっぱいだ. 《場所ガ…物デ》[全体]

(11) は「ゴミ箱」が場所として使われている例であり, (12) は「ゴミ箱」が物として使われている例である. また, (7) の特性により, (11a) と (12a) の《場所ニ…物ガ》は部分的解釈になり, (11b) と (12b) の《場所ガ…物デ》は全体的解釈になる (17.1.1 節参照).

次に, (10) の特性から, (11) と (12) で許される省略パターンはそれぞれ (11′) と (12′) のようになる (17.1.2 節参照).

(11′) a. ~~ゴミ箱に~~ゴミがいっぱいだ. 《場所ニ…物ガ》[部分]
b. ゴミ箱が~~ゴミで~~いっぱいだ. 《場所ガ…物デ》[全体]
(12′) a. ~~倉庫に~~ゴミ箱がいっぱいだ. 《場所ニ…物ガ》[部分]
b. 倉庫が~~ゴミ箱で~~いっぱいだ. 《場所ガ…物デ》[全体]

(11′a) と (12′a) の《場所ニ…物ガ》では「場所ニ」が省略でき, (11′b) と (12′b) の《場所ガ…物デ》では「物デ」が省略できることから, (11′b) と (12′a) は省略された結果, どちらも「ゴミ箱がいっぱいだ」になる. このよ

うに,「ゴミ箱がいっぱいだ」の曖昧性は, (11′b) と (12′a) の2つの構造を
もつことからきていることがわかる.

　さらに,「ゴミ箱がいっぱいだ」の曖昧性が (11′b) と (12′a) の構造の違
いによるものだとすると, (4a) と (4b) の違いも説明できる. まず, (4a)
の対象物の違いについて考えてみよう. (11′b) では「いっぱいだ」の対象物
に当たるのは (省略されている)「ゴミ」であるのに対して, (12′a) では「ゴ
ミ箱」である. このように, (11′b) と (12′a) の構造の違いから対象物の違
いが説明できる. 次に, (4b) の意味の違いについて考えてみよう. (7) で
示したように, (11′b) の《場所ガ…物デ》は全体的解釈をもつのに対して,
(12′a) の《場所ニ…物ガ》は部分的解釈をもつ. したがって, (11′b) は「ゴ
ミがゴミ箱全体に<u>あふれている</u>」という意味になるのに対して, (12′a) は
「ゴミ箱が倉庫のある部分に<u>多数ある</u>」という意味になる. このように,
(11′b) と (12′a) の構造の違いから意味の違いも説明できる.

　以上のように, 本節では, ゴミ箱構文の曖昧性(「対象物の違い」と「意味
の違い」)が自動詞の壁塗り構文の特性から説明できることを示した. 次節
では, ゴミ箱構文の成立条件を提案した上で, その妥当性を検証していく.

17.3. ゴミ箱構文の成立条件

　前節で示したように, ゴミ箱構文の曖昧性は自動詞の壁塗り構文の特性で
ある (7) と (10)（以下に再掲）から説明できる.

(7) 《場所ニ…物ガ》は部分的解釈を表し,《場所ガ…物デ》は全体的解
　　釈を表す.
(10) 《場所ニ…物ガ》の場合は「場所ニ」が省略でき,《場所ガ…物デ》の
　　場合は「物デ」が省略できる.

このように, ゴミ箱構文では壁塗り交替を起こす述語が使われる. さらに,
(11′b) と (12′a) で見たように, ゴミ箱構文では「ゴミ箱」のように〈場所〉
と〈物〉のどちらの解釈にもなりえる名詞句が使われる.[4] (11′b) と (12′a)

---

[4] 過去の研究においても,〈場所〉と〈物〉のどちらの解釈にもなりえる名詞句は文の曖昧
性と関係することが指摘されている（山中 (1984) 参照）.

を下に繰り返す．

　　　(11′) b.　ゴミ箱がゴミでいっぱいだ．　《場所ガ…物デ》[全体]
　　　(12′) a.　倉庫にゴミ箱がいっぱいだ．　《場所ニ…物ガ》[部分]

(11′b) では「ゴミ箱」が〈場所〉の解釈になり，(12′a) では「ゴミ箱」が〈物〉の解釈になる．以上のことから，ゴミ箱構文の成立条件として (13) を提案する．

　　　(13)　ゴミ箱構文の成立条件
　　　　　「X ガ Y」がゴミ箱構文として成立するためには，X と Y に次の条件を満たすものが入らなければならない．
　　　　　X:　〈場所〉にも〈物〉にもなりうる名詞句
　　　　　Y:　壁塗り交替を起こす述語

以下では，(13) のゴミ箱構文の成立条件の妥当性を検証していく．
　まず，(1) のように，(13) の X と Y の両方の条件を満たす例として (14) があげられる．

　　　(14) a.　おもちゃ箱が散らかっている．
　　　　　b.　ストローがつまっている．
　　　　　c.　アルバムがうまっている．
　　　　　d.　電光掲示板が輝いている．
　　　　　e.　お財布がいっぱいだ．

代表して (14a) を詳しく説明する．「おもちゃ箱」は〈場所〉と〈物〉のどちらの解釈にもなりうる名詞句であるため，(14a) は (13) の X の条件を満たす．さらに，(6) で示したように，「散らかる」は壁塗り交替を起こす述語で

　　(i)　部屋をさがす．
　　(ii) a.　貸間を求める．
　　　　b.　部屋の中で何か別の物をさがす．

(i) は (iia) と (iib) の 2 通りの解釈ができるが，この理由について山中 (1984: 47) は，「部屋」が〈物〉(=(iia)) としても〈場所〉(=(iib)) としても解釈できるからだと説明している．

第 17 章 「ゴミ箱がいっぱいだ」の曖昧性をめぐって　　187

あるため，(14a) は (13) の Y の条件も満たす．つまり，(14a) は (13) の両方の条件を満たしているので，ゴミ箱構文になりうることが予測される．事実，この予測は当たっている．まず，「おもちゃ箱」は場所としても物としても使われるため，(15) と (16) の 2 種類の壁塗り交替が可能となる．さらに，(10) の特性により，(14a) の「おもちゃ箱が散らかっている」は (15b) と (16a) の 2 つの構造をもつ．

(15) a.　おもちゃ箱におもちゃが散らかっている．　《場所ニ…物ガ》［部分］
　　 b.　おもちゃ箱がおもちゃで散らかっている．　《場所ガ…物デ》［全体］
(16) a.　部屋におもちゃ箱が散らかっている．　《場所ニ…物ガ》［部分］
　　 b.　部屋がおもちゃ箱で散らかっている．　《場所ガ…物デ》［全体］

(15b) では「おもちゃ箱」は「おもちゃ」が散らかっている〈場所〉の解釈になるが，(16a) では「おもちゃ箱」は〈物〉の解釈になる．さらに，(7) の特性により，(15b) の《場所ガ…物デ》は全体的解釈になるのに対して，(16a) の《場所ニ…物ガ》は部分的解釈になる．したがって，(14a) は「おもちゃがおもちゃ箱（の中）全体を埋め尽くしている」という解釈（=(15b)）と「部屋におもちゃ箱が散在している（=部分的にある）」という解釈（=(16a)）の 2 通りの解釈が可能になる．残りの (14b) から (14e) に対しても，(14a) の場合と同じ説明が成り立つ．このように，(13) の成立条件は (14a-e) がゴミ箱構文であることを適切に捉えることができる．

次に，(13) の Y の条件は満たすが X の条件は満たさない例を見ていこう．

(17) a.　鉛筆がいっぱいだ．
　　 b.　窓がいっぱいだ．
　　 c.　テレビがいっぱいだ．
　　 d.　隕石がいっぱいだ．
　　 e.　人参がいっぱいだ．

代表して (17a) を詳しく説明する．(11)（および (12)）で見たように，「いっぱいだ」は壁塗り交替を起こす述語であるため，(17a) は (13) の Y の条件を満たす．しかし，「鉛筆」には通常〈物〉の解釈しかないため，(17a) は (13) の X の条件は満たしていない．よって，(17a) はゴミ箱構文にはな

らないことが予測されるが，この予測は当たっている．まず，「鉛筆」には〈場所〉の解釈がないため，「鉛筆」が〈場所〉を表す (18a, b) はそもそも文として許されない．つまり，「鉛筆」が〈物〉を表す (19a, b) の壁塗り交替しか許されない．

(18) a. *鉛筆に〈物〉がいっぱいだ． 　　*《場所ニ…物ガ》［部分］
  b. *鉛筆が〈物〉でいっぱいだ． 　　*《場所ガ…物デ》［全体］
(19) a. 筆箱に鉛筆がいっぱいだ． 　　《場所ニ…物ガ》［部分］
  b. 筆箱が鉛筆でいっぱいだ． 　　《場所ガ…物デ》［全体］

よって，(10) の特性により，(17a) の「鉛筆がいっぱいだ」は (19a) の構造のみもつことになる．さらに，(7) の特性により，(19a) の《場所ニ…物ガ》は部分的解釈になるため，(17a) は「(筆箱の中に) 鉛筆が多数ある」という解釈だけが可能になる (＝曖昧文ではない)．残りの (17b) から (17e) に対しても，(17a) の場合と同じ説明が成り立つ．このように，(13) の成立条件は (17a-e) がゴミ箱構文ではないことを適切に捉えることができる．[5]

---

[5] (17) は，X が「〈物〉にはなるが〈場所〉にはならない名詞句」の例であるが，本分析では，(i) のように X が「〈場所〉にはなるが〈物〉にはならない名詞句」の例も説明できる．

 (i)　ホール前がいっぱいだ．

まず，「いっぱいだ」は壁塗り交替を起こす述語であるため，(i) は (13) の Y の条件を満たす．しかし，「ホール前」には通常〈場所〉の解釈しかないため，(i) は (13) の X の条件は満たしていない．したがって，(i) はゴミ箱構文にはならないことが予測されるが，事実，この予測は当たっている．まず，「ホール前」には〈場所〉の解釈しかないため，「ホール前」が〈物〉を表す (iiia, b) はそもそも文として許されない．つまり，「ホール前」が〈場所〉を表す (iia, b) の壁塗り交替しか許されない ((ii) では物の代わりに人が使われているが，同じ説明が当てはまる)．

 (ii) a. ホール前に人がいっぱいだ．　　《場所ニ…人ガ》［部分］
   b. ホール前が人でいっぱいだ．　　《場所ガ…人デ》［全体］
 (iii) a. *〈場所〉にホール前がいっぱいだ．　　*《場所ニ…物ガ》［部分］
   b. *〈場所〉がホール前でいっぱいだ．　　*《場所ガ…物デ》［全体］

よって，(10) の特性により，(i) の「ホール前がいっぱいだ」は (iib) の構造のみもつことになる．さらに，(7) の特性により，(iib) の《場所ガ…人デ》は全体の解釈になるため，(i) は「(人で) ホール前全体が埋め尽くされている」という解釈だけが可能になる (＝曖昧文ではない)．このように，(13) の成立条件は (i) のように X が「〈場所〉にはなるが〈物〉には

第 17 章 「ゴミ箱がいっぱいだ」の曖昧性をめぐって 189

最後に，(13) の X の条件は満たすが Y の条件は満たさない (20) の例を見てみよう．

(20) a. ゴミ箱が<u>多い</u>．
　　 b. ゴミ箱が<u>少ない</u>．
　　 c. ゴミ箱が<u>大きい</u>．
　　 d. ゴミ箱が<u>落ちている</u>．
　　 e. ゴミ箱が<u>捨ててある</u>．

代表して (20a) を詳しく説明する．これまで見てきたように，「ゴミ箱」は〈場所〉にも〈物〉にもなりうる名詞句であるため，(20a) は (13) の X の条件を満たす．しかし，(21) にあるように，「多い」は壁塗り交替を起こす述語ではない．

(21) a. 部屋にゴミが多い．　　《場所ニ…物ガ》
　　 b. *部屋がゴミで多い．　*《場所ガ…物デ》

よって，(20a) は (13) の Y の条件は満たしていないため，ゴミ箱構文にならないことが予測される．事実，この予測は当たっている．まず，(21) にあるように，「多い」は《場所ニ…物ガ》のパターンのみ可能であるため，《場所ガ…物デ》のパターンである (22b) と (23b) は非文となる．つまり，(22a) と (23a) のみ許されることになる．

(22) a. ゴミ箱にゴミが多い．　　《場所ニ…物ガ》［部分］
　　 b. *ゴミ箱がゴミで多い．　*《場所ガ…物デ》［全体］
(23) a. 倉庫にゴミ箱が多い．　　《場所ニ…物ガ》［部分］
　　 b. *倉庫がゴミ箱で多い．　*《場所ガ…物デ》［全体］

よって，(10) の特性により，(20a) の「ゴミ箱が多い」は (23a) の構造のみもつことになる．さらに，(7) の特性により，(23a) の《場所ニ…物ガ》は部分的解釈になるため，(20a) は「(倉庫に) ゴミ箱が多数ある」という解釈だけが可能になる (＝曖昧文ではない)．残りの (20b) から (20e) に対しても，(20a) の場合と同じ説明が成り立つ．このように，(13) の成立条件はならない名詞句」の例も適切に捉えることができる．

(20a-e) がゴミ箱構文ではないことを適切に捉えることができる．

以上のように，ゴミ箱構文が成立するには「〈場所〉にも〈物〉にもなりうる名詞句」と「壁塗り交替を起こす述語」の2つが必要であることから，ゴミ箱構文の成立条件として (13) は妥当であると結論できる．

17.4. 理論的意義と今後の課題

本章では，(1) のゴミ箱構文に (2) と (3) の2通りの解釈が可能であることを指摘した．

(1) ゴミ箱がいっぱいだ．
(2) ゴミ箱にゴミがあふれている．
(3) ゴミ箱が多数ある．

さらに，(1) のようなゴミ箱構文の曖昧性には壁塗り構文の特性がかかわっていることを指摘した上で，(13) のゴミ箱構文の成立条件を提案した．

(13) <u>ゴミ箱構文の成立条件</u>
「X ガ Y」がゴミ箱構文として成立するためには，X と Y に次の条件を満たすものが入らなければならない．
X: 〈場所〉にも〈物〉にもなりうる名詞句
Y: 壁塗り交替を起こす述語

この (13) の成立条件に基づき，ゴミ箱構文の曖昧性を統語構造の違いに還元したところに本分析の理論的意義がある．

本章を終える前に，言語研究において「個人差」をどう扱うかということについて触れておきたい．もう一度，(20a)（以下に再掲）の解釈について考えてみよう．

(20a) ゴミ箱が多い．
(24) ゴミ箱が多くある．
(25) ゴミ箱にゴミが多い．

17.3 節で見たように，(20a) の「多い」は壁塗り交替を起こす述語ではない．よって，基本的には (24) の解釈しか許されない．しかし，(20a) に (25) の

解釈が可能であるとする人もいる．この場合，(25) を基底構造として，そこから (20a) が派生されると考えることができる．具体的にいうと，(26) のような派生を経て (20a) が生成されていると考えられる (cf. (22a))．

(26) a. ゴミ箱にゴミが多い．　　(=(25))　　[基底構造]
　　　b. ゴミ箱に [ゴミが] 多い．　　　　　　[「ゴミが」の省略]
　　　c. ゴミ箱に [ゴミが] 多い．　(=(20a))　[ニ格とガ格の交替]
　　　　　　↓
　　　　　　が

(21) で見たように，「多い」は《場所ニ…物ガ》のパターンをとる．よって，《場所ニ…物ガ》のパターンを示す (26a) は (20a) の基底構造と考えられる．さらに，ゴミ箱には通常ゴミが入っているため，「ゴミが」が省略されても容易に復元可能である．そのため，(26b) に示されているように，「ゴミが」が省略可能である．しかし，(26b) のままでは文の中にガ格がなく不安定なため，(26c) のように「ゴミ箱に」のニ格がガ格に替わる．このように，(20a) に「ゴミ箱にゴミが多い」という (25) の解釈を認める場合は，(26) の派生を経ていると考えられる．

一方，(20a) に (25) の解釈を認めない人は，(26) の派生がどこかで破綻していると考えられる．1つの可能性は，(26b) の「ゴミが」の省略が許されないという場合である．通常，主語は重要度が高い必須要素であるのに対し，場所句は重要度が低い随意的な要素である．談話構造においては，重要度の低い要素を残し，重要度の高い要素を省略することは許されない（久野 (1979) 等参照）．この制約が強く働く人には，場所句の「ゴミ箱に」を残し，主語の「ゴミが」を省略することは許されないため，(26b) の段階で派生が破綻すると考えられる．もう1つの可能性は，文にガ格が最低1つなくてはならないとしても，場所句のニ格をガ格に替えることに抵抗がある場合である．その場合，(26c) の段階で派生が破綻すると考えられる．

以上のことから，(20a) に「ゴミ箱にゴミが多い」という (25) の解釈を認める人は，(26) の派生を認められる人であるといえる．これはあくまで1つの可能性であるが，何が原因で個人差が出るのかを探ることは重要な研究テーマである．しかし，これまで，方言のような地域差に関する研究はなされてきたが，個人差に関する体系的な研究は皆無といえる．つまり，(20a)

の解釈に見られるような「揺れ」に関してはとくに説明を与えることもなく，「個人差」で片付けられてきたといえる．しかし，個人差の原因を詳しく分析し，具体的にどこで個人差が起こりうるのかを解明することで，理論言語学をさらに発展させることができるといえる（畠山・本田・田中 (2004a, b) 参照）．

第 18 章

学校国文法における修飾語の扱いをめぐって

　現在，文科省検定済みの小学校の国語の教科書は 5 種類ある．[1] これらの教科書では，文の成分として主語・述語・修飾語・接続語・独立語をあげている．したがって，この分類では (1) の「ピザを」も (2) の「ゆっくり」もどちらも（連用）修飾語に分類されることになる．

(1) 私のおばあちゃんはピザを食べる．
(2) 私のおばあちゃんはゆっくり食べる．

つまり，教科として教えられている学校国文法では「目的語」と「修飾語」の区別はなされていないのである．このことはすでに北原 (1973, 1975, 1981) で指摘されている．北原は連用修飾語にはまったく異質の 2 つの成分が混在していると指摘し，「補充成分」と「修飾成分」の 2 つに分けるべきだと主張している．前者は述語の意味を補充する働きがあるのに対して，後者は被修飾成分の概念を修飾限定する働きがあるという違いがある．また，生成文法でも (1) の「ピザを」と (2) の「ゆっくり」はそれぞれ項 (argument) と付加詞 (adjunct) とよばれ区別されている．[2]

---

[1] 出版社名は，光村図書，東京書籍，教育出版，三省堂，学校図書（順不同）である．

[2] ただし，生成文法の中でも，いわゆる GB 理論では X バー理論に基づき構造上明確に項と付加詞を区別しているが，X バー理論を破棄したミニマリストでは両者の明確な区別はなされていない．

ここで，本章で用いる用語について触れる．本章では明治・大正・昭和・平成にまたがる多くの文献を調査したため，文法用語も多岐にわたる．そこで，本章では煩雑さを避ける意味で，「目的語」，「補充成分」，「項」，「客語」，「対象語」などとよばれるグループを「目的語」とよび，「修飾語」，「修飾成分」，「付加詞」などとよばれるグループを「修飾語」とよぶことにする．

本章では，18.1節で学校国文法における目的語と修飾語の区別に関しての歴史的経緯を述べたあと，問題提起を行う．18.2節では動詞の必須要素・任意要素という語彙の知識に基づかずに目的語と修飾語を容易に区別できる新しいデータを提出する．18.3節で本章をまとめる．

18.1. 目的語と修飾語の区別をめぐる歴史的経緯

(3)の表は明治から昭和にかけての教科書および文法書において，目的語と修飾語の区別がなされているか否かを示したものである．

(3)

年号	著者	書名	目的語と修飾語の区別
1891年（明治24年）	手島春治	日本文法教科書	○
1897年（明治30年）	大槻文彦	廣日本文典	○
1900年（明治33年）	野田五郎助	新體國文法書	○
1904年（明治37年）	芳賀矢一	中等教科 明治文典（巻ノ三）	○
1908年（明治41年）	三矢重松	高等日本文法	○
1921年（大正10年）	藤村・島津	日本新文典 下巻	○
1924年（大正13年）	松下大三郎	標準日本文法	○
1928年（昭和3年）	安田喜代門	國語法概説	○[3]
1928年（昭和3年）	松下大三郎	改撰標準日本文法	○
1931年（昭和6年）	橋本進吉	新文典 新制版 全	記述無
1932年（昭和7年）	橋本進吉	新文典別記 全	記述無
1933年（昭和8年）	橋本進吉	新文典 上級用	×

[3] ただし，本文中では目的語と修飾語の区別の困難さについても触れられている．

第18章　学校国文法における修飾語の扱いをめぐって　　　195

1935年（昭和10年）	橋本進吉	新文典別記 上級用	×
1936年（昭和11年）	山田孝雄	日本文法學概論	○
1937年（昭和12年）	橋本進吉	改制新文典 初年級用	×
1937年（昭和12年）	保科孝一	新編女子日本文法教授要領 初學年用	○
1938年（昭和13年）	橋本進吉	改制新文典 上級用	×
1941年（昭和16年）	堀重彰	日本語の構造	○
1943年（昭和18年）	文部省	中等文法1	×
1947年（昭和22年）	文部省	中等文法 口語	×
1949年（昭和24年）	時枝誠記	中等國文法別記 口語編	×
1950年（昭和25年）	時枝誠記	日本文法 口語篇	×
1957年（昭和32年）	佐伯・金田一・竹田	中等文法 口語・文語 －教師用参考書－	×
1963年（昭和38年）	国立国語研究所	話しことばの文型(2)	○
1969年（昭和44年）	文部省	中学校国語科検定教科書	×[4]
1978年（昭和53年）	文部省	中学校国語科検定教科書	×[5]

　調査の結果，目的語と修飾語の区別を文部省の検定教科書で意図的にしなくなったのは，橋本進吉（1933）の『新文典 上級用』（以下『新文典』）からであることがわかった．[6] また，目的語と修飾語の区別をしない理由が橋本進吉（1935）の教師用指導書『新文典別記 上級用』（p. 138）の中で（4）のように書かれてある．

　（4）　客語と修飾語とを區別する標準は，唯意味だけであつて，之に相當

---

[4] 宮岡（1969）の調査による．

[5] 沼田（1983）の調査による．

[6] 橋本博士還暦記念會(編)（1994）の「橋本博士編著書目録」によると，1931年に『新文典 初年級用』および1932年に『新文典別記 初年級用』が発行されたことになっているが，それらを見つけることができず，内容について確認することができなかった．ただし，(3)の表にあげた1931年発行の『新文典 新制版 全』および1932年発行の『新文典別記 全』では，修飾語に目的語が含まれるかどうかという記述自体がないことが確認できた．

する区別を言語そのものの上に見出す事は出来ません.

　たとえば,目的語(=客語)は助詞の「を」を用いて表すのが一般的だが(例:花を見る),修飾語と考えられるものにも「を」が用いられる場合がある(例:道を通る).このように,目的語にも修飾語にも「を」が用いられることから,目的語と修飾語は形式上区別できないと橋本は主張する.[7]

　しかし,この橋本の議論は主語の場合には成り立たない.なぜなら,主語は助詞の「が」を用いて表すのが一般的だが(例:太郎がピザを食べる),主語以外にも「が」が用いられるからである(例:ピザが食べたい).(4)の橋本の主張に基づくと,主語でなくても「が」が用いられるということは,主語が形式上認定できないことになってしまう.しかし,『新文典』では主語は独立した文の成分とみなされている.したがって,目的語だけを(4)の理由で独立した文の成分とみなさないのは非常に不自然である.実際,橋本(1934, 1939, 1944)では目的語と修飾語の区別がなされている.つまり,橋本は教科書では目的語と修飾語の区別をしてはいないが,自身の学説としては目的語と修飾語の区別をしていることになる.そのため,橋本が自身の学説に基づいて教科書を執筆すれば,教科書においても目的語と修飾語の区別がなされた可能性が十分にあったということである.

　このように教科書において目的語と修飾語を区別することは十分考えられることであったにもかかわらず,表の(3)に示したように,『新文典』以降の文部省の教科書(『中等文法1』(1943),『中等文法 口語』(1947),『中学校国語科検定教科書』(1969),『中学校国語科検定教科書』(1978))では,ずっと目的語と修飾語は区別されてこなかったのである.[8] しかし,(3)の表の山田孝雄(1936)や堀重彰(1941)等の学説では目的語と修飾語の区別がなされている.また,これまでの研究においても,鈴木(1972a, b),北原(1973, 1975, 1981),山室(1994, 2008),山本・松崎(2001),早津(2010)

---

[7] 橋本は「道を通る」などの経路を表すヲ格名詞句を修飾語と考えているが,それが典型的な修飾語であるかどうかは議論の余地がある(経路を表すヲ格名詞句の詳細については三宅(1996)を参照).

[8] ただし,文部省検定済み教科書である保科孝一(1937)『新編女子日本文法教授要領 初學年用』では,目的語と修飾語が区別されている.

などでは，目的語と修飾語の区別を積極的にすべきだと主張されている．最近では，菅井 (2012) が学校国文法に修飾語に加え目的語という文法用語を導入することを提案している．しかし，依然として教科書では目的語と修飾語の区別がなされていない．これらのことから (5) の疑問が出てくる．[9]

(5) 目的語と修飾語の区別を主張する学説・論文が多数ありながら，現行の教科書ではいまだに目的語と修飾語の区別がなされていないのはなぜか．

本章では，(5) を今後解決されるべき問題として提起する．

18.2. 目的語と修飾語の区別：新しいデータから

もう一度，(1) と (2) を見てみよう．

(1) 私のおばあちゃんはピザを食べる．
(2) 私のおばあちゃんはゆっくり食べる．

本章の冒頭で述べたように，生成文法では，目的語と修飾語はそれらが動詞の必須要素であるか任意要素であるかによって区別されている．たとえば，(1) の「ピザを」は動詞「食べる」によって要求される必須要素であるため目的語であるが，(2) の「ゆっくり」は動詞によって要求されない任意要素であるため修飾語であるとされている．このような動詞の必須要素・任意要素に基づいた目的語と修飾語の区別の方法は，少なくとも小中学生には容易ではないと思われる．本節では，動詞の必須要素・任意要素という概念を使わずに目的語と修飾語の区別を実感できるデータを提示する．

まず，(6) と (7) を見てみよう (「φ」は省略を表す)．

---

[9] 2008 年 6 月文科省発行の『小学校学習指導要領解説 国語編』では，修飾語の教授に関する記述は「文及び文章の構成に関する事項」の (キ) の記述のみである．

(キ) 修飾と被修飾との関係など，文の構成について初歩的な理解をもつこと．

すなわち，目的語と修飾語を区別せずに修飾語とよばなければならないという制約はないのである．

(6) 私のおばあちゃんはピザを食べるが，太郎のおばあちゃんは φ 食べない．

(7) *私のおばあちゃんはゆっくり食べるが，太郎のおばあちゃんは φ 食べない．

(6) と (7) では，それぞれ「ピザを」と「ゆっくり」が省略された文が後続しているが，両者の対比からわかるように，「ピザを」は省略できるが「ゆっくり」は省略できない．つまり，目的語は省略できるが修飾語は省略できない．このことを念頭に置いて，(8) と (9) を見てみよう（「#」は意味的におかしいことを表す）．

(8) 私のおばあちゃんはゆっくりピザを食べたが，太郎のおばあちゃんはゆっくり φ 食べなかった．

(9) #私のおばあちゃんはゆっくりピザを食べたが，太郎のおばあちゃんは φ ピザを食べなかった．

(8) と (9) では，修飾語の「ゆっくり」と目的語の「ピザを」が両方現れる文の後に，それぞれ「ピザを」と「ゆっくり」が省略された文が続いている．この場合も，(6) と (7) で見たように，目的語の「ピザを」は省略できるが修飾語の「ゆっくり」は省略できない．つまり，(8) の省略文は「太郎のおばあちゃんはゆっくりピザを食べなかった」という意味でとることができるが，(9) の省略文はその意味ではとることができない．[10] この解釈の違いは目的語と修飾語の区別によってはじめて説明することができる．

　目的語は省略できるが修飾語は省略できない．これは理論的に説明されるべきことである．しかし，ここで重要なことは，小中学生であっても (6) と (7) の対比および (8) と (9) の対比から容易に目的語と修飾語の区別を実感することができるということである．このように，動詞の必須要素・任意要素という概念を使わずに目的語と修飾語の区別を実感できるデータを示すことは可能なのである．

---

[10] (9) の後続文は，省略が起こっていない解釈（=「太郎のおばあちゃんはピザを食べなかった」）なら許される．

18.3. まとめ

　現行の学校国文法では目的語と修飾語を区別していない．本章では，このような状況になった経緯を調べるために，明治から昭和にかけて出版された代表的な教科書および文法書を調査した．その結果，橋本進吉 (1933) の『新文典 上級用』を端緒として学校文法において目的語と修飾語の区別がなくなったことがわかった．しかし，橋本自身の文法学説では目的語と修飾語の区別がなされ，『新文典』以降目的語と修飾語の区別を主張する学説や論文が数多く提出されているにもかかわらず，現行の学校国文法ではいまだに目的語と修飾語が区別されていない．これらのことから，以下の問題提起を行った ((5) を再掲)．

(5) 目的語と修飾語の区別を主張する学説・論文が多数ありながら，現行の教科書ではいまだに目的語と修飾語の区別がなされていないのはなぜか．

さらに，動詞の必須要素・任意要素という概念を使わずに目的語と修飾語を区別できる新しいデータ ((6) と (7) および (8) と (9)) を提出した．以下に，(6) と (7) のみ繰り返す．

(6) 私のおばあちゃんはピザを食べるが，太郎のおばあちゃんは φ 食べない．
(7) *私のおばあちゃんはゆっくり食べるが，太郎のおばあちゃんは φ 食べない．

本章での議論が学校国文法における目的語と修飾語の区別をめぐるより活発な議論に発展することを期待する．

第 IV 部

構文の統語的分析と機能的分析：有標性と棲み分け

　統語的分析を行う生成文法では定義が厳密であり，構造も明確に表されている．このことから，反例が出やすいモデルであるということができる．なお誤解されることが多いが，反例が出ることは悪いことばかりではない．むしろ重要な反例はさらなる研究を促す原動力にもなり，言語研究の発展には欠かせないといえる．一方，機能的構文論では，機能的制約の中心を担う定義が厳密ではない．そのため，制約の適用が恣意的になったり，説明方法が二転三転してしまうことがある．このような状況では，機能的制約を反証することはほぼ不可能であり，機能的構文論の正しい理解は難しい．さらに，本来は生成文法で無理なく説明できる現象を，機能的制約を拡大解釈し分析している場合も多く見受けられる．ここで大切になってくるのが，有標性という観点から，統語論と機能論の分野間の棲み分けを適切に行うということである．第 IV 部では，統語論と機能論の棲み分けについて考察する．

第 19 章

非対格性の検証：there 構文と外置構文[*]

　ヨーロッパ諸語では，さまざまな経験的根拠から非対格仮説（Unaccusative Hypothesis）が実証されている．たとえば，英語では there 構文に現れる自動詞が非対格動詞に限られるという観察に基づき，これまで多くの研究で there 構文は非対格性の診断テストとして採用されている．これに対して，高見・久野（2002）は，there 構文に現れる自動詞が非対格動詞に限られないことを示した上で，there 構文は非対格動詞の診断テストにはならないと主張している．そして，代案として，there 構文の容認性に関する機能的制約を提出している．

　本章では，まず 19.1 節で，高見・久野（2002）の機能的分析の問題点を指摘し，代案を提出する．さらに，本分析に基づくと，there 構文が非対格動詞の診断テストとして機能する可能性が依然として残っていることを示す．次に，19.2 節では，本分析の代案に対する高見・久野（2004）の反論を検証し，その誤謬を指摘した上で，文法理論を構築する際にはデータの棲み分けが大切であることを示す．さらに，19.3 節では，同じ議論が主語名詞句からの外置構文にも当てはまることを示す．最後に，19.4 節で，本分析をもとに今後の展望を述べる．

---

[*] 本章は畠山・本田・田中（2004a, b）を改訂したものである．

19.1. 高見・久野 (2002) 再考

本節では，高見・久野 (2002) の機能的分析の問題点を指摘する．また，高見・久野が提案した there 構文に課される機能的制約を解釈上／処理上のコストに基づく有標性という観点から再考し，代案を提出する．

19.1.1. 非対格性制約とその問題点

there 構文に課される非対格性制約として，これまで一般に (1) が仮定されている．

(1) there 構文に課される非対格性制約：
there 構文には，存在と出現を表す非対格動詞のみ現れ，非能格動詞や他動詞は現れない．

(1) を仮定すると，(2a) の live や (2b) の appear のように存在や出現を表す非対格動詞は there 構文に現れるが，[A]-[C] にあげられた動詞は there 構文に現れないことが説明できる．

(2) a. There once *lived* a king who had no ears.
    b. There has just *appeared* another book by Chomsky.

[A]　非能格動詞
(3) a. *There *danced* a young girl in the ballroom.
    b. *There *walked* two prison guards into the courtroom.
    c. *There *ruled* a king with an iron hand.

[B]　他動詞
(4) a. *There *ate* an apple Mary.
    b. *There *saw* three children the pigs.

[C]　存在や出現を表さない非対格動詞
(5) a. *There *smoldered* a flag in a corner of the room.
    b. *There *burned* a flag in a corner of the room.

しかし高見・久野は，[A]-[C] の動詞でも there 構文に現れるという [A′]-

[C′] の反例をあげ，(1) の非対格性制約が間違いであると主張している．

[A′]　非能格動詞でも there 構文に現れる場合がある．
(6) a. Late at night, there *crept* a silent band of soldiers into the small mountain village.
　　b. In the afternoon, there *proceeded* a solemn cortege down the road to the cemetery.

[B′]　他動詞でも there 構文に現れる場合がある．
(7) a. There *entered* the room an indescribably malodorous breath of air.
　　b. Job, the sufferer, knew that after this life there *awaited* him everlasting life with God.

[C′]　存在や出現を表さない非対格動詞および非能格動詞でも，前置詞句を文頭に置いたり (=(8))，ある種の副詞を挿入する (=(9)) と，there 構文が適格になる場合がある．
(8) a. In a corner of the room there *smoldered* a flag that some angry patriot had torn down and ignited.　(cf. (5a))
　　b. Deep within him there *burned* an undying passion.　(cf. (5b))
　　c. Into the courtroom there *walked* two prison guards.　(cf. (3b))
(9) There once *ruled* a king who had no ears.　(cf. (3c))

[A′]-[C′] のような反例に基づき，高見・久野は，(1) の非対格性制約は間違いであり，there 構文は非対格動詞の診断テストとはなりえないと主張している．

19.1.2.　機能的分析

高見・久野 (2002: 60) は，[A]-[C] と [A′]-[C′] の容認度の違いは，(10) のような機能的制約で説明できると主張している．[1]

---

[1] 高見・久野 (2002: 65-66) では，(10) の機能的制約の最終版を提示しているが，そこでは非存在・非出現を表す there 構文も考慮に入れている．しかし，過去の研究では，存在・出現を表す動詞が使われる場合と非存在・非出現を表す動詞が使われる場合とでは，後置主

(10) there 構文に課される機能的制約:
there 構文は,意味上の主語の左側の要素が,話し手(または話し手が自分の視点を置いている登場人物)にとって観察可能な存在か出現を表わすと解釈される場合にのみ,適格となる.

(10) の制約に基づいた高見・久野の説明を見ていこう.まず,典型的な (2) の there 構文においては,(2a) の live と (2b) の appear は本来的に存在や出現を表す.そのため,(2) は (10) の制約を満たすため適格となる.次に,[A]-[C] と [A′]-[C′] の容認度の違いについて,高見・久野の説明を以下にまとめる.

[A]-[A′] の容認度の違い:
(6a, b) の creep と proceed は,主語指示物の運動を表す非能格動詞であり,それ自身では存在も出現も表さない.しかし,これらの動詞は,長く持続する運動の様態を表しており,話し手(もしくは語り手)がしばらくの間,起こっている出来事をじっと見つめていることを示している.それゆえ,話し手が観察者となっていることが明らかであり,意味上の主語の左側の要素が存在や出現を表していると解釈される.よって,これらの文は (10) の制約を満たすため,適格となっている.一方,(3) の非能格動詞 dance, walk, rule の場合は上のような解釈ができないため,(3) は (10) の制約を満たさず不適格となる.

語(=意味上の主語)の性質に違いがあることが指摘されている.具体的には,非存在・非出現を表す動詞が使われる場合,there 構文の後置主語は「重く (heavy)」ないといけない(畠山・本田・田中 (2005) 等参照).

(i) a. ?There disappeared from the academic community *a scholar*.
   b. ᵒᵏThere disappeared from the academic community *a noted scholar connected with its linguistic department*.

しかし,存在・出現を表す動詞が使われる場合には,後置主語にそのような制限はかからない (cf. There {lived/appeared} *a man* in the room.).このことから,存在・出現を表す there 構文と非存在・非出現を表す there 構文は,それぞれ分けて考える必要があるといえる(なお,Culicover and Levine (2001) は英語の場所句倒置構文を後置主語の「重さ」に基づいて 2 分している).よって,本章では高見・久野の機能的制約として最終版ではなく (10) を採用する.

[B]–[B′] の容認度の違い：

(7a) の enter は，場所を表す目的語の the room をとることで，「部屋に入ってくる」という出現の解釈が得られる．また，(7b) の await は，him を場所を表す目的語としてとることで，「彼を待ち受けている」という存在を表す解釈が得られる．つまり，(7a, b) はいずれも存在と出現を表しているため，これらの文は (10) の制約を満たし適格となっている．一方，(4a, b) では，目的語 (an apple, three children) がある出来事に関与する対象 (theme) としてのみ機能しているだけで，存在や出現を表す解釈が得られない．そのため，これらの文は (10) の制約を満たさず不適格となる．

[C]–[C′] の容認度の違い：

(8a) の smolder と (8b) の burn は存在も出現も表さない非対格動詞で，(8c) の walk は非能格動詞であるが，場所句の PP がそれらの動詞に先行することで，存在や出現の解釈が得られる．よって，これらの文は (10) の制約を満たすため適格となる．また，(9) の rule も非能格動詞であるが，時の副詞 once と共起することによって，「支配者として住んでいた」という存在を表す解釈が得られる．よって，(9) も (10) の制約を満たすため適格となる．一方，場所句の PP が文末にある (5a, b) の場合は上のような解釈ができないため，(5a, b) は (10) の制約を満たさず不適格となる．

次節では，高見・久野の (10) の機能的制約には問題があることを指摘し，代案を提出する．

19.1.3. 代案：高見・久野 (2002) の再解釈

19.1.2 節で見たように，高見・久野が (1) の非対格性制約の反例としてあげた 19.1.1 節の [A′]–[C′] では，文脈や文中の他の要素の影響を受けることで，総合的に存在や出現の解釈が得られていることがわかる．つまり，存在と出現を表す非対格動詞以外の動詞が存在や出現の解釈を得るためには，解釈上／処理上のコストがかかっていると結論できる．しかし，高見・久野の (10) の制約のままでは，この「解釈上／処理上のコスト」という重要な要因が見えてこない．

ここで，[A′]-[C′] の例にどのような解釈上／処理上のコストがかかっているかを具体的に見てみよう．

[A′] にかかる解釈上／処理上のコスト：
(6) では，非能格動詞の creep と proceed を「長く持続する運動の様態を表すと捉える」という解釈上のコストをかけることで，存在や出現を表す解釈が得られている．

[B′] にかかる解釈上／処理上のコスト：
(7) では，他動詞の enter と await を場所を表す目的語と組み合わすという処理上のコストをかけることで，存在や出現を表す解釈が得られている．

[C′] にかかる解釈上／処理上のコスト：
(8) と (9) では，存在や出現を表さない動詞が現れているが，場所句の PP を文頭にもってきたり，時を表す副詞を挿入するといった処理上のコストをかけることで，存在や出現を表す解釈が得られている．

このように，解釈上／処理上のコストがかかって適格になる there 構文は，有標 (marked) の there 構文といえる．つまり，[A′]-[C′] は容認されるものの，有標の there 構文といえる．一方，解釈上／処理上のコストがかからずに適格である there 構文は無標 (unmarked) の there 構文であり，(2a, b) がそれに該当する．実際，高見・久野 (2002: 54) も，(2a) の live と (2b) の appear に関しては，「本来的に存在や出現を表す」ため，(10) を満たして適格となると述べている．本分析に基づけば，この「本来的に」という漠然とした「説明」に対して，「解釈上／処理上のコストをかけず」という具体的な中身を与えた上で，(2a, b) の適格性を説明することができる．

以上のことから，解釈上／処理上のコストを考慮に入れ，無標の there 構文と有標の there 構文とを区別すると，(11) の制約が得られる．

(11)　there 構文に課される機能的制約：
  a.　無標の there 構文：
    意味上の主語を提示する前に，解釈上／処理上のコストがかかることなく存在や出現を表す解釈が得られる場合に容認される．

b. 有標の there 構文：
意味上の主語を提示する前に，解釈上／処理上のコストをかけることで存在や出現を表す解釈が得られる場合に容認される．

there 構文の容認性が文処理のコストに大きく依存していることは，(5a) と (8a) のような対比に対する高見・久野の説明からも伺える（以下，(5a) と (8a) をそれぞれ (12a) と (12b) として再掲）．

(12) a. *There *smoldered* a flag in a corner of the room. (=(5a))
b. In a corner of the room there *smoldered* a flag that some angry patriot had torn down and ignited. (=(8a))

19.1.2 節で見たように，(12a) は場所句の in a corner of the room が文末にあり，意味上の主語の a flag が提示される時点ではまだ現れていないため不適格となる．一方，(12b) は場所句の in a corner of the room が文頭にあり，意味上の主語の a flag が提示される前に現れているため適格となる．このことから，**there 構文の容認性は文を線形順序に従って処理していく過程で決まるのであって，文をすべて読み終わってから総合的に解釈して決まるのではない**ことがわかる．なお，高見・久野の (10) の機能的制約においては「意味上の主語の左側の要素」という規定 (stipulation) が必要であったが，(11) のように文処理という観点から分析することでそのような規定は不要になる．

以上のように，本節では高見・久野の観察と分析を活かしながら，有標性 (markedness) の観点から (10) の機能的制約を再検討し，(11) の代案を提出した．本節を終える前に，本分析が (1) の非対格性制約をどのように捉えるかについて述べておく．19.1.1 節で観察した通り，there 構文には，存在と出現を表す非対格動詞以外の動詞も現れる．よって，高見・久野の指摘通り，(1) はこのままでは正しくないといえる．しかし，(11) の代案を考慮に入れると，(1) の非対格性制約は (13) のように改訂できる．

(13) there 構文に課される非対格性制約：
解釈上／処理上のコストがかからないで容認される無標の there 構文には，存在と出現を表す非対格動詞のみが現れ，非能格動詞や他動詞は現れない．

(13) の「解釈上／処理上のコストがかからない」というのは，存在や出現の解釈を出すための文脈操作のようなものが必要ないということであるため，'there V NP (PP)' の語順で容認される動詞は（存在や出現を表す）非対格動詞と考えられる．このように，有標性に基づく棲み分けを行えば，there 構文が非対格動詞の診断テストとして機能する可能性は依然として残されているといえる．

19.2. 高見・久野（2004）への反論

19.1 節では，高見・久野（2002）で出された there 構文の機能的制約を再考し，問題点を指摘した上で，代案を提出した（畠山・本田・田中（2004a）も参照）．この分析に対して，高見・久野（2004）が反論を寄せている．本節では，まず高見・久野（2004）の誤謬を訂正する．その上で，有標性という観点から言語データを観察していくことによって，はじめて，どのアプローチで説明すべきか（統語論的な説明がふさわしいか，機能論的な説明がふさわしいか）が明らかになることを示す．さらに，こういった分野間の棲み分けを適切に行うことにより，各分野内でのより精密な研究が可能になることも指摘する．高見・久野（2004）の検証に入る前に，もう一度，前節で見た高見・久野（2002）の機能的制約（10）と本分析の代案（11）を見ておく．

(10) there 構文に課される機能的制約：
there 構文は，意味上の主語の左側の要素が，話し手（または話し手が自分の視点を置いている登場人物）にとって観察可能な存在か出現を表わすと解釈される場合にのみ，適格となる．

(11) there 構文に課される機能的制約：
a. 無標の there 構文：
意味上の主語を提示する前に，解釈上／処理上のコストがかかることなく存在や出現を表す解釈が得られる場合に容認される．
b. 有標の there 構文：
意味上の主語を提示する前に，解釈上／処理上のコストをかけることで存在や出現を表す解釈が得られる場合に容認される．

以下では，高見・久野（2004）で出された反論を 1 つ 1 つとりあげ，その問

題点を指摘する．

19.2.1. 文処理

高見・久野（2004）は，(14) の適格性の違いが本分析では説明できないとしている．

(14) a. *There *walked* two prison guards into the courtroom.　(=(3b))
　　 b. There *walked* into the courtroom two people I had thought were dead.　(cf. (8c))

(14) の対比に関する高見・久野（2004: 289）の反論を以下に引用する．

> [(14b)] の walked into the courtroom が「非能格動詞＋場所句」として出現を表すというコストがかかる解釈／処理を受け，この文が there 構文として容認されるのなら，[(14a)] の walked ... into the courtroom も出現を表すというコストがかかる解釈／処理ができるはずである．[(14a)] が不適格である，ということは，有標の there 構文でも，適格文であったりなかったりするということを示している．したがって，存在，出現の解釈を得るのにコストがかかる，ということは，there 構文の適格性，不適格性の決定的要因ではないことを示している．

しかし，19.1.3 節で明確に述べているように，本分析では文処理の観点から，(14) の対比を捉えることができる．もう一度，関連する 19.1.3 節の説明文を以下に再掲する．

> ……there 構文の容認性は文を線形順序に従って処理していく過程で決まるのであって，文をすべて読み終わってから総合的に解釈して決まるのではない……

すなわち，本分析の主張を繰り返せば，there 構文は左から右へという線形順序に従って処理されていく過程で容認性が決定する．このことを踏まえて，もう一度 (14) の対比を見てみよう．(14a) では，意味上の主語の two prison guards を提示する前に存在も出現も表さない非能格動詞の walk しか現れない．よって，(14a) は (11) の制約を満たさず不適格となる．一方，(14b) では，場所句の into the courtroom を意味上の主語の two people の前

に置くという処理上のコストをかけることで，意味上の主語を提示する前に出現の解釈が得られている．よって，(14b) は (11b) の制約を満たし適格となる．

さらに，高見・久野 (2004: 289) は，(14a, b) の適格性の違いは「意味上の主語の左側の要素が存在か出現を表すと解釈できるかどうか」によって説明されるべきだと述べた上で，「この決定的要因が［本分析の (11) の制約］からは姿を消している」と指摘している．しかし，19.1.3 節で述べたように，高見・久野の機能的制約における「意味上の主語の左側の要素」という規定は文処理の観点から自然に導かれる．なぜなら，本分析の (11) の制約では「意味上の主語を提示する前に」存在や出現の場が設定されることになるため，必然的に「意味上の主語の左側の要素」が存在や出現の解釈を表すことになるからである．

このように，本分析の文処理に対する高見・久野の反論は反論になっていないことがわかる．

19.2.2. 解釈上／処理上のコスト

高見・久野 (2004: 289) は (15) の対比をあげ，「[(15b)] が [(15a)] と比べて，「解釈上／処理上のコストがかかる」という主張は，どういう根拠にもとづいているのか，理解に苦しむ」と述べている．

(15) a. There *appeared* two rabbits on the path.
     b. There *ambled* two rabbits along the path.

高見・久野の主張を言い換えるならば，ミニマルペアをなす (15) において，出現を表す appear と長く持続する運動の様態を表す amble (cf. (6)) の間に解釈上のコストの差など存在しないということであろう．しかし，(15a) と (15b) には解釈上のコストの差がないとは言い切れない．まず，事実として，(15a) の場所句の PP (on the path) は省略可能であるが，(15b) の場所句の PP (along the path) は省略できない．このことから，(15a) と (15b) はともに there 構文として容認されるものの，場所句の PP を必ず要求する (15b) の方が出現の解釈を得るための解釈上のコストがかかっていると考えられる．そして，その解釈上のコストというのが (15b) の amble を「長く持続する運動の様態を表すと捉える」ことになる (19.1.3 節参照)．このよ

うに，容認可能な場合でも解釈上／処理上のコストに差がある場合があるといえる．

さらに，解釈上／処理上のコストが there 構文の容認性にかかわっていることを示す例がある．次の対比を見てみよう (Newmeyer (1987: 296, 298))．

(16) a. There *ran* down the street two joggers.
(cf. There *walked* into the courtroom two people I had thought were dead. (=(14b)))
b. ?There ran two joggers down the street.
(cf. *There *walked* two prison guards into the courtroom. (= (14a)))

(16a) では，場所句の down the street を意味上の主語の two joggers の前に置くという処理上のコストをかけることで，意味上の主語を提示する前に出現の解釈が得られている．よって，(16a) は (11b) の制約を満たし適格となる．つまり，(16a) は非能格動詞の walk が現れている (14b) と同じように説明できる (19.2.1 節参照)．ここで注目すべきことは，Newmeyer が (16b) をまったく容認不可能というわけではない (not fully unacceptable) と判断していることである．(16b) は，19.2.1 節で見た (14a) と同じく，意味上の主語 (two joggers) を提示する前に存在も出現も表さない非能格動詞 (run) しか現れていないため，本分析の (11) の制約に基づけば不適格となるはずである．事実，(16b) のような文を容認できないとする母語話者もいて判断には揺れがある．このような容認性の判断の揺れは，解釈上／処理上のコストに基づく本分析では捉えることが可能である．上述したように，(16b) は意味上の主語を提示する前に存在や出現を表す解釈が得られないため，there 構文としては容認されない．しかし，Newmeyer のように (16b) をまったく容認不可能というわけではないと判断する母語話者の場合，文末にある場所句の PP (down the street) が示された後で文を総合的に再解釈し，(16b) に出現の意味を与えていると考えられる．しかし，19.1.3 節で見たように，文の処理は線形順序に従って行われるため，文の再解釈を許すかどうかという点で母語話者の間に揺れがあり，その揺れが (16b) のような

文の容認性の揺れにつながっていると考えられる.[2] 一方,高見・久野の (10) の機能的制約では,意味上の主語の左側に場所句の PP がきていない (16b) のような文はすべて一律に容認不可能となってしまう.つまり, (16b) のような文の容認性の揺れは,高見・久野の分析では捉えることができない.

このように,解釈上／処理上のコストに基づく本分析の方が高見・久野の機能的分析よりも妥当性があることがわかる.

19.2.3. 有標性

高見・久野は本分析への反論の中で,(動詞のもつ)「本来の意味」とは何を表すのかが不明であると指摘している.たとえば,there 構文に典型的に現れる動詞 live に関して,次のように述べている(高見・久野 (2004: 289-290)).

> 「住む」という意味の動詞は,本来存在を表すのか,それとも,意味拡張(「住んでいる」から「存在している」)で存在を表すのであろうか.

つまり,高見・久野 (2004: 290) は「動詞元来の存在,出現の意味と,コストがかかる意味拡張を経て得られる存在,出現の意味との間にどこで線を引けばよいのであろうか」という問題提起をしている.

しかし,19.1.3 節で述べたように,「本来の／本来的に」ということばはもともと高見・久野 (2002) で使われていたものを,本分析でもそのまま引用しているだけである.たとえば,高見・久野 (2002: 54) では live に対して「非意図的な意味で用いられており,本来的に存在を表わす」と述べている. つまり,live が本来的に存在を表すということを前提として there 構文の説明を行っているのは,ほかならぬ高見・久野自身である.このことは,高見・久野の分析においても(無意識に)有標と無標の区別を用いて there 構文を分析していることを意味している.[3] つまり,本分析のように有標性を軸に

---

[2] Hoekstra and Mulder (1990) では,(16b) や (14a) のような例を容認可能としている.

[3] 高見・久野 (2004: 290) は,非対格動詞の診断テストによっては同じ動詞が非対格動詞にも非能格動詞にも診断される場合があることから,「一体どの診断テストを信じたらいいのであろうか」と述べている.しかし,この点に関しても高見・久野は誤解をしている.影

した言語研究は，高見・久野の機能論的研究にとっても有益な分析方法であり，評価こそすれ，批判するものではないといえる．さらに，19.1.3 節で述べたように，本分析は高見・久野の「本来的に」という漠然とした「説明」に対して，「解釈上／処理上のコストをかけず」という具体的な中身を与えたことを，もう一度，強調しておく．

このように，有標性に基づく本分析は高見・久野の機能論的研究にとっても考慮に入れるべきものであり，反論にはならないことがわかる．本章では，機能的分析を客観的に評価し，問題がある点には代案を与えている．反論すべき点と評価すべき点を適切に棲み分けることで，統語論と機能論が相補分布的にお互いを補うことができ，より妥当性のある言語理論の構築が可能となる．

19.3. 主語名詞句からの外置と非対格性

前節までは there 構文をとりあげ，高見・久野による機能的制約を解釈上／処理上のコストに基づく有標性という観点から再考し，機能的制約の改訂版を提出した．さらに，有標性の観点から捉え直すことによって，there 構文が非対格動詞の診断テストとして機能する可能性が依然として残されていることも示した．本節では，有標性に基づく本分析が主語名詞句からの外置構文にも当てはまることを示す．

高見・久野 (2002: 404, 407) では，主語名詞句からの外置に (17) の非能格動詞および (18) の他動詞が現れることから，主語名詞句からの外置に課せられる (19) の非対格性制約は間違いであると主張し，代案として機能的制約を提出している．

(17) a. A man *spoke* (yesterday) [from Nuie].
b. A man *talked* (yesterday) [with blond hair].

山(編) (2001: 28) で指摘されているように，非対格動詞というのは「個々の動詞の形態ではなく，1 つの動詞の中のそれぞれの意味・用法のことを指す」ため，場合によっては，同じ動詞が非対格動詞にも非能格動詞にもなる．この点に関しては，すでに Perlmutter and Postal (1984) でも指摘され，現在でも追究されているテーマである (Alexiadou, Anagnostopoulou and Everaert (2004) 等参照)．

(18) a. A thought never *crossed my mind* [of accepting their offer and dropping the suit].
　　b. As you are aware, several new members have *joined our club* [of unique ethnic backgrounds and unsullied reputation in the business community].

(19) 主語名詞句からの外置に課される非対格性制約：
　　　主語名詞句からの外置構文には，非対格動詞のみ現れ，非能格動詞や他動詞は現れない．

これに対して，畠山・本田・田中 (2004a: 177) は，主語名詞句からの外置が可能なのは（概ね）存在や出現を表す非対格動詞に限られるという過去の研究 (Coopmans and Roovers (1986) 等参照) の観察を考慮に入れ，(19) を有標性の観点から (20) のようにまとめ直すことも可能であることを示唆した．

(20) 解釈上／処理上のコストがかからない無標の外置構文には，存在と出現を表わす非対格動詞のみが現れ，非能格動詞や他動詞は現れない．

この (20) の制約に基づけば，主語名詞句からの外置構文が依然として非対格動詞の診断テストとして成立する可能性があることになる．
　この主張に対して，高見・久野 (2004: 291) は「外置構文の適格性を決定づけているのは，「存在・出現」という概念ではなく，外置の途中に介在する要素が「透明的」(transparent) 情報であるかどうかという点である」と反論している．つまり，高見・久野は (21) の機能的制約の妥当性を主張している（高見・久野 (2002: 403)）．

(21) 名詞句からの外置に課される機能的制約：
　　　名詞句からの外置は，外置の途中に介在する要素が，透明的 (transparent) 情報であると解釈される場合にのみ，適格となる．

高見・久野の分析を (22) の例をもとに見ていこう（高見・久野 (2002: 403)）．

(22) a. A picture *stands* in the hallway [by Picasso].

b. Books *arrived* at the store [about Hammett's life].

(22a, b) で重要度が高い新情報は，(22a) では by Picasso, (22b) では about Hammett's life である．一方，存在や出現を表す (22a) の stand や (22b) の arrive は重要度が低い旧情報である．よって，(22a, b) は外置の途中に介在する要素が透明的情報（旧情報）であるため，(21) の制約を満たし適格となる．

高見・久野は本分析で提案した (20) の制約に対して，一見問題となりそうなデータをいくつかあげて反論しているが，ある仮説への反論となり得るためには，一般的には，代案をもって比較しなければならない．しかし，高見・久野の (21) の機能的制約は比較対象となる代案とはなり得ない．この点を明確にするために，もう一度，(22a) の外置構文を見てみよう．(22a) の基底構造は (22a′) であると考えられる．

(22a′)　A picture by Picasso *stands* in the hallway.

文末にある要素は情報の重要度が高いことから，(22a′) においては，in the hallway の情報の重要度は高いことになる．一方，(22a′) の by Picasso は文中にあることから，情報の重要度は相対的に低くなる．このことを念頭において，もう一度，高見・久野の (22a) に対する説明を見てみよう．上述したように，高見・久野は (22a) の stands in the hallway は情報の重要度が低い，すなわち透明的情報（旧情報）であると考えている．それゆえ，文末に外置された by Picasso は情報の重要度が相対的に高いといえる．しかし，ここで注意すべきことは，(22a′) の基底構造では文末に置かれている in the hallway の方が by Picasso より情報の重要度が高いということである．言い換えると，外置を適用しようとする (22a′) の段階では，in the hallway は情報の重要度が高く，よって，透明的情報ではない．[4] このことから，透明的情報に基づく (21) の制約は，外置の適用条件ではなく，外置の適用結果についての記述であることがわかる．つまり，(21) の制約は外置が適用された後のアウトプットを見て，介在する要素が透明的情報になっていると記述して

---

[4] 高見・久野 (2002: 429, 注 3) は，主語名詞句からの外置を「従来からの仮定に従って，主語名詞句の一部である前置詞句が文末へ移動したもの」と仮定している．

いるだけであり，外置の適用条件に関する制約の代案とはならないと結論できる。[5]

高見 (2001: 6) の序章では，機能的構文論について次のように述べられている．

> 言語の形式を無視するどころか，きわめて重視し，純粋に統語的な現象は統語的原則によって，機能的な現象は機能的原則によって，扱われるべきものであると考えている．

しかし，外置構文の統語構造や派生を考慮に入れていない (21) の機能的制約からも明らかなように，統語論上の注意が十分に払われているとはいえないのが現状である．つまり，高見・久野の機能的構文論はその本来の目的とは異なり，言語事実をすべて機能的制約で説明しようとする研究方針をとってしまっており，このままでは追求するに値する統語分析さえも見えなくしてしまう可能性がある．本分析においては，統語論と機能論がそれぞれ適正に働くことで，一見複雑な言語事実が詳細かつ適切に説明され得ると考えている．そのためにも，どの現象をどの分野で取り扱うべきかという棲み分けが大事になってくる．[6]

---

[5] 事実，高見・久野 (2002: 429, 注3) は，主語名詞句からの外置構文に関して，「どのような派生でこのような文が生成されるにせよ，以下の議論に影響を与えるものではない」と述べている．このことからも，透明的情報に基づく (21) の機能的制約は外置の適用条件ではなく，外置の適用結果についての記述であるといえる．

[6] 中島 (1995: 20) では，(21) の機能的制約には「透明的情報」という概念が明確に定義されていないという問題があるだけでなく，(i) のような対比が捉えられないという経験的な問題もあることが指摘されている (中島では Takami and Kuno (1992) への反論がなされている)．

   (i) a. A man *died* with malignant tumors.
       b. *A man *died* with blue eyes.

(i) では同じ述語 (die) が使われているため，(21) の機能的制約からすると (ia, b) の外置の可能性はまったく同じであるはずである．しかし，事実として (ia) は外置が許されるが，(ib) は外置が許されない．このように，透明的情報に基づく (21) の機能的制約は理論的にも経験的にも妥当性に欠けるといえる．なお，中島では外置構文を用いて，統語論と語用論 (関連性理論) がどのように関係し，どのように役割分担するかという棲み分けに関する考察がなされている．

19.4. 今後の展望

本章では，有標性の観点から統語論と機能論の分野間の棲み分けが可能になることを示した．本章のまとめとして，統語制約と機能的制約がどのように there 構文のデータを棲み分けるかを見ておく．本分析で提案した there 構文に課される (11) の機能的制約と (13) の非対格性制約を再掲する．

(11) there 構文に課される機能的制約：
 a. 無標の there 構文：
  意味上の主語を提示する前に，解釈上／処理上のコストがかかることなく存在や出現を表す解釈が得られる場合に容認される．
 b. 有標の there 構文：
  意味上の主語を提示する前に，解釈上／処理上のコストをかけることで存在や出現を表す解釈が得られる場合に容認される．

(13) there 構文に課される非対格性制約：
 解釈上／処理上のコストがかからないで容認される無標の there 構文には，存在と出現を表す非対格動詞のみが現れ，非能格動詞や他動詞は現れない．

まず，無標の there 構文の典型例である (2)（以下に再掲）を見てみよう．

(2) a. There once *lived* a king who had no ears.
 b. There has just *appeared* another book by Chomsky.

(2) のように，存在や出現を表す動詞 (live, appear) が使われている場合，場所句の PP がなくても容認されることから，無標の there 構文には解釈上／処理上のコストがかかっていないといえる．次に，有標の there 構文の例を見てみよう．

(23) There *ran* down the street two joggers. （=(16a)）

(23) の運動動詞 run は典型的な非能格動詞であり，存在も出現も表さないが，方向を表す場所句の down the street が意味上の主語 two joggers の前に置かれることで出現を表す解釈が得られる．よって，(23) は (11b) の制約を満たし適格となる．このように，(23) の there 構文は場所句の down

the street を意味上の主語の two joggers の前に置くという処理上のコストがかかるため，有標の there 構文といえる．さらに，過去の研究で指摘されているように，非能格動詞が方向を表す場所句の PP とともに用いられると非対格化が起こることから，(23) の運動動詞 run は非対格動詞とみなされる．よって，(23) は (13) の非対格性制約にも違反していない (Coopmans (1989), Levin and Rappaport Hovav (1995) 等参照)．つまり，(23) は有標の there 構文ではあるが，機能的制約と非対格性制約の両方を満たしている．このことを念頭において，次の例を見てみよう．

(24) a. *There *ruled* a king with an iron hand.　　(=(3c))
　　 b. There once *ruled* a king who had no ears.　　(=(9))

(24a) の rule は非対格動詞でもなく，存在も出現も表さないため，(11a) の制約と (13) の制約のどちらも満たしていない．また，(24a) は存在や出現を表す解釈も得られないため，(11b) の制約も満たしていない．よって，(24a) の there 構文は非文となる．一方，(24b) は，19.1.2 節で見たように，副詞 once との共起によって「支配者として住んでいた」という存在の解釈が得られる．よって，(24b) は (11b) の制約を満たす有標の there 構文として容認される．

　ここで注意すべきことは，(23) と (24b) の有標の there 構文の容認性には違いがあるということである．上述したように，(23) は (13) の非対格性制約は遵守している．しかし，(24b) は文脈操作（＝副詞 once の導入）によって容認性があがっているだけで，(13) の非対格性制約には違反している．非対格仮説は統語論と意味論に関係する (Levin and Rappaport Hovav (1995) 等参照) ことを考えると，非対格性制約に違反している (24b) は統語論および意味論で排除されるべきものである．では，なぜ (24b) は容認されるのだろうか．この点に関しては（少なくとも）2 つの可能性が考えられる．1 つは，同じ有標の there 構文であっても，(23) と (24b) では統語構造が異なるという可能性である．(24b) が非対格性制約に違反しているにもかかわらず容認されるということは，統語論的には生成されると考えるのは自然なことである．そのため，(24b) は非対格性制約を順守している (23) とは異なった派生を経て生成されるため，非対格性制約がかからないという

可能性は十分ありえる.[7] もう1つは,機能的制約が統語論および意味論の制約を無効にするという可能性である.この場合,(24b) は (13) の非対格性制約に違反しているため統語論および意味論では排除されるが,機能的制約を満たすことで「救われる」ことを意味する.窪薗 (1999: 132-133) は並列構造が連濁を阻止する事実をもとに,意味構造が音韻的操作を阻止する場合があることを指摘しているが,機能的制約が統語論および意味論の制約を無効にする可能性も十分ありえる.[8]

---

[7] 過去の研究において,「想起」の there 構文およびリスト there 構文は存在文としての there 構文と統語構造が異なるという指摘がある(中村 (1980),田中 (2006) 等参照).具体的に見てみよう.(i) に示されているように,通常,there 構文に現れる後置主語は不定 (indefinite) 名詞句であり,定 (definite) 名詞句であってはならない.これは Milsark (1974) 以来,定性効果 (definiteness effect) とよばれている.

(i) a. There was *a big earthquake* last night.
 b. *There was *the big earthquake* last night.

しかし,久野・高見 (2004: 165) は,(ib) は (ii) のような文脈では容認されると指摘している.

(ii) Speaker A: What was the last time you witnessed any horrible acts of God?
 Speaker B: Well, there was *the big earthquake* last night.

(ii) では大地震があったことを思い出しているため,「想起」の there 構文が使われている.しかし,定性効果を示さない「想起」の there 構文は,(ia) のような存在文としての there 構文と統語的に異なる振る舞いを示す.

(iii) a. 主語・助動詞の倒置が起こらない.
 *Was there *the big earthquake* last night?
 (cf. Was there *a big earthquake* last night?)
 b. ECM 構文に起こらない.
 *I expect there to be *the big earthquake* last night.
 (cf. I expect there to be *a big earthquake* last night.)

このように,形式上同じ there 構文であっても統語構造が異なる可能性がある.なお,第 II 部の第 8 章「場所構文の相関関係」では,後置主語が場所句の PP より内側にある there 構文と外側にある there 構文とでは統語構造が異なることが示されている.

[8] 類例として,とりたて詞の統語的作用域に入っていない要素が語用論的な要因によってとりたて詞の焦点になりえることがあげられる(第 III 部の第 12 章「日本語の動詞移動」参照).

第 19 章　非対格性の検証：there 構文と外置構文

　これまで生成文法理論は，言語現象を統語論のみで説明しようとしてきたために，複雑で過度に抽象度の高い説明が余儀なくされている．一方，久野・高見の機能的構文論は，言語現象を機能的制約のみで説明しようとしているため，追求するに値する統語分析を見えにくくしてしまっている．どちらの分野にとっても有意義な一般化を得るためには，両者の棲み分けを適切に行うことが重要になってくる．棲み分けにより，生成文法と機能論をサブコンポーネントに含むようなより大きな文法理論を構築することが可能になると考えられる．

第 20 章

自動詞の新分類：there 構文，way 構文，同族目的語構文の見地から[*]

これまで多くの研究者によって指摘されてきたように自動詞は (1) の非能格動詞 (unergative verb) と (2) の非対格動詞 (unaccusative verb) の 2 種類に区別される．

(1) 非能格動詞
    work, play, speak, smile, laugh, swim, dance ...
(2) 非対格動詞
    a. happen, come, arrive, appear, occur, exist ...
    b. open, sink, burn, drop, break ...

藤田・松本 (2005: 53) では，非対格動詞はさらに (2a) と (2b) の 2 種類に分けられている．その区分の基準は「自他交替ができるか否か」である．(2a) の動詞群は (3a) のような自動詞用法をもつが，(3b) のような他動詞用法はもたない ((3) は影山 (1996: 140))．一方，(2b) の動詞群は (4a) のような自動詞用法と (4b) のような他動詞用法をもつ．

(3) a. A traffic accident *happened*.
    b. *The driver *happened* a traffic accident.

---

[*] 本章は畠山・本田・田中 (2006) を改訂したものである．

第 20 章　自動詞の新分類：there 構文，way 構文，同族目的語構文の見地から

(4) a. The door *opened*.
　　b. Someone *opened* the door.

(4) に示されているように，(4a) の自動詞 open の主語 (the door) は (4b) の他動詞 open の目的語に対応する．このように，自動詞の主語と他動詞の目的語が対応する動詞は能格動詞 (ergative verb) とよばれることから，本章では，(2b) タイプの自動詞を能格動詞，(2a) タイプの（自動詞用法しかもたない）自動詞を非対格動詞とよぶ．[1]

(2) a. happen, come, arrive, appear, occur, exist ...　　［非対格動詞］
　　b. open, sink, burn, drop, break ...　　　　　　　　　［能格動詞］

これまで，there 構文において，非対格動詞と能格動詞の区別が顕著に現れることが指摘されてきた（影山 (1994)，Burzio (1986) 等参照）．具体的にいうと，there 構文には非対格動詞は生起できるが，能格動詞は生起できない．たとえば，非対格動詞に属する (2a) の come は there 構文に現れることができるが，能格動詞に属する (2b) の sink は there 構文に現れることができない ((5) は Haegeman (1991: 310))．

(5) a. There *came* three new sailors on board.
　　b. *There *sank* three ships last week.

さらに，(1) の非能格動詞も there 構文に生起できない．

(6) 　*There *swam* three children in the river.

よって，there 構文に現れる動詞のタイプは，(7) のようになる（○は「生起可能」，×は「生起不可能」を表す）．[2]

---

[1] 能格動詞については，第 21 章「Way 構文の動詞の特性」も参照．

[2] there 構文に現れる動詞についての詳細は，第 19 章「非対格性の検証：there 構文と外置構文」を参照．

(7) there 構文に現れる動詞のタイプ

動詞のタイプ	there 構文
非能格動詞	× (6)
能格動詞	× (5b)
非対格動詞	○ (5a)

　冒頭で述べたように，自動詞は非能格動詞と非対格動詞の 2 種類に区別される．しかし，(7) では，非能格動詞と能格動詞が 1 つのグループをなし非対格動詞と区別されている．本章では，この there 構文に見られる (7) の自動詞の区別が way 構文と同族目的語構文にも当てはまることを示し，非対格動詞を非能格動詞および能格動詞と区別する新たな自動詞の分類が言語分析に有用であると主張する．

20.1. 自動詞の新分類で捉えられる構文

　本節では，way 構文と同族目的語構文に現れる動詞のタイプについて見ていく．

20.1.1. way 構文

　英語には，(8) のような way 構文とよばれる構文がある（Levin and Rappaport Hovav (1995: 198)）.[3]

(8) Kelly *laughed* her way out of the room.

(8) では，自動詞の laugh が her way を目的語にとっている．このように，way 構文では，自動詞が one's way という目的語をとり，他動詞のように振る舞う．しかし，すべての自動詞が way 構文に現れることができるわけではない．たとえば，(8) の laugh や (9) の自動詞は way 構文に現れることができるが，(10) の自動詞は way 構文には現れることができない（Levin

---

[3] ほかにも one's way 構文，X's way 構文などとよばれることもあるが，本章では，便宜上，way 構文とよぶことにする．

and Rappaport Hovav (1995: 148, 150, 198, 200)).

(9) a. *Sing* your way around the world!
b. Pat *swam* her way across the Channel.
(10) a. *She *arrived* her way to the front of the line.
b. *Andrea *appeared* her way to fame.
c. *The explosions *occurred* their way onto the front page.

過去の研究において，(8) や (9) の自動詞は非能格動詞に分類され，(10) の自動詞は非対格動詞に分類されている．そのため，Marantz (1992) や Levin and Rappaport Hovav (1995) 等は (11) のような非能格性制約を提案している．

(11) way 構文に課される非能格性制約：
way 構文には非能格動詞のみ現れ，非対格動詞は現れない．

これに対し，高見・久野 (2002) は way 構文に非対格動詞が現れる反例をあげ，(11) の非能格性制約は間違っていると主張している．反例のいくつかを以下に示す (高見・久野 (2002: 89))．

(12) a. Blood *dripped* its way from his head to his shoulder, and from there to the ground.
b. The stream *oozed* its way through the rock wall and when the weather turned cold, the water froze to create an icy path.
c. The problem was found to be caused by oil *seeping* its way through the pipe joint and collecting in a puddle on the floor.
d. Volcanic material *blasted* its way to the surface.

しかし，高見・久野の反例で使われている動詞をよく見てみると，主に自他交替を許す (2b) の能格動詞に限られる．[4] 具体的にいうと，(12a-c) の drip, ooze, seep は自他交替を許す物質放出 (substance emission) 動詞に分類され (Levin (1993: 32))，(12d) の blast は典型的な自他交替である使役交替を許す動詞に分類される (Levin (1993: 28))．よって，way 構文には

---

[4] way 構文に現れる動詞についての詳細は，第 21 章「Way 構文の動詞の特性」を参照．

(2a) の非対格動詞は依然として生起できないといえる．以上のことから，way 構文に現れる動詞のタイプは (13) のようになる．

(13) way 構文に現れる動詞のタイプ

動詞のタイプ	way 構文
非能格動詞	○ (8), (9)
能格動詞	○ (12)
非対格動詞	× (10)

ここで注目すべき点は，(13) の表に示されているように，非能格動詞および能格動詞は way 構文に生起できるが，非対格動詞は way 構文に生起できないということである．つまり，(7) の there 構文の場合と同じく，way 構文においても，非対格動詞が非能格動詞および能格動詞と区別される．次節では，way 構文と同じ動詞の分類が同族目的語構文にも見られることを示す．

20.1.2. 同族目的語構文

英語には，(14) のような同族目的語構文とよばれる構文がある (Levin and Rappaport Hovav (1995: 40))．

(14) Louisa *slept* a restful sleep.

(14) では，自動詞の sleep が a restful sleep を目的語にとっている．このように，同族目的語構文では，自動詞が形態的に同族 (cognate) である名詞を目的語にとり，他動詞のように振る舞う．しかし，すべての自動詞が同族目的語構文に現れることができるわけではない．たとえば，(14) の sleep や (15) の自動詞は同族目的語構文に現れることができるが，(16) の自動詞は同族目的語構文には現れることができない ((16) は Levin and Rappaport Hovav (1995: 148, 150))．

(15) a. She *smiled* a charming smile.
　　 b. She *laughed* a hearty laugh.
(16) a. *She *arrived* a glamorous arrival.

b. *The apples *fell* a smooth fall.
   c. *Phyllis *existed* a peaceful existence.

過去の研究において，(14) や (15) の自動詞は非能格動詞に分類され，(16) の自動詞は非対格動詞に分類されている．そのため，Keyser and Roeper (1984) や Levin and Rappaport Hovav (1995) 等は (17) のような非能格性制約を提案している．

(17) 　同族目的語構文に課される非能格性制約：
　　　 同族目的語構文には非能格動詞のみ現れ，非対格動詞は現れない．

これに対し，高見・久野 (2002) は同族目的語構文に非対格動詞が現れる反例をあげ，(17) の非能格性制約は間違っていると主張している．反例のいくつかを以下に示す（高見・久野 (2002: 142)）．

(18) a. The tree *grew* a century's growth within only ten years.
   b. The stock market *dropped* its largest drop in three years today.
   c. The stock market *slid* a surprising 2% slide today.
   d. Stanley watched as the ball *bounced* a funny little bounce right into the shortstop's glove.

しかし，way 構文の場合と同様に，高見・久野の反例で使われている動詞をよく見てみると，主に自他交替を許す (2b) の能格動詞に限られる．[5] たとえば，(18a-d) の grow, drop, slide, bounce はすべて典型的な自他交替である使役交替を許す動詞に分類される (Levin (1993: 28))．よって，同族目的語構文には (2a) の非対格動詞は依然として生起できないといえる．以上のことから，同族目的語構文に現れる動詞のタイプは (19) のようになる．

---

[5] 同族目的語構文に現れる動詞については，第 I 部の第 1 章「日本語の身体属性文と英語の同族目的語構文」も参照．

(19) 同族目的語構文と動詞のタイプ

動詞のタイプ	同族目的語構文
非能格動詞	○ (14), (15)
能格動詞	○ (18)
非対格動詞	× (16)

　ここで注目すべき点は，(19) の表に示されているように，非能格動詞および能格動詞は同族目的語構文に生起できるが，非対格動詞は生起できないということである．つまり，(7) の there 構文および (13) の way 構文の場合と同じく，同族目的語構文においても，非対格動詞が非能格動詞および能格動詞と区別される．[6] このように，複数の構文において，非対格動詞は非能格動詞および能格動詞と区別されることがわかる．

---

　[6] 非能格動詞と能格動詞がともに way 構文と同族目的語構文に現れることから，本分析に基づくと，両者はともに対格を与える（=目的語をとる）という性質をもつことになる．もう一度，way 構文と同族目的語構文の例を見てみよう．

(i)　way 構文
　a.　Kelly *laughed* her way out of the room.　（=(8)）　　　　　［非能格動詞］
　b.　Volcanic material *blasted* its way to the surface.　（=(12d)）　［能格動詞］

(ii)　同族目的語構文
　a.　Louisa *slept* a restful sleep.　（=(14)）　　　　　　　　　　［非能格動詞］
　b.　The tree *grew* a century's growth within only ten years.　（=(18a)）　［能格動詞］

(ia) および (iia) にあるように，非能格動詞の laugh と sleep はそれぞれ Kelly と Louisa を外項（=主語名詞句）としてとる．よって，(iii) の Burzio (1986) の一般化により，両者は自動詞であるが目的語（her way, a restful sleep）をとることが説明できる．

(iii)　Burzio の一般化：
　　　外項をとる動詞のみが目的語に対格を与えることができる．

これに対して，(iv)（=(4a)）にあるように，能格動詞の主語は他動詞の目的語に対応することから，能格動詞の主語は目的語の位置に基底生成されると考えられている．

(iv)　The door *opened*.　(cf. Someone *opened* the door.　（=(4b)））

つまり，能格動詞は外項をもたないことになる．しかし，(ib) および (iib) では，外項をもたない能格動詞の blast と grow が目的語（its way, a century's growth）をとっているため，Burzio の一般化を再検討する必要があるといえる (cf. 影山 (2002))．本章で示した動詞の新分類から，外項と格の関係について新たな洞察が得られる可能性がある．

20.2. 理論的意義

本章では，3つの構文（there 構文，way 構文，同族目的語構文）において非対格動詞が非能格動詞および能格動詞と区別されることを示した．3つの構文に現れる動詞のタイプをまとめると，(20) のようになる．

(20) there 構文，way 構文，同族目的語構文と動詞のタイプ

動詞のタイプ	there 構文	way 構文	同族目的語構文
非能格動詞	×	○	○
能格動詞	×	○	○
非対格動詞	○	×	×

これまでの研究では，非対格動詞と能格動詞が区別されることもあったが，あくまで両者は非対格動詞という1つのグループとして扱われてきた（影山 (1996) 等参照）．これに対して，(20) にあるように，非能格動詞と能格動詞が1つのグループをなし，非対格動詞と区別されるという新たな動詞の分類を示したところに，本分析の理論的意義がある．

第 21 章

Way 構文の動詞の特性*

英語には，(1) のような way 構文とよばれる構文がある．この way 構文の特徴として，自動詞が目的語（one's way）をとることがあげられる．[1]

(1) a. Bill **belched** *his way* out of the restaurant.
 b. Sam **joked** *his way* into the meeting.　　(Jackendoff (1990: 211))

(1) の belch も joke も自動詞であり，通常，目的語はとらない（例：*Bill belched his way）．また belch も joke も，通常，前置詞句をともない移動を表すことはできない（例：*Bill joked into the meeting）．さらに，すべての自動詞が way 構文に現れるわけではない（Levin and Rappaport Hovav (1995: 148, 150))．

(2) a. *She **arrived** *her way* to the front of the line.
 b. *Andrea **appeared** *her way* to fame.
 c. *The explosions **occurred** *their way* onto the front page.

---

* 本章は田中 (2012) を改訂したものである．なお，田中 (2012) は執筆過程において，畠山と本田と田中の 3 人で長時間にわたり議論を重ねてきたものであり，実質的には 3 人の共著論文である．

[1] way 構文については，第 20 章「自動詞の新分類：there 構文，way 構文，同族目的語構文の見地から」も参照．

このような特異なふるまいを見せる way 構文は，自動詞が 2 種類に分けられるという非対格仮説から捉えられてきた．すなわち，潜在的に目的語をとることができる (1) の非能格動詞は one's way を目的語にとることが可能であるが，純粋な自動詞である (2) の非対格動詞は one's way を目的語にとることができない．これは非能格性制約とよばれ，以下のようにまとめられる (Marantz (1992), Levin and Rappaport Hovav (1995) 等参照)．

(3) way 構文に課される非能格性制約：
way 構文には非能格動詞のみ現れ，非対格動詞は現れない．

これに対し，高見・久野 (1999) および Kuno and Takami (2004) では，way 構文に非対格動詞が現れる反例をあげ，(3) の非能格性制約は間違っていると主張している．本章では，21.1 節で，高見・久野が出した反例を検証し，データの棲み分けを行う．21.2 節では，way 構文に依然として非能格性制約が関与することを示す．最後に，21.3 節で，本章のまとめと言語分析の方法論について述べる．

21.1. 高見・久野 (1999) および Kuno and Takami (2004) のデータの検証

統語レベルでは，(3) の非能格性制約は対格付与の有無に関係してくる．なぜなら，(1) の非能格動詞は自動詞ではあるが，潜在的に対格を付与できる (=目的語をとれる) と考えられているからである．自動詞が目的語をとれるのは Burzio (1986) の一般化による．

(4) Burzio の一般化：
外項をとる動詞のみが目的語に対格を与えることができる．

非対格仮説で自動詞が 2 種類に分けられる基準は，主語の位置にある．(1) の非能格動詞の場合は，主語はもとから主語位置 (=外項) にあるが，(2) の非対格動詞の場合，もともとは目的語位置 (=内項) にあると仮定されている．つまり，(1) の非能格動詞は外項をとるが，(2) の非対格動詞は外項をとらない．よって，(4) の Burzio の一般化より，(2) の非対格動詞は目的語

の one's way に対格を付与できないため，way 構文には現れない．[2]

これに対し，高見・久野 (1999) および Kuno and Takami (2004) は，(3) の非能格性制約の反例として，非対格動詞が way 構文に現れる例をあげている．しかし，高見・久野の反例は限られた動詞のタイプに分類される．具体的にいうと，①放出動詞 (verbs of emission)，② run 動詞，③ roll 動詞の 3 つに絞られる．以下では，この動詞の分類に基づき，高見・久野の反例の妥当性を検証していく（以下であげる反例はすべて高見・久野 (1999: 132-133, 145) と Kuno and Takami (2004: 74-75) からの引用）．

21.1.1. 放出動詞 (verbs of emission)

高見・久野では，非対格動詞の基準の 1 つに「対象が主語になっている」ということがあげられている．これは能格性とよばれる．[3] この基準に基づく高見・久野の反例は以下のものである．

(5) a. The stream **oozed** its way through the rock wall and when the weather turned cold, the water froze to create an icy path.
b. Rainwater **trickles** its way to the underground pool.
c. Blood **dripped** its way from his head to his shoulder, ...
d. The problem was found to be caused by oil **seeping** its way through the pipe joint and collecting in a puddle on the floor.

---

[2] 厳密にいうと，格フィルター (Case filter) に還元できる (Chomsky (1981: 49))．

(i) 音声内容 (phonetic content) をもつが格をもたない NP は許されない．

理論の変遷とともに，格のテクニカルな扱いは変わってきているが，(i) の格フィルターの精神は依然として重要な役割をはたしている．

[3] 能格性とは自動詞の主語と他動詞の目的語が対応していることをいう．

(i) a. The vase broke. （自動詞）
b. John broke the vase. （他動詞）

(ia) の自動詞 break の主語の the vase は (ib) の他動詞 break の目的語に対応している．つまり，壊れる対象 (theme) である the vase が自動詞では主語位置に，他動詞では目的語位置に現れている．このように，自動詞の主語と他動詞の目的語が対応する動詞を能格動詞 (ergative verb) という．

上の (5) であげられているのは, ooze のような放出動詞 (verbs of emission) であり, 高見・久野の反例の多くを占めている. この放出動詞はたしかに能格性を示すが, Levin and Rappaport Hovav (1995: 138-142) では, 放出動詞が英語だけでなく, イタリア語やオランダ語のような他言語においても非能格動詞であることが経験的に示されている. つまり, (5) はすべて非能格動詞であり, (3) の非能格性制約の反例にはならないといえる.[4]

21.1.2. run 動詞

高見・久野では, 非対格動詞のもう1つの基準として「非意図的事象」があげられている. この基準に基づく高見・久野の反例は以下のものである.

(6) a. A darker shadow **inched** *its way* along one of the walls of the Drum.
 b. A dispute is **wending** *its way* through the German courts on the question of stollen.
 c. Even the ride home after a busy day at the office can be a pleasant task as many cycleways **meander** *their way* through picturesque parks ...
 d. A steel rope **snaked** *its way* across the construction site.

(6) の例では, inch のような移動の様態を表す run 動詞が無生物主語とともに使われ, 非意図的事象を表している. そのため, 高見・久野は (6) の動詞を非対格動詞であると考えている. 意図性という基準は非対格仮説の引き金となった Perlmutter (1978) に基づくものであるが, すでに意図性 (もしくは動作主性 (Agentivity)) に基づく非対格性の分類には問題があることが指摘されており, 意図性だけでは非対格動詞を規定することはできない (Levin and Rappaport Hovav (1995) 等参照). 事実, 21.1.1 節で見たように, (5) の放出動詞の例はすべて無生物主語が使われ非意図的事象を表して

---

[4] 高見・久野 (1999: 132-133) では, さらに blast, leak, tick の例も反例としてあげられているが, これらも放出動詞である (Levin (1993: 235, 237)). よって, これらの動詞も非能格動詞と考えられる. なお, Alexiadou, Anagnostopoulou and Everaert (2004) では, 能格動詞が必ずしも非対格動詞に分類されるわけではないことが指摘されている.

いるが，放出動詞は非能格動詞として分類される．また，run 動詞の場合，たとえ主語が無生物でも基本的には非能格動詞と考えられている．

(7) A lot of planes fly over Chicago.

(7) では，無生物主語として乗り物 (plane) が使われているが，自制可能な (self-controlled) ものであるため，非能格動詞に分類される (Levin and Rappaport Hovav (1995: 155))．同様に，run 動詞の inch が乗り物 (＝無生物主語) とともに使われている (8) も，自制可能な非能格動詞の例であることになる．

(8) An ambulance **inches** *its way* through the crowd.

このように考えると，(6) の例は擬人法（メタファー）的な表現である可能性は否定できない（John ran from Boston to Maine.［基本用法］→ This road runs from Boston to Maine.［擬人法］）．5 事実，(6) で使われている run 動詞は人間を主語にする用法が普通である．たとえば，(6c) の meander に関しても，人間が主語である例が多くあることが高見・久野 (1999: 329) でも報告されている．よって，(6) の高見・久野の反例は擬人法による意味拡張であり，意図性（もしくは動作主性）を保持した run 動詞であると考えることは自然である．その場合，(6) はすべて非能格動詞と捉えられることになり，(3) の非能格性制約の反例にはならない．

どの分野でも，まず多くを占める普通のものを調べて，それから「変わった」ものを調べるという方法をとっている．基本ルール（＝仮説）からはみだすデータ（＝反例）をどう捉えるかは重要な課題であるといえる．

21.1.3. roll 動詞

高見・久野の反例で，唯一考慮に値するものは以下のデータである．

(9) a. The avalanche **rolled** *its way* into the valley.
b. The ball was **bouncing** *its way* into the street when a child saw it

---

5 高見・久野 (1999: 145) は意図性という基準を優先し，この可能性を否定している．しかし，本節で指摘しているように，擬人法による意味拡張の可能性も完全には否定できないため，(6) は (3) の非能格性制約に対する強い反例とはいえない．

and ran after it.
  c. The excuse that you are 900 miles away is meaningless — I personally support the aircraft carrier Lexington on display in Corpus Christi and there is no hope that it will ever **float** *its way* up to St. Louis.

(9) の例で使われている roll, bounce, float は roll 動詞であり，動作主性のない主語 (non-agentive subject) をとる場合は非対格動詞に分類される (Levin and Rappaport Hovav (1995: 208-209))．よって，(9) は (3) の非能格性制約の反例といえる．

さらに，高見・久野では以下のような反例もあげられている．

(10) John, a novice skier, **fell/tumbled** *his way* down the hill, while his girlfriend skied smoothly down.

(10) の fall および tumble は内在的に方向付けられた移動動詞 (verbs of inherently directed motion) に分類される (典型的な) 非対格動詞であるが，ここでの使われ方 (用法) は roll 動詞と捉えていいものである．このことは次の例からも明らかである (高見・久野 (1999: 132))．

(11) The barrel **rolled/tumbled** *its way* down the alley.

(11) では，本来は roll 動詞ではない tumble が roll と同じように使われている．同様に，(10) では fall が tumble の意味で使われ，(11) と同じような意味で用いられていることから，(10) の fall および tumble は roll 動詞として用いられていることになる．このことは，fall が (2a) の arrive の例と同じく (典型的な) 内在的に方向付けられた移動動詞の意味で使われた場合，way 構文には用いられないことからも支持される (Levin and Rappaport Hovav (1995: 148))．

(12) *The apples **fell** *their way* into the crates.
   (cf. *She **arrived** *her way* to the front of the line. (=(2a)))

以上のことから，高見・久野の反例は非対格動詞に分類される roll 動詞 (および意味的に roll 動詞のように使われている非対格動詞) のみであるこ

とがわかる．次節では，これらの限られた反例によって過去の研究で提案されてきた (3) の非能格性制約が破棄されることにはならないことを示す．

21.2. way 構文における非能格性制約の妥当性

(3) の非能格性制約は単に way 構文に現れる動詞の種類を限定するだけではなく，非対格仮説および (4) の Burzio の一般化に基づき，格の観点から way 構文の文法性も規定する．具体的にいうと，(3) は (13) の統語制約と結びつく（注 2 も参照）．

(13) way 構文の統語制約：
（潜在的に）対格を付与することのできる動詞だけが way 構文に現れる．

この (13) の統語制約の妥当性を検証してみよう．まず，非対格仮説に基づくと，動詞の種類は他動詞，非能格動詞，非対格動詞の 3 種類に分けられる．よって，扱うべきデータは以下のようになる．

(14) 他動詞 (Kuno and Takami (2004: 81))
 a. Poison gas is **pushing** *its way* into the world's attention these days.
 b. *Poison gas is **pushing** *its way* in the world's attention these days.

(15) 非能格動詞 (Kuno and Takami (2004: 86))
 a. The novice skier **walked** *her way* down the ski slope.
 b. *Joe **walked** *his way* to the store.

(16) 非対格動詞
 a. The avalanche **rolled** *its way* into the valley. (=(9a))
 b. *She **arrived** *her way* to the front of the line. (=(2a))

上のデータを (13) の統語制約と way 構文にかかる意味制約の観点からまとめると (17) のようになる ((17) において，〇は「満たす」，×は「満たさない」，OK は「容認される」，OUT は「容認されない」を表す)．[6]

---

[6] 本章の目的は way 構文の統語制約の妥当性の検証であるため，way 構文の意味制約に

(17)

動詞の種類	統語制約 (13)	意味制約		way 構文の容認性
他動詞	○	○	①	OK：(14a)
	○	×	②	OUT：(14b)
非能格動詞	○	○	③	OK：(15a)
	○	×	④	OUT：(15b)
非対格動詞	×	○	⑤	OK：(16a)
	×	×	⑥	OUT：(16b)

(17) にあるように，動詞の種類に基づくと，説明すべきデータのパターンは①から⑥の6つある．まず，前述したように，他動詞と非能格動詞は（潜在的に）対格を付与することができるが，非対格動詞は対格を付与できない．よって，(13) の統語制約（格付与条件）は (17) の①, ③, ⑥のパターンを捉えることができる．

① 統語制約（および意味制約）を満たす他動詞文［OK］
(Poison gas is **pushing** *its way* into the world's attention these days. (=(14a)))

③ 統語制約（および意味制約）を満たす非能格動詞［OK］
(The novice skier **walked** *her way* down the ski slope. (=(15a)))

⑥ 統語制約（および意味制約）を満たさない非対格動詞［文法的にOUT］
(*She **arrived** *her way* to the front of the line. (=(16b)))

関する議論は行わないが，(17) の意味制約には (i) の Goldberg (1995: 202) の意味制約を仮定している．

(i) way 構文の意味制約：
主語が何らかの外的困難にもかかわらず進む，またはまっすぐでなく進むことを表す．

なお，高見・久野 (2002) はこの Goldberg の意味制約に反論し，機能的代案を提出しているが，岩田 (2012) は Goldberg の意味制約の方が妥当性があることを示している．その主な理由として，高見・久野が典型例ではない例をもとに議論を組み立てていることと，用いられている概念が場当たり的でそのつど意味が変わっていることがあげられている（詳細に関しては，岩田 (2012) を参照）．

次に，残されたパターンは2つに分けられる．1つは統語制約を満たしているが意味制約を満たしていないパターン（②と④）であり，もう1つは統語制約を満たしていないが way 構文に許されるパターン（⑤）である．まず前者であるが，そもそも構文として容認されるためには，意味制約も満たす必要がある．前述したように，他動詞も非能格動詞も（潜在的に）対格を付与できるため，②と④は統語制約を満たしている．よって，文法的には問題ないが意味的におかしい文であることになる．実際，(14) と (15) では「動詞以外の部分」が異なることで容認性に差が出ていることがわかる．(14) では前置詞の種類（into と in）が異なり，(15) では主語名詞句（the novice skier と Joe）と前置詞句（down the ski slope と to the store）が異なることで，それぞれ容認性に差が出ている．つまり，②の (14b) と④の (15b) は動詞以外の要因（=動詞の特性にかかわらない要因）で排除されていることになる．よって，②と④のパターンは (13) の統語制約に対する反例にはならない．

② 統語制約は満たすが意味制約を満たさない他動詞［意味的に OUT］
(*Poison gas is **pushing** *its way* in the world's attention these days. (=(14b)))

④ 統語制約は満たすが意味制約を満たさない非能格動詞［意味的に OUT］
(*Joe **walked** *his way* to the store. (=(15b)))

以上のことから，(13) の統語制約（および (3) の非能格性制約）で問題になるのは⑤のパターンのみとなる．

⑤ 統語制約は満たさないが意味制約を満たす非対格動詞［(13) の反例］
(The avalanche **rolled** *its way* into the valley. (=(16a)))

しかしながら，⑤のパターンが (13) の統語制約の反例にはならない可能性がある．まず，21.1.3 節で見たように，⑤のパターンを示すのは roll 動詞のみである．つまり，すべての非対格動詞が⑤のパターンを示すわけではない．さらに，Levin and Rappaport Hovav (1995: 156) では，そもそも roll 動詞は way 構文に現れない（例：*The pebbles **rolled** *their way* into the stream.)とされていることから，母語話者の間で判断の揺れがあることがわかる．このように，高見・久野の反例は量的にも質的にも不十分であるといえる．次に，21.1.3 節で見たように，本来 roll 動詞ではない fall が文脈によっては roll 動詞として用いられることがある．つまり，動詞のタイプというのは個々の動詞の形態ではなく，動詞の意味や用法のことを指す．[7] よって，1 つの動詞が意味や用法によっては，非対格動詞にも非能格動詞にもなる（影山（編）(2001)，Alexiadou, Anagnostopoulou and Everaert (2004) 等参照）．事実，Coopmans (1989) 以来，非能格動詞として分類される run 動詞が方向を表す前置詞句（directional PP）とともに用いられた場合，非対格動詞に変わることが指摘されている．移動を表す非能格動詞の run 動詞が非対格化を起こすのであれば，逆のケース，つまり，同じく移動を表す非対格動詞の roll 動詞が非能格化を起こすことも理論的には否定できない．この仮説に立てば，(13) の統語制約の唯一の反例と思われる roll 動詞（=⑤のパターン）も，way 構文に用いられる過程で非能格動詞として使われている可能性がある．[8] もしそうであれば，高見・久野の「反例」には本当の反例と

---

[7] 動詞の意味や用法を考慮に入れると，Kuno and Takami (2004: 74-75) で出された例も反例にはならない．

(i)　... the car **stalled** *its way* along the street to her office.
(ii)　Naia has ever **grown** *her way* onto the standard growth charts ...

(i) の stall は通常，移動動詞に分類されることはないが，主語に the car があることからもわかるように，エンストを繰り返しながら「進んだ」という移動の意味を表している．stall には「失速する」という意味もあることから，(i) の stall は移動動詞（=非能格動詞）として使われているといえる．また，(ii) の grow は通常，状態変化を表す非対格動詞に分類されるが，(ii) では測定可能な状態変化動詞（verbs of calibratable changes of state）として用いられていると考えられる（Levin (1993: 247)）．この測定可能な状態変化動詞には climb や jump 等の移動動詞も含まれることから，(ii) の grow は時間的な移動を表す移動動詞（=非能格動詞）として使われているといえる．実際，way 構文は物理的な移動だけではなく，時間的距離（=(iiia)）や心理的距離（=(iiib)）の移動にも用いられる．

(iii) a.　He **traveled** *his way* through the 60's ...　　　　　（高見・久野 (1999: 215)）
　　 b.　Babe Ruth **homered** *his way* into the hearts of America.
　　　　　　　　　　　　　　　　　　　　　　　　　　（Jackendoff (1990: 212)）

[8] この可能性については今後の研究課題とするが，roll 動詞の主語が有生（animate）名詞である場合，非能格動詞の run 動詞のようにふるまうことが指摘されている（Levin and

よべるものが 1 つもないことになる．

21.3. まとめ

本章では，高見・久野 (1999) および Kuno and Takami (2004) の way 構文の分析を批判的に検討し，反例が必ずしも反例にはなっていない場合があることを示した．とくに注意すべきことは，高見・久野の分析では，同じ動詞でも文脈によって容認性が異なる例が (3) の非能格性制約の反例としてあげられていることである．具体例として，21.2 節の (15) を以下に再掲する．

(15) a. The novice skier **walked** *her way* down the ski slope.
　　　b. *Joe **walked** *his way* to the store.

しかし，(15) のように文脈操作により「動詞以外の部分」を変えた場合，動詞の特性ではなく，変えた部分の特性を見ることになる．つまり，この高見・久野の方法論では，動詞の特性に関する (3) の非能格性制約の妥当性はそもそも検証できないことになる．このように，記述的にも説明的にも妥当性の高い理論を構築するためには，反例そのものの検証が必要となる．さらにいうと，反例（もしくは一見「反例」に思えるデータ）をどう扱うかというデータの棲み分けが理論の発展につながることになる．

Rappaport Hovav (1995: 208-210))．そのため，(17) の⑤のパターンに現れる roll 動詞の例が擬人法であるなら，主語は有生名詞と捉えられるため，roll 動詞は非能格化していることになる．その場合，roll 動詞の例も (13) の統語制約（および (3) の非能格性制約）の反例にはならないことになる．

第 22 章

「させ」使役文と非能格性制約

　Ritter and Rosen (1993) は，日本語の「させ」使役文に関して，(1) の非能格性制約を提案している．

　(1) 「させ」使役文に課される非能格性制約：
　　　「させ」使役文には，非能格動詞と他動詞のみ現れ，非対格動詞は現れない．

(1) の非能格性制約の経験的根拠として，Ritter and Rosen (1993: 547) では (2) の例があげられている（(2) は Inoue (1974) から引用されたもの）．

　(2) a.　太郎は子どもを交通事故で死なせた．
　　　b.　太郎は足を滑らせて転んだ．
　　　c.　干ばつで百姓は田をひび割れさせてしまった．

(2) では，非対格動詞に「させ」がついているが，(2a-c) はすべて使役の解釈は得られず，被害や迷惑などのいわゆる経験の解釈になる．このことから，Ritter and Rosen は「させ」使役文には非対格動詞は生起しないと主張している．しかし，高見 (2006: 506) では，(1) の非能格性制約の反例として，(3) の例があげられている．

　(3) a.　私はたらいの水を日なたに出して，蒸発させた．
　　　b.　庭師は，特殊な薬で庭の雑草を枯れさせた．

c. 私はガラスクリーナーで鏡を磨いて，光らせた．
　　d. 妹はアイスクリームを冷蔵庫で凍らせた．
　　e. 長雨がカビを生えさせる結果となった．
　　f. 気象庁の連絡の遅れが，津波の被害を広がらせたのです．

(3) の例は，すべて非対格動詞に「させ」がついているにもかかわらず使役の解釈が得られる．このことから，高見 (2006) は (1) の非能格性制約は間違いであると主張している．

　本章では，まず，22.1 節で日本語の 2 種類の使役文（ニ使役文とヲ使役文）について見ていく．その上で，22.2 節で高見の「させ」使役文の分析を再検討し，(1) の非能格性制約を修正した制約を提出する．本分析に基づくと，ニ使役文は非対格性テストの 1 つになり得ることになる．最後に，22.3 節で本章をまとめる．

22.1. 日本語の 2 種類の使役文

　日本語の使役文には，被使役主がニ格である「ニ使役文」とヲ格である「ヲ使役文」の 2 種類あることが知られている．

　　(4) a. 太郎は花子に走らせた．
　　　 b. 太郎は車を走らせた．
　　　 c. *太郎は車に走らせた．

(4a) では被使役主の「花子」はニ格であるのに対して，(4b) では被使役主の「車」はヲ格である．しかし，(4c) のように被使役主の「車」がニ格の場合は非文となる．これは，Harada (1973) で指摘されているように，ニ使役文には自己制御可能 (self-controllable) 被使役主しかこられないという制限（原田の一般化）があるためである．

　　(5) a. 太郎は友達 {を／*に} 困らせた．
　　　 b. 太郎は花子 {を／*に} 気絶させた．
　　　 c. 太郎は次郎 {を／*に} 危険な目に合わせた．

(5a) の「困る」，(5b) の「気絶する」，(5c) の「危険な目に合う」は，いず

れも，意図的に行うことができない（＝自己制御できない）行為である．この場合，(5) にあるように，被使役主（「友達」「花子」「次郎」）はニ格をともなうことができず，必ずヲ格になる．同様に，(4c) のニ使役文が非文になるのは，「車」が自己制御できない被使役主であることから説明できる．

これに対して，ヲ使役文には，自己制御可能な被使役主しかこられないという制限は見られない．

 (6) a. 太郎は花子を走らせた．
   b. 太郎は車を走らせた． (=(4b))

(6a) の被使役主の「花子」は人間であり，「走る」という行為を自己制御できる．つまり，花子は（走りたくなければ）走らないことも可能である（cf. (4a)）．[1] 一方，(6b) の被使役主の「車」は無生物であるため，「走る」という行為を自己制御できない（cf. (4c)）．このように，ヲ使役文には，自己制御できる被使役主も自己制御できない被使役主もともに現れることがわかる．以上のことから，ニ使役文とヲ使役文の違いは (7) のようにまとめることができる．

 (7) a. ニ使役文の被使役主：［＋自己制御］
   b. ヲ使役文の被使役主：［（自己制御に関しては）無指定］

22.2. 高見 (2006) 再考

本節では，前節の内容を念頭に置きながら，高見 (2006) であげられている (3) の例について見ていく（(3) を以下に再掲）．

 (3) a. 私はたらいの水を日なたに出して，蒸発させた．
   b. 庭師は，特殊な薬で庭の雑草を枯れさせた．
   c. 私はガラスクリーナーで鏡を磨いて，光らせた．

---

[1] (6a) は「花子は走るように強制された」という解釈が出るため，「花子」は自己制御できない被使役主のようにも捉えられるが，これは，ヲ使役文が副次的に強制使役の意味をともなうことからきている．しかし，(6a) の「花子」は，たとえ強制的に走らされたとしても，（潜在的には）走ることを自己制御できる被使役主に変わりないといえる．

d. 妹はアイスクリームを冷蔵庫で凍らせた．
　　　e. 長雨がカビを生えさせる結果となった．
　　　f. 気象庁の連絡の遅れが，津波の被害を広がらせたのです．

　本章の冒頭で述べたように，高見は非対格動詞が (3) のような使役文に現れることから，Ritter and Rosen (1993) が提出した (1) の非能格性制約は妥当ではないと主張している．その上で，「さえ」使役文に関して，(8) の意味制約を提出している（高見 (2006: 509)).

　　(8) 「-させ」が表わす使役と経験の意味：
　　　　補文の表わす事象が，主語の人間によって意図的に引き起こされたり，主語の無生物が直接的要因となって引き起こされる場合は，「-させ」が使役の意味を表わす．一方，主語の人間が補文の表わす事象を非意図的に引き起こす（その発生を防げなかったことを示す）場合は，「-させ」が経験（特に被害・迷惑）の意味を表わす．

　この (8) の意味制約に基づくと，(3) の例は以下のように説明される．まず，(3a) では，主語の「私」は人間であり，補文の表す事象（「水が蒸発する」）を意図的に引き起こしているため，使役の意味が得られる．同じく主語が人間である (3b-d) にも同様の説明が当てはまる．次に，(3e) では，主語の「長雨」は無生物であるが，補文の表す事象（「カビが生える」）を引き起こす直接的要因となっているため，使役の意味が得られる．同じく主語が無生物である (3f) にも同様の説明が当てはまる．
　では，(8) の意味制約の妥当性を検証していこう．まず，(3a) の被使役主 (=「蒸発する」の主語) の格について見ていく．(3a) では，被使役主の「水」が省略されているため，「水」を省略しない場合，(3'a) のようになる．

　　(3') a. 私はたらいの水を日なたに出して，水 {を／*に} 蒸発させた．

(3'a) にあるように，被使役主の「水」はニ格ではなくヲ格でなければならない．同様のことが残りの (3b-f) すべてにおいて当てはまる．対応する (3'b-f) を見てみよう ((3'c) では，(3c) で省略されている被使役主の「鏡」を補っている)．

(3′) b. 庭師は，特殊な薬で庭の雑草 {を／*に} 枯れさせた．
　　 c. 私はガラスクリーナーで鏡を磨いて，鏡 {を／*に} 光らせた．
　　 d. 妹はアイスクリーム {を／*に} 冷蔵庫で凍らせた．
　　 e. 長雨がカビ {を／*に} 生えさせる結果となった．
　　 f. 気象庁の連絡の遅れが，津波の被害 {を／*に} 広がらせたのです．

このように，(3′b-f) の被使役主はすべてニ格ではなくヲ格でなければならない．つまり，(1) の非能格性制約の反例として高見があげている (3) の「させ」使役文は，すべてヲ使役文の例であることがわかる．よって，(3) の例は「ヲ使役文には非対格動詞が現れる」ということを示していることになる．これに対して，(3′a-f) から明らかなように，ニ使役文には非対格動詞が許されない．以上のことから，(9) の非能格性制約が得られる．

　(9)　ニ使役文に課される非能格性制約：
　　　ニ使役文には，非能格動詞と他動詞のみ現れ，非対格動詞は現れない．

(9) は (1) の制約を一部改訂したものであるが，ニ使役文には非能格性制約が依然として課されるため，ニ使役文は非対格動詞の診断テストに使えると結論できる．

　ここで注意すべきことは，(8) の意味制約は (3′a-f) でニ使役文が許されないことを説明できないということである．まず，(3′a-d) から見ていこう．(3′a-d) はすべて主語が人間であり，補文の表す事象を意図的に引き起こしている．よって，(8) の意味制約に基づくと，被使役主がニ格であってもヲ格であっても使役の意味が得られるはずである．しかし，(3′a-d) は被使役主がニ格の場合，非文となる．次に，(3′e-f) を見てみよう．(3′e-f) はともに無生物の主語が直接的要因となって補文の表す事象を引き起こしている．よって，(8) の意味制約に基づくと，被使役主がニ格であってもヲ格であっても使役の意味が得られるはずである．しかし，(3′e-f) は被使役主がニ格の場合，非文となる．このように，(8) の意味制約は (3′a-f) でニ使役文が許されないことを説明できない．これに対して，(3′a-f) に見られるニ使役

文とヲ使役文の文法性の差は，被使役主の自己制御可能性という観点から説明できる．22.1 節で見たように，ニ使役文には自己制御可能な被使役主しかこられない．そのため，被使役主が自己制御できない事象を表している (3′a-f) にはニ使役文は許されない．

以上のことから，使役文を主節の主語の意図性と補文の事象との関係から捉えようとしている高見 (2006) の (8) の意味制約は経験的妥当性に欠けるといえる．本節で示したように，使役文を捉える上では，被使役主の自己制御可能性と補文の事象との関係がより重要であると考えられる（三原・平岩 (2006) も参照）．

22.3. まとめ

本章では，高見 (2006) の「させ」使役文の分析を再検討し，ニ使役文とヲ使役文の棲み分けを行うことで，(9) の非能格性制約を提出した ((9) を以下に再掲)．

(9) ニ使役文に課される非能格性制約：
ニ使役文には，非能格動詞と他動詞のみ現れ，非対格動詞は現れない．

(9) の非能格性制約にあるように，ニ使役文には非対格動詞が現れないことから，ニ使役文は非対格動詞を識別するテストの 1 つになり得ることになる．さらに，本章では，ニ使役文とヲ使役文の違いが被使役主の自己制御可能性の違いによることを示した（(7) を以下に再掲）．

(7) a. ニ使役文の被使役主：［＋自己制御］
b. ヲ使役文の被使役主：［（自己制御に関しては）無指定］

Levin and Rappaport Hovav (1995) では自己制御可能なものは非能格動詞に分類されるとされている．[2] つまり，ニ使役文に非対格動詞が現れないという (9) の非能格性制約は，(7) の自己制御可能性の帰結であることになる．

---

[2] この点については，第 21 章「Way 構文の動詞の特性」も参照．

第 23 章

日本語の動詞句前置構文の分析をめぐって*

本章では，(1b) のような動詞句前置構文を扱う．

(1) a. 太郎がリンゴを食べさえした．
    b. リンゴを食べさえ太郎がした．

(1a) の動詞句「リンゴを食べさえ」が文頭に移動すると，(1b) のような動詞句前置構文となる．動詞句前置構文に関しては，生成文法でも多くの研究が行われてきた．たとえば，初期の研究では，Hoji, Miyagawa and Tada (1989) が前置された動詞句に非対格動詞を含む (2b) の例をとりあげ，(1b) との文法性の差を統語的に説明している．

(2) a. 雨が降りさえした．
    b. *降りさえ雨がした．

これに対して，高見・久野 (2006) および高見・久野 (2008) は生成文法の動詞句前置構文の分析に反論し，代案を提出している．本章では，この 2 つの論文をとりあげ，両分析には問題点があることを指摘する．とくに，高見・久野で提案されている作用域外移動の制約は経験的にも理論的にも問題

---

* 本章は畠山・本田・田中 (2007) および畠山 (2012) を改訂したものである．なお，畠山 (2012) は執筆過程において，畠山と本田と田中の 3 人で長時間にわたり議論を重ねてきたものであり，実質的には 3 人の共著論文である．

があることを示した上で，以下の 2 点を主張する．

(i) 日本語の動詞句前置構文には移動全般に適応される単一構成素移動制約および適正束縛条件が課せられる．
(ii) 日本語にも（音形のない）虚辞が存在する可能性がある．

23.1. 高見・久野 (2006, 2008) の分析とその問題点

本節では，高見・久野 (2006) および高見・久野 (2008) の分析を概観した後で，両分析の問題点を指摘する．

23.1.1. 高見・久野 (2006) の分析とその問題点

高見・久野 (2006) は (2b) が不適格である理由を 2 つあげている．(2) を再掲する．

(2) a. 雨が降りさえした．
  b. *降りさえ雨がした．

まず，(2b) が不適格である 1 つ目の理由として，(3) があげられている．

(3) 雨は降ることしかしないから，「降る」と対比されるべき他の出来事がないので，「さえ」が現れることに対する正当化ができない．

これに対して，動詞句前置が起こっていない (2a) では，「雨が降る」全体に焦点が当てられているため，その出来事自体を他の出来事（たとえば「雷が鳴る」等）と対比して捉えることができるため，(2a) は適格となる．

それでは，なぜ (2b) では (2a) と同じように「雨が降る」全体に焦点が当てられ，他の出来事と対比して捉えることができないのだろうか．この点を捉えるために，高見・久野 (2006: 34) は (4) の作用域外移動の制約を提案している．

(4) 作用域外移動の制約：
  作用域を持つ要素 A の意味的作用ターゲット（つまり A の焦点）は，A の構文法的作用域（つまり，A が構造上 c 統御する領域）の外に移動することはできない．

まず，適格な (2a) から見てみよう．高見・久野は，(2a) の「さえ」は「降る」に付加されているのではなく，「雨が降る」全体に付加されていると考えている．つまり，「雨が降る」全体が「さえ」の構文法的作用域に入ることになる．よって，「雨が降る」は他の出来事と対比して捉えることができるため，適格文となる．一方，(2b) においては，「雨が」は「さえ」の意味的作用ターゲット（焦点）の一部であるにもかかわらず，「さえ」の構文法的作用域の外に出てしまっている．つまり，(2b) は (4) の作用域外移動の制約に違反するため，「雨が降る」全体に焦点が当てられない．よって，「雨が降る」を他の出来事と対比して捉えることができず，可能な解釈が得られないため，(2b) は容認されないと説明されている．

ここで，高見・久野が考えている (2b) の派生を見てみよう．

(5) a. 基底構造
[[e [雨 降り] さえ] した]
b. 「雨」の主語位置への移動
[[雨$_i$ が [t_i 降り] さえ] した]
c. 「雨が」が「さえ」の構文法的作用域の外に移動
[雨$_i$ が [[t_i 降り] さえ] した]
(「作用域外移動の制約」に違反)
d. 動詞句前置
*[[[t_i 降り] さえ]$_j$ [雨$_i$ が t_j した]]

高見・久野によると，(5c) および (5d) は作用域外移動の制約に違反しているため，「雨が降る」全体が「さえ」の構文法的作用域に入っていない．よって，(2b) は (2a) のように「雨が降る」を他の出来事と対比して捉えることができないことになる．

以上が高見・久野 (2006) の分析の概要であるが，(3) の機能的説明と (4) の作用域外移動の制約に基づく説明はともに経験的妥当性に欠ける．まず，(3) の機能的説明から見ていく（以下に (3) を再掲）．

(3) 雨は降ることしかしないから，「降る」と対比されるべき他の出来事がないので，「さえ」が現れることに対する正当化ができない．

(3) は次の (6b) のような文が非文であることを説明できない．

(6) a. リンゴを食べさえ太郎がした．（=(1b)）
    b. *食べさえ太郎がリンゴをした．

「リンゴ」は「食べる」だけではなく，「買う」ことも「捨てる」ことも「投げる」ことも容易に想定できる．このように対比されるべき出来事が複数設定できるにもかかわらず，(6b) は非文である．よって，(3) の対比できる出来事の有無という機能的要因は動詞句前置構文が適格であるための必要条件にはならないといえる．[1]

次に，(4) の作用域外移動の制約について見てみよう（以下に (4) を再掲）．

(4) 作用域外移動の制約：
作用域を持つ要素 A の意味的作用ターゲット（つまり A の焦点）は，A の構文法的作用域（つまり，A が構造上 c 統御する領域）の外に移動することはできない．

上述したように，高見・久野は (2b) の「*降りさえ雨がした」の派生として (5) を仮定した上で，(4) の作用域外移動の制約に違反しているのは (5c) および (5d) だと考えている．しかし，(5b) の時点で作用域外移動の制約に違反してしまっていることがわかる．(5a) および (5b) を以下に再掲する．

(5) a. 基底構造
    [[e [雨 降り] さえ] した]
    b. 「雨」の主語位置への移動
    [[雨$_i$ が [t_i 降り] さえ] した]

---

[1] 中西 (1995: 309) でも，「さえ」が必ずしも対比されるべきことを必要としないことが指摘されている．

(i) a. 武彦は，妻に約束の花束を買うことを忘れていた．今日が妻の誕生日であることさえ忘れていたのだから．
    b. その顔には何かこのキャンパスで起こっていること全体を馬鹿にしたような冷笑さえ浮かんでいる．

(ia) では対比されるものが想定された上で「さえ」が使われているが，(ib) ではそのような想定はなく，「さえ」は意外性を表している．このように，「さえ」は対比の解釈がなくても使われることから，(3) の機能的説明は妥当性に欠けることがわかる．

第 23 章　日本語の動詞句前置構文の分析をめぐって　　　　251

　高見・久野 (2006: 33) では,「さえ」は動詞句 (VP) に付加されていると仮定されている．そのため,「さえ」の構文法的作用域は「さえ」の c 統御領域内である動詞句内になるが, (5b) では,「雨」は動詞句の外側の主語位置に移動している．つまり, (5b) の時点で「雨」は「さえ」の構文法的作用域の外側に移動しているため, (5b) は (4) の作用域外移動の制約に違反していることになる．しかし, (5b) は文法的な (2a) の「雨が降りさえした」の統語構造であるため, 高見・久野の分析では文法的な (2a) も誤って排除されてしまうことになる．

　このように, 高見・久野 (2006) の分析は妥当性に欠けることがわかる．次節では, 高見・久野 (2006) を修正した高見・久野 (2008) の分析にも問題があることを示す．

23.1.2.　高見・久野 (2008) の分析とその問題点

　前節で指摘した問題点を受け, 高見・久野 (2008) では, 高見・久野 (2006) で仮定した (5) の統語構造および派生を (7) のように修正している．[2]

(7) a.　基底構造：「さえ」の文への付加[3]
　　　　[$_S$ [[$_S$ e [$_{VP}$ 雨 降り]] さえ] した]
　　b.　「雨」の主語位置への移動
　　　　[$_S$ [[$_S$ 雨が$_i$ [$_{VP}$ t_i 降り]] さえ] した]
　　　（作用域外移動の制約違反なし）

---

[2] 23.1.1 節の内容は畠山・本田・田中 (2007) に掲載したものであるが, そこでの指摘を受け, 高見・久野 (2008: 60) は (5) の統語構造および派生が間違いであったことを認め, 以下のように述べている．

　　……文ではなく動詞句「雨　降り」に「さえ」が付加されている構造を示し, 作用域外移動の制約違反が [(5b)] ではなく [(5c)] で起こっていると主張したことは大変な間違いであったことを認めなければならない．

[3] 高見・久野 (2008) では, S や VP の標示が括弧 (bracket) の後ろに置かれているが, 本章では慣例に従い括弧の前に置いている．

c. 「雨が」が「さえ」の構文法的作用域の外に移動
   [S [雨が]$_i$ [S t_i [VP t_i 降り]] さえ] した]
   (作用域外移動の制約に違反)
d. 動詞句前置規則の文への適用
   *[[S t_i [VP t_i 降り]] さえ]$_j$ [S [雨が]$_i$ t_j した]

(5) と (7) の違いは「さえ」の統語構造上の位置にある．前節で見たように，高見・久野 (2006) では，「さえ」が動詞句 (VP) に付加している (5a) の統語構造が仮定されていた．これに対して，高見・久野 (2008) では，(2a) の「雨が降りさえした」に「さえ」が主語の「雨が」にかかる読み (=「雨さえ降った」) があることから，「さえ」が文 (S) に付加している (7a) の統語構造を仮定している．この構造においては，(7b) のように「雨」は主語位置に移動しても，「さえ」にc統御される．よって，(7b) は (4) の作用域外移動の制約に違反しない．しかし，(7c) の場合は，「雨が」は文頭位置に移動しているため，「さえ」の構文法的作用域から外れてしまう．よって，(7c) は (4) の作用域外移動の制約に違反するため，この過程を経て派生した (7d) は不適格となる．このように，高見・久野では，(2b) の「*降りさえ雨がした」の不適格性は「雨が」が「さえ」の構文法的作用域の外に移動することによるとされている．

以上が高見・久野 (2008) の分析の概要であるが，この分析では，次の2点が問題となる．

(i) 「さえ」が文 (S) に付加するという仮定の妥当性
(ii) (4) の作用域外移動の制約の経験的・理論的妥当性

まず，「さえ」が文に付加するという仮定の妥当性から見ていく．過去の研究において，「さえ」のようなとりたて詞は，VやNPなど，さまざまな範疇に付加できるとされている．しかしながら，高見・久野 (2008) のように，「さえ」が文に付加するという仮定はこれまでなされていない (青柳 (2008) 参照)．事実，(8) にあるように，「さえ」はSに付加することはできない．

(8) *[S [S 雨が降った] さえ] と言った．
    (cf. [S′ [S′ 雨が降ったと] さえ] 言った．)

第 23 章　日本語の動詞句前置構文の分析をめぐって　　253

また，高見・久野 (2008: 58) では，「さえ」が文全体に付加されるという主張に関して，「「文全体」といっても，「さえ」が動詞の連用形につくため，時制辞は含まれない」という注釈を加えている．「時制辞が含まれない文」とは，通常は動詞句 (VP) のことを指すが，高見・久野の分析では「さえ」がVP に付加する構造は否定されている．よって，主語位置を含み，S (=IP) より小さく VP より大きい範疇を仮定する必要がある．しかし，そのような構造を成り立たせるためには新たな範疇の仮定が必要であり，その場合にはその範疇の存在を仮定する独立した根拠を示す必要がある．このように，「さえ」が文に付加するという高見・久野の仮定には問題があると思われる．

次に，(4) の作用域外移動の制約の妥当性について見ていく．もう一度，作用域外移動の制約に違反する (7c) と (7d) を以下に再掲する．

(7) c.　「雨が」が「さえ」の構文法的作用域の外に移動
    [s [雨が]$_i$ [s t_i [vp t_i 降り]] さえ] した]
    (作用域外移動の制約に違反)
　　d.　動詞句前置規則の文への適用
    *[[s t_i [vp t_i 降り]] さえ]$_j$ [s [雨が]$_i$ t_j した]

(7c) では，「雨が」は文頭位置に移動している．この移動は「雨が」を「さえ」の構文法的作用域（つまり，「さえ」が構造上 c 統御する領域）から外してしまうため，(4) の作用域外移動の制約に違反する．よって，この過程を経て派生した (7d) は不適格となると仮定されている．ここで，(7c) で仮定されている作用域外移動について考えてみる．上述したように，(2a) の「雨が降りさえした」には，「雨さえ降った」という「主語さえ」の解釈が可能であるため，(4) の作用域外移動の制約により，「雨が」は「さえ」の構文法的作用域の内部になければならない．よって，(7c) の「雨が」の移動は義務的な移動ではあり得ない．なぜなら，もし義務的であるのなら，「雨が」は常に「さえ」の構文法的作用域の外に出ることになり，文法的な (2a) までも誤って非文だと予測してしまうからである．さらに，(7c) の「雨が」の移動は任意の移動とも考えられない．たしかに，日本語にはスクランブリングのような任意の移動があるが，スクランブリングには，主語のスクランブリングや語順が変わらない空虚なスクランブリング (vacuous scrambling) は禁止されるといった特徴がある (Saito (1985), Hoji (1985) 等参照)．しかし，

(7b) に示したように，(7c) の「雨が」は主語であることや，移動した結果，(7c) の語順が (7b) の語順と変わっていないことから，「雨が」の移動はスクランブリングとは考えられない．このように，(7c) の「雨が」の作用域外移動は義務的な移動とも任意の移動とも考えられないため，(7d) の不適格性を説明するためだけに仮定されたアドホックな操作であるといえる．よって，(4) の作用域外移動の制約は理論的妥当性を欠くといえる．

さらに，(4) の作用域外移動の制約は経験的にも問題がある．(4) の作用域外移動の制約は，「さえ」の作用域（=c 統御領域）にあるものが作用域の外に移動することを禁止したものである．しかし，これまでの研究では，作用域（=焦点）は表示レベル（または派性の段階）で焦点化要素が何を c 統御しているかで決定されると仮定されている（Jackendoff (1972) 等参照）．次の対比を見てみよう．

(9) a. John only [put salt on the potatoes].
　　b. On the potatoes, John only put salt.

(9) では，「さえ」と同じく焦点化要素である only が使われているが，(9a) では only は VP 全体を c 統御しているため，前置詞句の on the potatoes も焦点になる．しかし，(9b) にあるように，only の焦点要素である on the potatoes は話題化により文頭に前置することができる（=only の作用域の外に移動できる）が，この場合，only が on the potatoes にかかる読みは出ない．このことから，作用域にあるものが作用域の外に移動してはいけないということではなく，むしろ，移動した結果，作用域から外れる解釈が得られる（=焦点化されなくなる）ことがわかる．このように，(4) の作用域外移動の制約は経験的にも妥当性を欠くといえる．

以上のことから，(4) の作用域外移動の制約に基づく高見・久野（2006）および高見・久野（2008）の両分析は，経験的にも理論的にも妥当性に欠けることがわかる．

23.2. 代案

本節では，動詞句前置構文が単一構成素移動制約および適正束縛条件から捉えられることを示す．

23.2.1. 単一構成素移動制約

まず，動詞句前置が許されない (6b)（以下，(10b) として再掲）から見ていく．

(10) a. 太郎がリンゴを食べさえした．（=(1a)）
  b. *食べさえ太郎がリンゴをした．

(10a) には「リンゴさえ食べた」という解釈が得られることから，「さえ」は VP に付加していると考えられる．このことを念頭に置いて，(10a) および (10b) の派生を考えてみよう．まず，動詞句内主語仮説を仮定すると，(10a) の「太郎が」は，(11a) のように動詞句内に基底生成された後，(11b) のように IP の指定部（主語位置）へ移動すると考えられる．

(11) a. [$_{VP}$ [$_{VP}$ 太郎がリンゴを食べ] さえ] した．
  b. [$_{IP}$ 太郎が$_i$ [[$_{VP}$ t_i リンゴを食べ] さえ] した]

(11b) で「太郎が」は EPP を満たすために IP の指定部へ移動するが，これは動詞句の外側に移動することになるため，「太郎が」は「さえ」の作用域から外れる．事実，(10a) には「太郎さえリンゴを食べた」という解釈は得られない．この (11b) にさらに「食べさえ」の前置が起こると (10b) の動詞句前置構文が得られる．つまり，(10b) の派生は (12) のようになる．

(12) *食べさえ [$_{IP}$ 太郎が$_i$ [$_{VP}$ [$_{VP}$ t_i リンゴを食べ] さえ] した]

(12) にあるように，「さえ」は VP（「リンゴを食べ」）に付加しているため，「食べ」と「さえ」は構成素をなしていない．一般に構成素をなさないものは移動できないという単一構成素移動制約があるため，非構成素の「食べさえ」が移動している (12) の派生は許されない．このように，(10b) の動詞句前置構文の非文法性は移動全般に適応される単一構成素移動制約で説明できる．[4]

---

[4] Kishimoto (2001) は「さえ」などの副助詞は動詞に直接付加されていると仮定しているが，その場合でも，(10b) の非文法性は説明できる．まず，この仮定に立つと，「食べさえ」は V である．つまり，「食べさえ」は主要部であることになる．一方，動詞句前置はス

23.2.2. 適正束縛条件

次に，動詞句前置が許される (1b) について見ていく (以下，(1) を再掲).

(1) a. 太郎がリンゴを食べさえした.
　　b. リンゴを食べさえ太郎がした.

前節で見たように，(1a) の統語構造は (11b) のようになる.

(11) b. [IP 太郎が$_i$ [VP [VP t_i リンゴを食べ] さえ] した]

この (11b) にさらに「リンゴを食べさえ」の前置が起こると (1b) の動詞句前置構文が得られるが，(11b) の「リンゴを食べさえ」は構成素をなすため，(13) のように文頭に移動しても単一構成素移動制約に違反しない.

(13) [VP [VP t_i リンゴを食べ] さえ]$_j$ [IP 太郎が$_i$ t_j した] (cf. (12))

しかし，(13) では前置された VP 内の痕跡 t_i が「太郎」によって c 統御されていない (=束縛されていない). そのため，(13) は (14) の適正束縛条件 (Proper Binding Condition) の違反により，誤って排除されてしまう (cf. Fiengo (1977)).

(14) 痕跡は束縛されていなければならない.

しかし，(14) ではなく，痕跡の種類を考慮に入れた (15) の適正束縛条件を仮定すれば，(13) は適正束縛条件の違反で排除されることはない (Müller (1996: 375)).

(15) Unambiguous Domination :
　　　An α-trace must not be α-dominated.
　　　('α-trace': a trace with an antecedent in a position of type α;

クランブリングと考えられるが，スクランブリングは一般に IP に付加する移動であり，IP に付加できる要素は最大投射に限られると考えられている．よって，主要部である「食べさえ」をスクランブリングで文頭に前置すると非文になる．「さえ」が動詞句と動詞のどちらに付加するかは本分析の主題ではないため議論はしないが，この問題は理論的に興味深いだけではなく，新たな現象やデータの発見にもつながる可能性がある．

'α-dominated': dominated by a category in a position of type α)

(15) の適正束縛条件に基づくと，移動した構成素の中に束縛されていない痕跡が含まれていても，構成素の移動とは異なるタイプの移動によってつくられた痕跡である場合には適正束縛条件の違反にならない．このことを念頭において，(13) をもう一度見てみよう．前節で見たように，(13) の主語の「太郎」の移動は EPP を満たすための義務的な移動であり，スクランブリングのような任意の移動ではない．つまり，(13) の前置 VP 内にある「太郎」の痕跡 t_i はスクランブリングによって生じた痕跡ではない．一方，VP の「リンゴを食べさえ」の文頭への移動は一般にスクランブリングであると考えられているため，(13) の前置 VP にはスクランブリングとは異なるタイプの移動（＝義務的な主語移動）の痕跡が含まれていることになる．よって，(13) は (15) の適正束縛条件に違反しないため，(1b) の動詞句前置構文が文法的であることが適切に捉えられる．

　動詞句前置構文が (15) の適正束縛条件によって適切に捉えられることは，(16c) の動詞句前置構文が非文であることからも支持される（説明の便宜上，構造を簡略化し，主語の「太郎」の痕跡も省略してある）．

(16) a. [$_{IP}$ 太郎が [$_{VP}$ リンゴを食べさえ] した]　(= (11b))
　　 b. リンゴを$_i$ [$_{IP}$ 太郎が [$_{VP}$ t_i 食べさえ] した]
　　 c. *[$_{VP}$ t_i 食べさえ]$_j$ [$_{IP}$リンゴを$_i$ [$_{IP}$ 太郎が t_j した]]　(cf. (13))

まず，(16a) の「リンゴを」をスクランブリングして文頭に移動させると (16b) が得られる．さらに，(16b) の VP ([$_{VP}$ t_i 食べさえ]) をスクランブリングして文頭に移動させたのが (16c) の動詞句前置構文である．(16c) の場合，スクランブリングで文頭に移動した VP の中に，スクランブリングでできた「リンゴを」の痕跡 t_i が含まれている．つまり，(16c) の前置 VP は同じタイプの移動（＝スクランブリング）による痕跡を含むため，(15) の適正束縛条件に違反する．よって，(16c) は非文となる．

　このように，(15) の適正束縛条件は文法的な (1b) の動詞句前置構文も非

文法的な (16c) の動詞句前置構文もともに説明できる。[5] 次節では，非対格動詞を含む動詞句前置構文の文法性も単一構成素移動制約および (15) の適正束縛条件で説明できることを示す．さらに，非対格動詞が現れる場合は，(音形のない) 虚辞の有無によって動詞句前置構文の文法性に差が出ることも示す．

23.3. 非対格動詞を含む動詞句前置構文

もう一度，(2) の例を見てみよう．

(2) a. 雨が降りさえした．
    b. *降りさえ雨がした．

まず，(2a) の統語構造から見ていく．23.2.1 節で見たように，生成文法では一般に，主語の IP の指定部への移動は EPP を満たすための義務的な移動であると考えられているが，EPP の満たし方は大きくわけて 2 通りある．

(17) a. IP の指定部への主語の移動
        [$_{IP}$ John$_i$ [$_{VP}$ t_i ate an apple]]
     b. IP の指定部への虚辞の挿入
        [$_{IP}$ It [$_{VP}$ rained]] / [$_{IP}$ There [$_{VP}$ arrived a man at Narita airport]]

(17) にあるように，英語では，EPP は主語移動だけではなく，虚辞の it や there の挿入によっても満たされる．日本語には英語の it や there のような

---

[5] (15) の適正束縛条件は (i) のような例も説明できる．

(i) a. 花子が[太郎にリンゴを 2 つ t_v] と [次郎にバナナを 3 本 t_v] あげた (こと)
    b. [[太郎にリンゴを 2 つ t_v] と [次郎にバナナを 3 本 t_v]]$_i$ 花子が t_i あげた (こと)

Koizumi (2000) が指摘しているように，(ia) では等位節内の動詞「あげ (た)」が，全域的 (across-the board) に上位の主要部に移動している．よって，等位節内に残された痕跡は主要部移動によってできた痕跡であるため，その痕跡を含む等位節は (主要部移動とは別の種類の移動である) スクランブリングが可能であることが予測される．事実，(ia) の等位節をスクランブリングした (ib) は文法的である．なお，(14) の適正束縛条件は，束縛されない痕跡がある場合には，その痕跡の種類にかかわらず一律に排除してしまうため，(ib) は (14) の適正束縛条件では誤って排除される．

第 23 章　日本語の動詞句前置構文の分析をめぐって　　259

音形のある虚辞は存在しないが，日本語にも音形のない虚辞が存在すると考えられている (cf. Takahashi (1996))．次の例を見てみよう（pro$_{EXP}$ は音形のない虚辞を表す）．

　(18) a.　pro$_{EXP}$ しぐれた．
　　　b.　pro$_{EXP}$ 吹雪いた．

(18) のような自然現象を表す非対格動詞には，音形のある主語は現れない．しかし，EPP は満たされなければならないため，(18) では英語の it に対応する音形のない虚辞（=pro$_{EXP}$）が IP の指定部に挿入されていると考えられる．

　この仮定に基づくと，(2a) も自然現象を表す非対格動詞「降る」を含んでいるため，(18) のように，IP の指定部には pro$_{EXP}$ が存在すると考えられる．よって，(2a) の統語構造は (19) になる．

　(19)　[$_{IP}$ pro$_{EXP}$ [$_{VP}$ [$_{VP}$ 雨が 降り] さえ] した]

(19) では，EPP は IP の指定部の pro$_{EXP}$ によって満たされているため，「雨が」は IP の指定部に移動することなく VP 内にとどまっている．つまり，(19) では主語移動が起きていないことになる．この (19) にさらに「降りさえ」の前置が起こると (2b) の動詞句前置構文が得られる．つまり，(2b) の派生は (20) のようになる．

　(20) *降りさえ [$_{IP}$ pro$_{EXP}$ [$_{VP}$ [$_{VP}$ 雨が 降り] さえ] した]

(20) では，構成素をなしていない「降りさえ」が文頭に移動している．そのため，(20) は構成素をなさないものの移動を禁止する単一構成素移動制約に違反する（23.2.1 節参照）．このように，(2b) の非文法性は単一構成素移動制約で捉えることができる．

　同様の説明が自然現象を表す非対格動詞を含む動詞句前置構文全般に当てはまる．以下，代表例を示す．

　(21) a.　*積もりさえ雪がした．
　　　b.　*吹きさえ風がした．

本分析に基づくと，(21a) と (21b) の基底構造はそれぞれ (22a) と (22b) になる．

(22) a. [IP pro_EXP [VP [VP 雪が積もり] さえ] した]
　　 b. [IP pro_EXP [VP [VP 風が吹き] さえ] した]

(22) では IP の指定部に pro_EXP が入っているため，(22a) の「雪が」と (22b) の「風が」はともに IP の指定部に移動することなく VP 内にとどまっている．そのため，(22a) の「積もりさえ」と (22b) の「吹きさえ」を前置すると，それぞれ (23a) と (23b) のようになる．

(23) a. *積もりさえ [IP pro_EXP [VP [VP 雪が積もり] さえ] した]
　　 b. *吹きさえ [IP pro_EXP [VP [VP 風が吹き] さえ] した]

(23a) と (23b) はそれぞれ (21a) と (21b)の派生を表すが，(23a) の「積もりさえ」と (23b) の「吹きさえ」はともに構成素をなしていないにもかかわらず，文頭に移動している．そのため，(23) は単一構成素移動制約に違反するため，(21) は非文となる．このように，(21) の非文法性は，(2b) と同じく，単一構成素移動制約で捉えることができる．

また，本分析は (24) の動詞句前置構文の非文法性も捉えることができる．

(24) a. *いさえ（その川に）魚がした．
　　 b. *成田空港に着きさえ男がした．

(17b) で見たように，英語では，arrive などの存在や出現を表す動詞とともに虚辞の there が現れることから，日本語の「いる」や「着く」などの存在や出現を表す動詞の場合にも虚辞の pro_EXP が現れると仮定できる．よって，(24a) と (24b) はそれぞれ (25a) と (25b) の基底構造をもつ．

(25) a. [IP pro_EXP [VP [VP （その川に）魚がい] さえ] した]
　　 b. [IP pro_EXP [VP [VP 男が成田空港に着き] さえ] した]

(25) では，EPP は IP の指定部にある pro_EXP によって満たされているた

め，(25a) の「魚が」と (25b) の「男が」は IP の指定部に移動することなく VP 内にとどまっている．そのため，(25a) の「いさえ」と (25b) の「着きさえ」を前置すると，それぞれ (26a) と (26b) のようになる．

(26) a. *いさえ [IP proEXP [VP [VP (その川に) 魚が~~い~~ さえ] した]

b. *成田空港に着きさえ [IP proEXP [VP [VP 男が成田空港に着き] さえ] した]

(26a) と (26b) はそれぞれ (24a) と (24b) の派生を表すが，(26a) の「いさえ」と (26b) の「成田空港に着きさえ」はともに構成素をなしていないにもかかわらず，文頭に移動している．そのため，(26) は単一構成素移動制約に違反するため，(24) は非文となる．このように，(24) の非文法性は，(2b) および (21) と同じく，単一構成素移動制約で捉えることができる．

さらに，本分析は高見・久野 (2006: 30) であげられている (27) の動詞句前置構文の文法性も説明できる．

(27) a. [小石につまずいて転びさえ] 太郎がした．
b. [クラスで最下位に下がりさえ] 太郎がした．
c. [気分的に奈落の底に落ち込みさえ] 太郎がした．

(27) の動詞句前置構文に現れている「転ぶ」「下がる」「落ち込む」はすべて非対格動詞であるが，自然現象を表す動詞でも存在や出現を表す動詞でもない．よって，(2b) や (24) のような動詞句前置構文とは異なり，IP の指定部に虚辞 proEXP が挿入されることはない (cf. (19) および (25))．つまり，(27) では，EPP を満たすために主語が義務的に IP の指定部へ移動することになる．代表例として，(27a) の派生を以下に示す．

(28) a. [IP 太郎が_i [VP [VP t_i 小石につまずいて転び] さえ] した]
b. [VP [VP t_i 小石につまずいて転び] さえ]_j [IP 太郎が_i t_j した]

(28a) にあるように，「太郎が」は動詞句内に基底生成された後，EPP を満たすために IP の指定部へ移動する．(28a) の「小石につまずいて転びさえ」は

構成素をなすため，(28b) の動詞句前置は，(20) や (26) の動詞句前置とは異なり，単一構成素移動制約に違反しない (23.2.1 節参照)．また，(28b) の場合，スクランブリングで文頭に移動した VP の中に，スクランブリングとはタイプが異なる主語移動の痕跡 t_i が含まれている．よって，(28b) は (15) の適正束縛条件にも違反しない (23.2.2 節参照)．このように，(27) の動詞句前置構文は，単一構成素移動制約にも適正束縛条件にも違反しないため文法的となる．

23.4. 理論的意義

本章では，動詞句前置構文に 2 種類の統語制約が関与していることを示した．1 つは非構成素の移動はできないという単一構成素移動制約であり，もう 1 つは (15) の適正束縛条件である．本分析をまとめると (29) のようになる．

(29)

例文番号	単一構成素制約	適正束縛条件	文法性
(2b), (6b), (21), (24)	×	―	×
(16c)	○	×	×
(1b), (27)	○	○	○

(29) にあげてある例文とその構造を以下に示す ((21), (24), (27) に関しては，代表例のみあげてある)．

[非文法的な例]

(2b) *降りさえ雨がした．
　　　降りさえ [IP pro$_{EXP}$ [VP [VP 雨が 降り] さえ] した]　(= (20))

(6b) *食べさえ太郎がリンゴをした．
　　　食べさえ [IP 太郎が$_i$ [VP [VP t_i リンゴを 食べ] さえ] した]　(=(12))

第 23 章　日本語の動詞句前置構文の分析をめぐって　　263

(21) a. *積もりさえ雪がした．
　　　積もりさえ [IP proEXP [VP [VP 雪が 積もり] さえ] した]　（＝(23a)）

(24) b. *成田空港に着きさえ男がした．
　　　成田空港に着きさえ [IP proEXP [VP [VP 男が 成田空港に着き] さえ] した]　（＝(26b)）

(16) c. *[VP t_i 食べさえ]$_j$ [IP リンゴを$_i$ [IP 太郎が t_j した]]

[**文法的な例**]

(1b)　リンゴを食べさえ太郎がした．
　　　[VP [VP t_i リンゴを食べ] さえ]$_j$ [IP 太郎が$_i$　t_j　した]　（＝(13)）

(27) a. [小石につまずいて転びさえ] 太郎がした．
　　　[VP [VP t_i 小石につまずいて転び] さえ]$_j$ [IP 太郎が$_i$　t_j　した]　（＝(28b)）

　まず，(2b), (6b), (21), (24) は前置要素内に痕跡が含まれないため適正束縛条件は適用されないが，単一構成素移動制約に違反するため非文となる．次に，(16c) では前置された VP は構成素であるが，適正束縛条件に違反している痕跡 t_i が含まれているため非文となる．最後に，(1b) と (27) は 2つの制約をともに満たしているため文法的となる．以上のことから，動詞句前置構文は単一構成素移動制約と適正束縛条件の 2 つの統語制約によって統一的に説明できることがわかる．また，本分析に基づくと，日本語にも（音形のない）虚辞が存在する可能性があることになる．このように，自然言語における構成素の重要性を再確認したとともに，虚辞の存在が汎言語的である可能性も示したところに，本分析の理論的意義がある．

第 24 章

項と付加詞の統語的区別の重要性*

　生成文法（GB 理論）では，X バー理論に基づき項と付加詞が統語的に区別されている．具体的にいうと，項と付加詞は異なる階層上の位置を占めていると仮定されている．そして，その構造上の位置の違いによって，項と付加詞のさまざまな振る舞いの違いが説明されてきた．たとえば，(1a) の統語構造は (1b) になる．

(1) a.　the student **of physics** *with long hair*

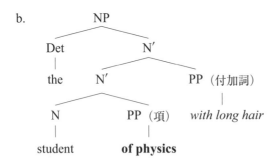

---

*　本章は畠山・本田・田中（2007）および畠山（2012）を改訂したものである．なお，畠山（2012）は執筆過程において，畠山と本田と田中の 3 人で長時間にわたり議論を重ねてきたものであり，実質的には 3 人の共著論文である．

(1b) にあるように，NP は階層構造をなし，項の前置詞句 of physics と付加詞の前置詞句 with long hair は構造上の位置が異なっている（以下，説明の便宜上，項は太字で表し，付加詞は斜字体で表す）．しかしながら，久野 (2006) および久野 (2008) では，過去の生成文法研究で仮定されてきた項と付加詞の統語的区別を批判的に検証した上で，代案として機能的制約を提出している．

本章では，まず 24.1 節で，項と付加詞の統語的区別は不要であるというのが久野 (2006, 2008) の根幹をなす主張であることを明らかにする．次に 24.2 節で，前置詞句の積み重ねに対する久野の機能的説明には一貫性がないことを明らかにした上で，前置詞句の積み重ねには，項と付加詞の統語的区別が関係していることを示す．24.3 節では，前置詞句の相対的位置に対する久野の機能的分析を検証し，前置詞句の相対的位置にも項と付加詞の統語的区別が関係していることを示す．とくに，久野が前置詞句の相対的位置の説明の際に用いている「本質的」という概念の定義や基準が曖昧であることを示す．さらに，データの棲み分けを行った上で，文法性と容認性の関係は関連性理論から捉えられると主張する．24.4 節で，本章のまとめと言語研究の今後の課題について述べる．

24.1. 久野 (2006, 2008) の主張

畠山・本田・田中 (2007) では，久野 (2006) が項と付加詞の統語的区別に関する 9 つの証拠をすべて否定していることに基づき，久野 (2006) の根幹をなす主張は次の (2) であることを明確にした．[1]

(2) 久野 (2006) の主張：項と付加詞の統語的区別は不要である．

これに対し，久野 (2008: 72-73) では，名詞句の階層性は「現代言語学の常識」とまで言い切り，上の (2) のような主張はしていないと反論している．しかし，久野の反論の根拠となっているのは次の (3) だけである（久野

---

[1] 畠山・本田・田中 (2007) および久野 (2006) はともに『言語』に掲載された上巻と下巻からなる論文であるため，以下で引用箇所を記す際には上巻を a，下巻を b と表す．なお，両者の区別が必要ない場合は，a および b の表記は省略する．

(2006b: 84) 参照).

(3) 付加詞の前置詞句の中の代名詞は，主語照応の解釈を許すが，項の前置詞句の中の代名詞は，主語照応の解釈を許さない．

久野 (2006b: 90, 注 9) は，(3) の代名詞の主語照応に関して，「項・付加詞前置詞句の非対称性を示す，現時点でまだつぶされていない主張の唯一のものかもしれない」と述べている．つまり，名詞句の階層性は現代言語学の常識とまでいっておきながら，久野が名詞句の階層性の証拠としてあげているのは (3) だけであることがわかる．[2]

しかし，(3) の主張には問題がある．まず，久野 (2006b: 84) で出された (4) の例を見てみよう．

(4) a. John$_i$ pointed to a book *near him$_i$*. (付加詞)
　　b. *John$_i$ pointed to a book **about him$_i$**. (項)

(4) のデータに対し，久野は (5) のような仮説を提出している (久野 (2006b: 90, 注 9))．

(5) 人称代名詞の主語照応：
形容詞的用法の前置詞句 [P X] の X 位置の人称代名詞は，その前置詞句が主要部名詞の付加詞であれば，文の主語照応の解釈を持ち得るが，項である場合には，主語照応の解釈を持ち得ない．

つまり，久野では (4a) と (4b) の文法性の差を，項と付加詞の統語的区別に求めていることがわかる．ここで，もし仮に (4a) と (4b) がそれぞれ (6a) と (6b) のような構造上の違いがあるのであれば，項と付加詞の統語的区別が重要である根拠となる．

---

[2] 久野・高見 (2007) の中でも (3) の内容が再録されている．

第 24 章　項と付加詞の統語的区別の重要性　　　267

(6)
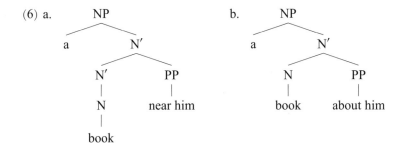

ところが，久野では (4a) の統語構造として，(6a) ではなく (7) を想定している．

(7)
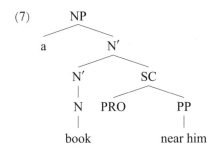

ここで注意すべきことは，上の (7) の統語構造では，PP の near him は SC (Small Clause) 内にあり，N′ に付加していないということである．つまり，主要部名詞の book の付加詞の位置に PP の near him がきていないことになる．よって，(7) の統語構造は (5) の「前置詞句が主要部名詞の付加詞であれば，文の主語照応の解釈を持ち得る」という記述と合っていないといえる．そのため，久野の分析では，「PP を直接支配する SC が N′ の姉妹位置にある場合，その PP も主要部名詞の付加詞となる」という仮定を新たに付け加えなければならない．

　さらに，生成文法においては，(4) のような束縛関係は項と付加詞の非対称性からではなく，統率領域の違いから捉えられている．次の例を見てみよう (Haegeman (1991: 218))．

(8) a. They$_i$ saw a snake *near them$_i$*.
　 b. They$_i$ saw a snake *near themselves$_i$*.

(8) にあるように，付加詞の位置にある前置詞 near の目的語として，代名詞の them も再帰代名詞の themselves も可能である．このように，同じ付加詞の位置にあっても異なる束縛関係が成り立つことから，束縛関係は項と付加詞の違いからではなく，統率領域の違いから説明が試みられている．

　以上のことから，久野が唯一の証拠としてあげた代名詞の主語照応は，項と付加詞の統語的区別の必要性を示す証拠とはならないことがわかる．つまり，久野 (2006a: 82) は「本稿は，[エックス・バー理論の] この基本原理に異議を唱えるものではない」としているが，項と付加詞の統語的区別が必要であるという証拠を1つも示さずに，機能的代案のみ提出していることになる．よって，久野 (2006) の主張は，項と付加詞の統語的区別は不要であるという (2) の主張になると結論できる．久野が (2) を否定するためには，項と付加詞の統語的区別の必要性を示す証拠を1つでも提出しなければならない．そうでなければ，何の根拠もなくXバー理論を仮定していると考えざるを得なくなる．

　久野 (2008: 82) では「間違ったメカニカルなジェネラリゼーションを是正することを常に心がけてきた」と述べられている．これは，何でも統語論で説明しようとする生成文法の行き過ぎを批判したものと受けとれるが，実は，久野の分析自体が何でも機能論で説明しようとしている行き過ぎに陥っている．しかしながら，妥当性のある文法理論を構築するためには反例を出すだけではなく，問題の所在を明確にし，どのレベルで説明するのかという棲み分けが重要となってくる．[3]

　以下では，この棲み分けという観点から，久野 (2006, 2008) の反論と機能的分析を詳しく検証していく．具体的な現象としては，項と付加詞の統語的区別が顕著に現れる「前置詞句の積み重ね」と「前置詞句の相対的位置」の2つをとりあげる．

---

[3] この点については，第23章「日本語の動詞句前置構文の分析をめぐって」も参照．

24.2. 前置詞句の積み重ね

本節では，前置詞句の積み重ねに関する久野 (2006, 2008) の機能的分析を検証していく．とくに，久野の機能的説明には一貫性がないことを明らかにする．

24.2.1. 機能的分析の検証

前置詞句の積み重ねについて，生成文法では (9) の主張がなされてきた．[4]

(9) 前置詞句の積み重ね：
付加詞の前置詞句は積み重ねが可能であるが，項の前置詞句は積み重ねが不可能である．

(9) の制約は (10) のような対比を捉えることができる．

(10) a. the student *with long hair in the corner*
b. *the student **of physics of chemistry**

(9) の制約に基づくと，文法的な (10a) では with long hair と in the corner がともに付加詞であるため，積み重ねが可能であると説明される．これに対して，非文法的な (10b) では of physics と of chemistry がともに項であるため，積み重ねが不可能であると説明される．

この統語的分析に対し，久野 (2006b: 82) は (10b) が非文法的な理由を次の (11) の制約で説明している．

(11) 意味的に矛盾する前置詞句を積み重ねてはいけない．

(11) に基づくと，(10b) が非文法的なのは意味的に矛盾している前置詞句 (of physics と of chemistry) を積み重ねているからであると説明される．このことを支持する証拠として，久野は (12) の例をあげている．

---

[4] (9) および (10) の例は久野 (2006b: 81) から引用している．なお，久野では Radford (1988) および Carnie (2002) が参照されている．

(12) *the student *with long hair with short hair*

(12) は付加詞の前置詞句 (with long hair と with short hair) の積み重ねであるが,「長い髪をしていて, かつ短い髪をしている学生」というのは意味的に矛盾するため, 不適格となる. このように, (11) の制約は付加詞の前置詞句であっても意味的に矛盾する場合は積み重ねができないことを捉えることができる.

しかし, (10b) の不適格さも (12) と同じく意味的矛盾によるものなのだろうか. 物理学を専攻しかつ化学を専攻している学生が, 学際化の進む今の時代に皆無だとはいいがたい. 実際, (10b) の項の前置詞句を等位接続した (13) は文法的である (Radford (1988: 190)).

(13) a student **of physics** and **of chemistry**

一方, (12) の付加詞の前置詞句は等位接続しても (14) のように非文法的なままである.

(14) *a student *with long hair* and *with short hair*
(cf. a student *with long hair* and *with short arms* (Radford (1988: 190)))

このことから, (12) の不適格さが (11) の意味的矛盾によるものだとしても, (10b) の不適格さも同じ要因であるとは考えられない. よって, (10b) の不適格さは項の前置詞句を積み重ねてはいけないという (9) の統語制約の違反によるものといえる.

この問題を畠山・本田・田中 (2007) で指摘されたことを受け, 久野 (2008) は (11) の制約ではなく,「サブセット」なる新たな用語を含む (15) のような制約を用いて (10b) を説明している.

(15) [N PP1 PP2] の積み重ねパターンは, [N PP1] のサブセットとして PP2 が成立する場合に適格となる.

ここで, 説明の便宜上, (10b) を (16) のように図示する.

(16) *[$_{NP}$ the [$_N$ student] [$_{PP1}$ **of physics**] [$_{PP2}$ **of chemistry**]]

(15) を仮定すると，(16) が適格であるためには，[N PP1] の student of physics のサブセットとして PP2 の of chemistry が成立しなければならない．しかし，久野 (2008: 77) によると，「いくら学際化が進んでも，化学が物理学の一部であるというようなことはない」ため，(16) においては，PP2 の of chemistry が [N PP1] の student of physics のサブセットにはならない．ゆえに，(16) は不適格になると説明されている．

しかし，(15) の制約では (10a) が説明できない．(10a) は (17) のように図示される．

(17) [$_{NP}$ the [$_N$ student] [$_{PP1}$ *with long hair*] [$_{PP2}$ *in the corner*]]

(15) を仮定すると，(17) が適格であるためには，[N PP1] の student with long hair のサブセットとして PP2 の in the corner が成立しなければならない．しかし，曲がり角（の学生）が長い髪（の学生）の一部であるということはありえない．よって，(17) では，PP2 の in the corner が [N PP1] の student with long hair のサブセットにならないため，(15) の制約に違反する．しかし，(17) は適格であるため，(15) の制約では (10a) が文法的であることを説明できない．よって，(15) の制約は妥当性に欠けるといえる（サブセットに関しては，24.2.2 節でもう一度とりあげる）．

このように，久野の機能的分析は適格性の条件を後付けした説明となっていることがわかる．[5] このような状況では，有意義な批判的検討ができないばかりでなく，機能的分析を正しく理解することさえ困難になってしまう．久野 (2008: 85) では「「定義や基準を明確にしていない」という類いの批判は，他に反論の術がない学者たちがよく使う常とう手段である」と述べてい

---

[5] 本章ではとりあげなかったが，久野・高見 (2007: 33) では，前置詞句の積み重ねに関して「同じ意味カテゴリー」という概念を用いた (i) の制約が提出されている．

(i) 形容詞的前置詞句の積み重ねに関する意味的制約：
同じ意味カテゴリーに属する形容詞的前置詞句は，積み重ねることができない．

つまり，久野の機能的分析では，前置詞句の積み重ねに関して，「意味的矛盾」(=(11))，「同じ意味カテゴリー」(=(i))，「サブセット」(=(15)) の 3 つの概念が用いられている．しかし，この 3 つの概念のつながりは明確にされていない．このことからも，久野が前置詞句の積み重ねに関して統一的な機能的制約を与えていないことがわかる．

るが，本節で示したように，定義や基準が曖昧でいくらでも後付けができるような概念を用いていたのでは，建設的な議論ができない．統語論と機能論が補う形で理論を構築することを目指すなら，久野はこの定義や基準が曖昧であるという問題に真摯に向き合う必要がある．その上で，さらに重要になってくるのがデータの棲み分けである．もう一度，前置詞句の積み重ねに関する (9) の統語制約を見てみよう．

(9) 前置詞句の積み重ね：
付加詞の前置詞句は積み重ねが可能であるが，項の前置詞句は積み重ねが不可能である．

(9) の制約に基づくと，付加詞の前置詞句は積み重ねが可能である．よって，付加詞の前置詞句が積み重なっている (12) は統語的には許される ((12) を以下に再掲)．

(12) *the student *with long hair with short hair*

そのため，(12) が不適格であるのは意味的に矛盾しているからであると考えられる．このように，データの棲み分けにより，文の不適格さが統語的な理由によるのか，意味的・機能的な理由によるのかを見極めることができる．

次節では，久野 (2006, 2008) で出された反例について検証していく．

24.2.2. 反例の検証

久野 (2008: 73) は，「私たちはこれまでの仮説に対して反例を提示したあと，その反例も含めて様々な例を検証し，その説明を提示している」と主張している．畠山・本田・田中 (2007) はこの久野の主張を否定しているのではなく，反例が本当に反例になっているのかという検証が不十分であることを指摘している（この点に関しては前節も参照）．反例は久野の機能的分析の出発点にあたるため，反例が妥当性を欠く場合，後の議論も妥当性を欠くことになる．以下では，久野 (2006, 2008) で出された反例について検証していく．

通常，ある仮説なり制約に対し反例を出す場合，弱い反例と強い反例とがある．もう一度，前置詞句の積み重ねに関する (9) の統語制約を見てみよう．

第 24 章　項と付加詞の統語的区別の重要性

(9) 前置詞句の積み重ね：
　　付加詞の前置詞句は積み重ねが可能であるが，項の前置詞句は積み重ねが不可能である．

ここで，この制約に対する弱い反例と強い反例をまとめると，次のようになる．[6]

(18) i. 付加詞の前置詞句の積み重ねはできる．
　　　　→ <u>付加詞なのに前置詞句の積み重ねができない</u>．　　（**弱い反例**）
　　ii. 項の前置詞句の積み重ねはできない．
　　　　→ <u>項なのに前置詞句の積み重ねができる</u>．　　　　　（**強い反例**）

まず，(18) の (i) から見ていく．久野は，付加詞の前置詞句の積み重ねはできるという (18) の (i) の統語制約に対し，付加詞の前置詞句なのに積み重ねができない (12) の例を反例としてあげている（(12) を以下に再掲）．

(12) *the student *with long hair with short hair*

しかし，前節で見たように，(12) の例は意味的におかしいのであって，構造的に付加詞の前置詞句の積み重ねができないことを必ずしも示していない．ゆえに，弱い反例となる．このように，弱い反例の場合，その不適格さが統語論の問題なのか，意味論・機能論の問題なのかといった，問題の所在を明確にすることが重要になる．

　次に，(18) の (ii) を見てみよう．この場合，項の前置詞句の積み重ねはできないというように，統語論では許されない構造を規定している．そのため，項の前置詞句の積み重ねができるという反例は，統語的に許されない構造ができてしまうため強い反例となる．この強い反例の場合にこそ，反例そのものの検証が必要となるが，この点において久野の分析には不備がある．

　具体的に見ていこう．まず，積み重ねという場合，語順のことではなく，構造上のことであり，次の (19) の句構造規則から導かれる（(20) は (19) を図式化したもの）．

---

[6] なお，(妥当な) 反例は理論の発展につながる可能性がある．この点に関しては 24.3.3 節を参照．

(19) i.　N′ → N PP：項 (PP) は N を N′ へと投射する．
　　 ii.　N′ → N′ PP：付加詞 (PP) は繰り返し N′ を N′ へと投射できる．

(20) i.　N→N′ の投射　 (= (19i))　　　ii.　N′→N′ の投射　 (= (19ii))

(20) の (i) にあるように，項 (PP) の場合は N と一緒になると N′ に投射され，それ以上繰り返しができない．一方，(20) の (ii) にあるように，付加詞 (PP) の場合は，N′ と一緒になるとさらに N′ へ投射されるため，何回でも繰り返しが可能である．この構造上の繰り返しが積み重ねである．よって，(9) の制約で禁止されている項の前置詞句の積み重ねを図式化すると，次のようになる．

(21)　禁止されている項の積み重ね構造：

(21) は N が何度も投射する構造 (= 項の積み重ね) であるため，(9) の制約によって禁止されている．

　このことを念頭において，久野 (2008: 75) であげられている反例を検証してみよう．

(22)　the assignment [**of the newly hired teachers**] [**to the upper-level classes**]

久野は，(22) で名詞句 the assignment の後に続く 2 つの前置詞句 (of the newly hired teachers と to the upper-level classes) が項であることの証拠と

して，X′ 理論で用いられている動詞句との平行性をあげている．

(23) They assigned [the newly hired teachers][to the upper-level classes]

(23) にあるように，動詞 assign は項を 2 つとる．よって，その動詞句を名詞句にした (22) の 2 つの前置詞句は項であることになる．

　久野 (2008: 77) は，「畠山らは，制約 [(9)] の反例 [(22)] をどう処理するかについて，一言も触れていない」と述べているが，そもそも (22) は項の前置詞句が積み重なっている構造をしていない．議論をわかりやすくするために，三叉構造を仮定して，(23) の動詞句の構造とその名詞句である (22) の構造を簡略化して書くと，次のようになる．

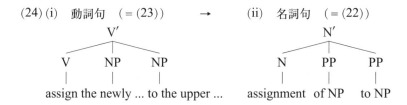

上述したように，X′ 理論では名詞句の構造は動詞句の構造との平行性から捉えられることから，(22) の名詞句は (24) の (ii) の構造をしていることになる (cf. (24) の (i))．ここで重要なことは，(24) の (ii) の構造では N と 2 つの PP（項）が一緒になって N′ へと投射していることである．つまり，(22) の名詞句は (9) の制約で禁止されている (21) の項の積み重ね構造をしていない．このように，久野があげている (22) は (9) の制約の反例にはならないことがわかる．

　さらに，久野 (2008: 77) は (25) の例をあげ，「[(10b)] の不適格性が意味の矛盾のみによると述べたのは間違い」であったと述べている．

(25) *a student **of linguistics of phonology**
　　　 (cf. *the student **of physics of chemistry** (=(10b)))

まず注意すべきことは，(25) は前節で見た (15) のサブセット制約に違反していないということである．(15) を以下に再掲する．

(15) [N PP1 PP2] の積み重ねパターンは，[N PP1] のサブセットとして PP2 が成立する場合に適格となる．

久野 (2008: 77) が述べているように，「言語学専攻の学生のサブセットに音韻論専攻の学生がいる，という状況には何の問題もない」ため，(25) は (15) の制約では捉えられない．このことを踏まえ，久野 (2008) では，前置詞句の積み重ねの制約として，次のような改訂版を提出している．

(26) 前置詞句の積み重ねに関する制約：
前置詞句の積み重ねは，意味の矛盾が生じる場合に許されず，かつ，1 つの項ポジションは 1 つの前置詞句しか許容しない．

しかし，(26) の後半部分の「1 つの項ポジションは 1 つの前置詞句しか許容しない」という主張は，ほかならぬ，項の積み重ねを禁止している (9) の制約のことである．よって，(25) は項の前置詞句が積み重なっている (27) の構造をもつため不適格となるといえる (cf. (21))．

(27)
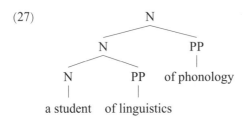

このように，久野の (26) の制約は，結局，これまで生成文法で仮定されてきた (9) の制約を認めた上で，適格性には意味も関係してくるという当然の主張をしているに過ぎないことがわかる．

　久野が (15) のサブセットに基づく制約を (26) のような制約に改訂しなければならなかった理由は，論理学でいうところの交わり (intersection) と包含 (entailment) を区別していないことにある．もう一度，(15) のサブセットという観点から適格な例を見てみよう．

(28) the student *with long hair in the corner*　(=(10a))

(28) は「長髪の学生の集合」と「曲がり角にいる学生の集合」の交わりを表す．つまり，「長髪の学生の集合」に「曲がり角にいる学生の集合」が包含されているわけではない．もしそうであれば，曲がり角にいる学生はすべて長髪の学生であることになるが，そのようなことはありえない．よって，「空集合ではなく，部分集合（=交わり）を表す場合に前置詞句の積み重ねが容認される」というのが，久野の (15) の制約の意図するところであると考えられる．[7] このことを踏まえ，不適格な例を見てみよう．

(29) a. *the student **of physics of chemistry**　　(=(10b))
　　 b. *a student **of linguistics of phonology**　　(=(25))

まず，(29a) が不適格なのは「物理学専攻の学生」と「化学専攻の学生」の交わりが普通は空集合だからである．これに対して，(29b) では「言語学専攻の学生の集合」と「音韻論専攻の学生の集合」は包含関係を表す．つまり，「音韻論専攻の学生の集合」は「言語学専攻の学生の集合」に包含される．よって，(29b) は論理学でいうところの真部分集合になる．このように，久野は交わりの関係と包含関係を区別することなく，(29a) と (29b) をサブセットという 1 つの概念で説明しようとしている．その結果，両者の不適格さを同じようには捉えられなくなり，(15) のサブセットに基づく制約を (26) のような制約に改訂せざるを得なくなったと考えられる．

しかしながら，2 つの前置詞句が交わりを表す場合でも，項の積み重ねは許されない．次の例を見てみよう．

(30) *the book **of love story of non-fiction**

恋愛の話は，事実（ノンフィクション）であっても空想（フィクション）であってもいいため，「恋愛の話の集合」と「ノンフィクションの集合」は包含関係にはない．しかし，実際にあった恋の話というのはあり得るため，両者は交わりの関係にある．よって，(30) は (28) と同じく部分集合を表すことができる．しかし，(30) は不適格であることから，久野の (15) の制約では

---

[7] 久野 (2008) では明確に述べられていないが，久野はサブセットを包含関係のみで捉えている（この点に関しては Kuno (2009) も参照）．しかし，ここで示したように，サブセットが交わりの関係を表すと考えない限り，久野自身の説明が成り立たないことになる．

(28) と (30) の文法性の違いが説明できない．これに対して，(29) と (30) は項の積み重ねを禁止している (9) の制約によって統一的に説明することができる．

久野の機能論では，統語論の仮説や制約に対して反例をあげ，機能的な代案を出すという分析方法がとられる．しかし，本節で見たように，反例が反例になっていない場合もあるため，反例そのものの検証が必要となる．久野 (2006b: 82) では，(9) の統語制約に対して「意味を考慮に入れないで構文分析を行うときに犯しやすい証拠とならない論証」と述べているが，久野の機能的分析は，「統語を考慮に入れないで構文分析を行うときに犯しやすい証拠とならない論証」となっているといえる．

24.3. 前置詞句の相対的位置

本節では，前置詞句の相対的位置に関する久野 (2006, 2008) の機能的分析を見ていく．とくに，久野の機能的分析において中心的な役割をはたしている「本質的」という概念の中身が明確ではないことを明らかにする．また，データの棲み分けを行った上で，文法性と容認性の関係は関連性理論で捉えられると主張する．

24.3.1. 「本質的」という概念の検証

生成文法では前置詞句の相対的位置に関して (31) の統語規則が仮定されている．[8]

(31) 項の前置詞句と付加詞の前置詞句の相対的位置：
項の前置詞句は，常に付加詞の前置詞句よりも主要部名詞に近い位置に現れる．

この (31) の統語規則は，本章の冒頭で見た (1b) の構造（以下に再掲）に基づいている．

---

[8] (31) および (32) の例は久野 (2006a: 83) から引用している．なお，久野では Jackendoff (1977) や Hornstein and Lightfoot (1981) 等が参照されている．

第 24 章 項と付加詞の統語的区別の重要性　　279

(1b)
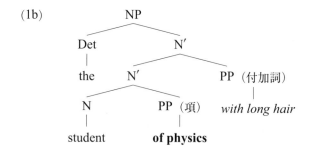

(31) の統語規則は (32) の対比を捉えることができる．

(32) a. the student **of physics** *with long hair*　（=(1a)）
　　 b. *the student *with long hair* **of physics**

(32a) は，項の前置詞句 of physics が付加詞の前置詞句 with long hair よりも主要部名詞の student に近い位置に現れているため文法的となる．これに対して，(32b) は，付加詞の前置詞句 with long hair が項の前置詞句 of physics よりも主要部名詞の student に近い位置に現れているため非文法的となる．

この統語的分析に対し，久野 (2006a: 85) は前置詞句の相対的位置に関して (33) の機能的制約を提出している．

(33)　前置詞句積み重ねの順序：
　　　より本質的な特性を表す前置詞句が非本質的な特性を表す前置詞句より主要部名詞の近くに現れなければならない．
　　　[_NP … 主要部名詞 + 前置詞句_1 + … + 前置詞句_n]
　　　　　　より本質的特性 ←——→ より非本質的特性

(33) の機能的制約によると，(32a) が文法的なのは，より本質的な特性を表す前置詞句 of physics が非本質的な特性を表す前置詞句 with long hair よりも主要部名詞の student の近くに現れているためであると説明される．これに対して，(32b) が非文法的なのは，非本質的な特性を表す前置詞句 with long hair の方がより本質的な特性を表す前置詞句 of physics よりも主要部

名詞の student に近い位置に現れているためであると説明される．

(33) の制約において重要な役割をはたしている「本質的」という概念に関して，久野 (2008: 85) では「Quirk et al. (1985) が名詞の前に現われる形容詞の語順をコントロールしている要因と見なしている inherent という概念と同じである」と述べられている（この点に関しては，久野 (2006) も参照）．しかしながら，少なくとも以下の 3 点 (①, ②, ③) を明確にしなければ，(33) の制約で使われている「本質的」という概念と Quirk et al. で使われている inherent という概念が同じものであるとはいえない．

　① 名詞の前に現れる形容詞の語順と名詞の後ろに現れる前置詞句の語順が，ともに inherent という概念で説明されなければならないという必然性．

Quirk et al. は inherent という概念を名詞の前に現れる形容詞の特性と考えている．そのため，inherent という概念が名詞の後ろに現れる前置詞句の特性および語順にも関係しているという独立した証拠を示す必要がある．

　② 前置詞句の相対的位置に関し，inherent という概念だけを用いている理由．

Quirk et al. が inherent という概念を用いているのは，名詞の前の形容詞の語順を規定するためというより，むしろ形容詞を定義するためである．議論をわかりやすくするために，Quirk et al. (1985) をコンパクトにまとめた Greenbaum et al. (1990: 145-146) を引用すると，形容詞は 3 つの概念で下位分類されている．1 つは stative /dynamic であり，もう 1 つは gradable/nongradable である．そして残りの 1 つとして inherent/noninherent という概念が導入されているが，久野は前置詞句の相対的位置を決める要因として，この inherent という概念だけを選んだ理由を明確にする必要がある．さらに，前述したように，Quirk et al. は inherent という概念を形容詞の分類のために用いており，名詞の前に現れる形容詞の語順に関しては inherent とは別の意味的要因を複数あげている (Greenbaum et al. (1990: 390-392) 参照）．[9] なぜ，久野は形容詞の語順に関するそれらの意味的要因には言及しな

---

　[9] たとえば，Greenbaum et al. (1990: 146) では，名詞の一番近く (Prehead) に置かれる

いで，形容詞の分類にかかわる inherent という概念だけを前置詞句の相対的位置を決める要因とするのかを説明する必要がある．

　③　「本質的」という概念と inherent という概念が同じ概念であるという根拠．

まず，久野 (2008: 84-86) の説明に基づくと，「本質的」という概念は以下の3つのパターンに分類されるようである（(34) の (iii) の例は久野 (2006a: 85-86)).

(34)　i.　恒常的性質を有するもの
　　　　例：　a vase **of glass** *with roses*　(cf. *a vase *with roses* **of glass**)
　　　　「花瓶がガラス製か磁器製か金属製かというのは花瓶の恒常的，本質的特性である．」
　　ii.　分類の際の尺度になるもの
　　　　例：　a student **of good standing** *with long hair*
　　　　　　　(cf. *a student *with long hair* **of good standing**)
　　　　「学生がよくできるか，まあまあの成績か，悪い成績かというのは，学生を分類する際によく用いられる尺度であって，学生の本質的特性である．」
　　iii.　文脈から決定
　　　　例：　the attack *with missile grenades* **on the police headquarters**
　　　　　　　(cf. the attack **on the police headquarters** *with missile grenades*)
　　　　「イラク戦争のようなコンテキストでは，反抗分子の攻撃が手榴弾によるものか，ミサイル榴弾によるものか，自爆あるいは自動車爆弾によるものか，というような攻撃手段が攻撃の本質的特性となり得る．」

次に，Quirk et al. (1985) が inherent という概念をどのように定義している

形容詞がもつ意味として，nationality や ethnic background のようなものがあげられているが，それらは inherent という概念とは関係していない．

かを見てみよう (Greenbaum et al. (1990: 146) 参照).

(35) inherent の定義： 名詞そのものに直接言及する形容詞

具体例として，以下のような対比があげられている．

(36) a.　a <u>firm</u> handshake　　(inherent)
　　 b.　a <u>firm</u> friend　　　 (noninherent)

(36a) では，形容詞 firm は名詞 handshake そのものに言及しているため inherent となる (cf. a firm handshake = a handshake is firm). 一方，(36b) の場合，形容詞 firm は名詞 friend そのものではなく，友情 (friendship) に言及している (cf. a firm friend = a friend whose friendship is firm). よって，(36b) の形容詞 firm は noninherent となる．このように，(34) と (35) との比較からも明らかなように，久野が (33) の制約で用いている「本質的」という概念と，Quirk et al. が用いている inherent という概念は異なるといえる．[10] そのため，久野は「本質的」という概念と inherent という概念が同じであるという根拠を示す必要がある．

以上のことから，(33) の制約で使われている「本質的」という概念と Quirk et al. (1985) で使われている inherent という概念が同じものであるとはいえないと結論できる．言い換えれば，久野は単に Quirk et al. の inherent という概念を持ち出しているだけで，「本質的」という概念に対して明確な定義や基準を示していないことになる（この点に関しては 24.2 節も参照）．次節では，本節の議論を踏まえ，久野の「本質的」という概念をさらに詳しく検証し，データの棲み分けが必要であることを示す．

---

[10] (33) の制約では，より本質的な特性を表す前置詞句が主要部名詞の近くに現れるとされているが，この点も Quirk et al. (1985) の inherent の捉え方と異なる．Quirk et al. (1985: 1338) は，限定詞 (Determiner) と主要部名詞 (Head) の間を I から IV のゾーンに分け，名詞の前に現れる形容詞の語順を分析している．

　(i)　DET　　I　　　II　　　　　III　　　IV　　　　HEAD
　　　　　　this　 first　 important　 long　 French　 novel

Quirk et al. に基づくと，inherent の性質をもつ形容詞が現れる位置は (i) の II のゾーンである．つまり，inherent の性質をもつ形容詞は主要部名詞の近くに現れるとはいえない．

24.3.2. データの棲み分け

前節の (34) で明らかにしたように，久野の「本質的」という概念は 3 つに分類されるが，この 3 つは文脈操作という観点から，さらに 2 つに分けられる．なぜならば，(34) の (i) の「恒常的性質」と (34) の (ii) の「分類の際の尺度」は (34) の (iii) とは異なり，文脈に左右されないからである．よって，久野の扱っているデータは (37) のように棲み分けることができる．

(37) i. 文脈に左右されないデータ → 「恒常的性質」／「分類の際の尺度」
  ii. 文脈に左右されるデータ → 「文脈から決定」

まず，(37) の (i) の代表例である (32) の例をもう一度見てみよう．

(32) a. the student **of physics** *with long hair*
  b. *the student *with long hair* **of physics**

この (32) に対する久野 (2008: 85) の説明を以下に示す．

> 学生が何を専攻しているか，という特性のほうが，髪の毛が長いか短いか，という特性より本質的である，というのは誰にとっても明らかであろう．

しかし，髪の毛の色が生まれつきブロンドである場合はどうだろうか．学生が何を専攻していても，髪の毛の色は変わらない．つまり，髪の毛の色は (34) の (i) の恒常的性質を表すといえる．また，「茶髪の学生」のように，髪の毛の色で学生を分類することは可能なため，髪の毛の色は (34) の (ii) の分類の際の尺度となることもできる．よって，髪の毛の色は久野の意図する本質的特性を表すといえる．しかし，次の (38) にあるように，髪の毛の色を表す付加詞の前置詞句 with blond hair は項の前置詞句 of physics よりも主要部名詞の student の近くに現れることはできない．

(38) *the student *with blond hair* **of physics**

つまり，(37) の (i) のタイプは文脈に関係なく「項―付加詞」の語順しか許

さないといえる。[11] さらに，久野 (2008: 85) は「本質的」という概念と項との関係を以下のように述べている。

(39) 項の前置詞句が表す特性は，通常，主要部名詞句の本質的特徴を表す。

この主張を言い換えると，通常は項が主要部名詞句の近くに現れるという生成文法で提案されている (31) の統語規則になる ((31) を以下に再掲)．

(31) 項の前置詞句と付加詞の前置詞句の相対的位置：
項の前置詞句は，常に付加詞の前置詞句よりも主要部名詞に近い位置に現れる。

以上のことから，(37) の (i) のタイプにおいては，項と付加詞の統語的区別が前置詞句の相対的語順を決定していると結論できる．次節では，(37) の (ii) のタイプについて見ていく．

24.3.3. 関連性理論からの再考

本節では，前置詞句の語順が文脈に左右される (37) の (ii) のパターンに

---

[11] 久野 (2008: 87) では，(37) の (i) のタイプで文脈操作が可能である例があげられている．

  (i) He is a student *in good standing* **of linguistics**.

久野は，(i) が適格なのは付加詞の前置詞句 in good standing が学生の本質的特性を表すことが可能なためであると述べている．しかし，この (i) の例はむしろ久野の分析にとって問題となる．なぜなら，専攻分野というのは成績 (standing) が良くなろうが悪くなろうが変わるものではない．よって，久野の分析においても，(i) では項の前置詞句 of linguistics が本質的でないといけないはずである．さらに，(i) の文法性を複数の英語母語話者に確認したところ，全員，(i) は非文であると判断した．また，比較のため，同じ英語母語話者達に (i) の項の前置詞句と付加詞の前置詞句の語順を入れ替えた (ii) の文法性も判断してもらったが，全員，(ii) は文法的だと判断した．

  (ii) He is a student **of linguistics** *in good standing*.

以上のことから，(i) のような例はさらなる検証が必要であることがわかる．また，久野自身の分析にとっても問題となる (i) のような例があげられていることから，久野 (2008) でも「本質的」という概念は中身が曖昧なまま用いられていると考えられる．

ついて見ていく．このパターンの代表例としては，以下のものがあげられる（(34) の (iii) も参照）．

(40) a. the attack **on the police headquarters** *with missile grenades*
　　　b. the attack *with missile grenades* **on the police headquarters**

(40) の2つの前置詞句は恒常的性質を表さず，分類の際の尺度となることもできない．そのため，文脈によっては (40a) の「項 (on the police headquarters)——付加詞 (with missile grenades)」という語順と (40b) の「付加詞 (with missile grenades)——項 (on the police headquarters)」という語順の両方が可能となる．つまり，このパターンの場合には，(31) の統語規則にとって反例となる (40b) が許されることになる．

本分析では，このような文脈と統語論の規則の関係は Sperber and Wilson (1986, 1995) で提案された関連性理論の観点から捉えられると考える．関連性理論において，「関連性」および「関連性の高さ」は次のように定義される．

(41) 関連性
ある想定がある文脈中で何らかの文脈効果をもつとき，そしてそのときに限り，その想定はその文脈中で関連性をもつ．

(42) 関連性の高さ
a. 想定はある文脈中での文脈効果が大きいほど，その文脈の中で関連性が高い．
b. 想定はある文脈中でその処理に要する労力が小さいほど，その文脈中で関連性が高い．

この関連性理論の観点から，もう一度，(31) の統語規則にとって反例となる (40b) について考えてみよう．まず，(40b) に関して，久野 (2006a: 86) では以下のように述べられている（(34) の (iii) 参照）．

イラク戦争のようなコンテキストでは，反抗分子の攻撃が手榴弾によるものか，ミサイル榴弾によるものか，自爆あるいは，自動車爆弾によるものか，というような攻撃手段が攻撃の本質的特性となり得る．

つまり，イラク戦争のような文脈では，(40b) の付加詞の前置詞句 with missile grenades は主要部名詞の attack との関係において文脈効果が大きく，それゆえ，両者の処理に要する労力も小さくなると考えられる．よって，(42) より，(40b) の付加詞の前置詞句 with missile grenades は主要部名詞の attack との関連性が高くなるため，項の前置詞句 on the police headquarters よりも主要部名詞の attack の近くに現れると考えられる．

このように，本分析に基づくと，(40b) は (31) の統語規則により非文法的であることになるが，イラク戦争のような特定の文脈では，主要部名詞と付加詞との関連性が高くなるため容認される．よって，本分析が正しいとすると，以下の仮説が得られる．

(43) 文脈における関連性の高さが統語規則の適用を阻止する場合がある．

つまり，(40b) は，通常，項と付加詞の語順が守られていないため統語的に排除されるが，イラク戦争のような特定の文脈では，付加詞が主要部名詞と高い関連性をもつため，(31) の統語規則の適用が阻止され，(40b) が容認されると考えられる．[12] このように，(37) の (ii) のパターンは関連性理論で捉えることができる．

ここで注意すべきことは，たとえ特殊な文脈を仮定しても，統語規則の適用が阻止されない場合があるということである．それが，前節で見た (37) の (i) のタイプである．この場合，文脈に関係なく「項－付加詞」の語順しか許されない ((38) 参照)．つまり，特定の文脈において高い関連性をもつ場合であっても，統語規則の適用が阻止されない場合があることになる．よって，(43) の仮説に関して，さらに次のような興味深い問題が出てくる．

---

[12] (40b) の適格性をアメリカ人とイギリス人の英語母語話者に確認したところ，the attack *with missile grenades* という言い方は不自然であり，武器名は名詞の前に入れるのが自然であるとの指摘を受けた（例：the missile attack）．また，参考までに Google のアメリカとイギリスのサイトで the attack with missile を検索したところ，ヒット数が皆無とはいえないまでも非常に少ないという結果であった．これに対して，attack の後ろに場所を表す前置詞句が続く例は多数見つかった．このことからも，主要部名詞の attack の直後に付加詞の前置詞句 with missile grenades が続く (40b) は極めて有標（marked）な例であるといえる．

(44) a. 文脈を整えても統語規則の適用が阻止されない場合があるのはなぜか.
　　 b. 統語規則の適用が阻止されるためには，どのくらいの関連性の高さが必要となるのか.

このように，項と付加詞の問題は統語論と語用論のインターフェイスを探る研究につながると考えられる．

24.4. 今後の理論研究の課題

本章では，久野 (2006, 2008) の機能的分析の検証を通して，項と付加詞の統語的区別が必要であることを示した．また，久野の機能的分析は理論的にも経験的にも妥当性に欠けるため，統語分析の代案にはならないことも示した．さらに，統語論 (GB 理論) と語用論 (関連性理論) の関係を追究していくことが，文法性と容認性の関係の解明につながる可能性があることを示唆した．

本章を終える前に，統語分析と機能的分析が補う形で理論を構築するための課題について述べる．久野の機能論的アプローチでは文脈操作が分析の中核をなす．しかし，文脈操作をかけた時点で別の要因がかかわってくることになるため，言語のもつ統語的側面が見えにくくなることを理解する必要がある．そのため，機能論的アプローチにおいては，統語論がどの程度関与しているのかという棲み分けが重要となってくる．一方，生成文法の方でも文脈という要因をもっと考慮に入れる段階にきているといえる．適切な文脈を整えれば，文法的には正しくない (と予測される) 文が容認されるという事実は，その反例がきちんと検証されている限りにおいて，統語理論にとって重要なものである．本章で示した (44) のような問題に真摯に取り組むことは，統語理論の発展につながると考えられる．

あ と が き

　畠山雄二・本田謙介・田中江扶名義で研究を続けかれこれ 13 年になる．「長いようで短いアッという間の 13 年であった」と書きたいところだが，実際のところ文字通り「アッという間の 13 年」であった．この 13 年間休むことなく全速力で走り続けてきた．過去を振り返ることもなく走り続けてきたこともあり，この 13 年は文字通り「アッという間」であった．
　この畠山雄二・本田謙介・田中江扶名義の研究グループはいったい何なのだろうか．そしてなぜ 3 人でこれまでやってこられたのだろうか．本書が私たち 3 人の 13 年間にわたる研究の集大成であることもあり，ここでこの 2 つの問いに答えてみたいと思う．
　私たちは年に 1–2 回勉強会（というかオフ会）をするだけで，意見交換は原則メールで行う．その際，私たちは自分たちのことを YKK とよんでいる．Y は Yuji（雄二）の Y，2 つの K は Kensuke（謙介）の K と Kosuke（江扶）の K である．YKK という企業があるが，ある意味私たち YKK も企業である．私たち 3 人はある目的のために YKK を起業したのである．
　YKK を起業したとき，生成文法はミニマリスト・プログラム一色で生物言語学という新興分野も勢いを増してきつつあった．また，生成文法を補完するものとして現れた機能文法も堅実な歩みをしつつあった．認知言語学は認知言語学で，オノマトペやらソフトな路線でさらに活況を呈するようになってきていた．
　そんな風潮というか言語学の流れに対して，私たち 3 人はいろんな意味で「なんだかな～」という思いを強くしつつあった．テクニカルなミニマリストの分析ではたして言語学の本当の面白さを伝えることができるのだろうか，機能文法の一見正しそうなやり方に問題はないだろうか，認知言語学のアプローチで本当に言語の本質に迫れるのだろうかと，いろいろ思うようになってきた．そして，(i) 流行に流されず，(ii) 直観の効く日本語の分析をメインにしながら，(iii) とにかくわかりやすいことばを使って，(iv) 言語学の本当の面白さを伝えていこう！ という企業目標を掲げて YKK を起ち上

げたのである．

　このような企業目標ならびに起業精神で 15 年近く活動をしてきて，今こうやってここに研究成果をまとめることができた．これまで本当にいろいろあった．いろいろあったけど続けてこられたし，これからも続けていけると確信している．

　なぜ，これまで 3 人でうまくやってこられて成果をそれなりに出すことができたのだろうか．理由は 2 つに収斂されるかと思う．1 つは，互いに馴れ合うことなくいっさい仕事に関して妥協を許さなかったということ．もう 1 つは，敵前逃亡しなかったということだ．互いに慣れ合い，そして仕事に妥協するようになったらハイクオリティのものは出せなくなる．また，敵前逃亡することがあると組織そのものが崩壊する．

　私たちがそれなりの成果を上げながらこれまでやってこられたのは，互いに馴れ合わず，仕事にはいっさい妥協しないで，しかも敵前逃亡をしなかったからだと思う．

　和気あいあいとした雰囲気のなかでも，緊張感のある殺伐としたメールのやりとりからいろんなアイデアが生まれ，それをワークアウトしてきた．そして，目に見えないいろんな敵や目に見える敵に背を向けることなくここまでやってきた．プロ意識をもって果敢にいろんなものに立ち向かってきたからこそ，これまで YKK を続けてこられたと思う．

　YKK の活動はいろんな人たちの支えがあったからこそ続けてこられた．3 人はそれぞれ家庭をもち，家族の強い支えがあったからこそこうやって 3 人で仕事をやってこられたと思っている．自分の家族だけでなく YKK の他のメンバーの家族にも心から感謝する次第である．

　家族以外で感謝のことばをどうしても伝えなければならない人というか組織がある．それが出版社である．私たち 3 人がかかわらせていただいた出版社には，本書の出版社である開拓社のほかにもくろしお出版などいくつかあるが，これらの出版社には心から感謝する次第である．研究成果を発表する場を与えてくださった開拓社やくろしお出版には感謝のことばがない．

　研究成果を発表する場が与えられなかったらここまでがんばってこられなかったというのが正直なところである．その意味でも，私たちの研究活動を裏で支えてくれたのはほかならぬ開拓社やくろしお出版だったともいえる．

　本書を執筆するにあたり開拓社の川田賢氏にはいろいろとお世話になっ

た．本書を世に出す機会を与えてくれ，本当に心から開拓社ならびに川田氏には感謝する次第である．私たち3人の理論言語学における野望に理解を示してくれ，川田氏には心から感謝する．

　学会や学界の空気を変えるのは野心と野望をもった一部の無謀な人間たちと，それを支えてくれる出版社や家族であることを読者に少しでもわかってもらえたらと思っている．

　本書をお読みいただいた読者に少しでも言語学の面白さを伝えられたのであればこれ以上の喜びはない．言語学は面白いし，すごく頭を使う知的なゲームでもある．若い人たちには，ぜひ，言語学の面白さをさらに若い人たちに伝えていってもらえたらと思う．そして本書がその一助となればと心から思う次第である．

参考文献

第 I 部

第 1 章

Culicover, Peter and Ray Jackendoff (1997) "Semantic Subordination Despite Syntactic Coordination," *Linguistic Inquiry* 28, 195-217.

畠山雄二・本田謙介・田中江扶 (2006)「同族目的語構文と「上戸彩はきれいな目をしている」構文」『英語教育』55 巻 8 号, 45-47.

Hatakeyama, Yuji, Kensuke Honda, and Kosuke Tanaka (2011) "The Physical Attribute Construction in Japanese and the Cognate Object Construction in English," *Journal of Japanese Linguistics* 27, 1-16.

Higginbotham, James (1987) "Indefiniteness and Predication," *The Representation of (In)definiteness*, ed. by Eric Reuland and Alice ter Meulen, 43-70, MIT Press, Cambridge, MA.

Huddleston, Rodney (1984) *Introduction to the Grammar of English*, Cambridge University Press, Cambridge.

岩倉國浩 (1976)「同族目的語と様態の副詞と否定」『英語教育』25 巻 3 号, 60-63.

影山太郎 (2001)『日英比較 動詞の意味と構文』大修館書店, 東京.

影山太郎 (2004)「軽動詞構文としての『青い目をしている』構文」『日本語文法』4 巻 1 号, 22-37.

Keyser, Samuel Jay and Thomas Roeper (1984) "On the Middle and Ergative Constructions in English," *Linguistic Inquiry* 15, 381-416.

小西研三 (1981)「同族目的語構文について」『語学の手帖』2 巻 2 号, 10-15.

Kuno, Susumu and Ken-ichi Takami (2004) *Functional Constraints in Grammar: On the Unergative-Unaccusative Distinction*, John Benjamins, Amsterdam.

Levin, Beth (1993) *English Verb Classes and Alternations: A Preliminary Investigation*, University of Chicago Press, Chicago.

Macfarland, Talke (1995) *Cognate Objects and the Argument/Adjunct Distinction in English*, Doctoral dissertation, Northwestern University.

Massam, Diane (1990) "Cognate Objects as Thematic Objects," *Canadian Journal of Linguistics* 35, 161-190.

Matsumoto, Masumi (1992) "The Status of Cognate Objects," *The Bulletin of the English Society, Osaka Kyoiku University*, 45-64.

Nakajima, Heizo (2006) "Adverbial Cognate Objects," *Linguistic Inquiry* 37, 674-684.
大室剛志 (1990)「同族目的語構文の特異性」『英語教育』39巻9号, 74-77.
Perlmutter, David (1978) "Impersonal Passives and the Unaccusative Hypothesis," *BLS* 4, 157-189.
佐藤琢三 (2003)「「青い目をしている」型構文の分析」『日本語文法』3巻1号, 19-34.
角田太作 (1991)『世界の言語と日本語』くろしお出版, 東京.
Van Valin, Jr., Robert (1990) "Semantic Parameters of Split Intransitivity," *Language* 66, 221-260.
Williams, Edwin (1980) "Predication," *Linguistic Inquiry* 11, 203-238.

第2章
Abney, Steven (1987) *The English Noun Phrase in Its Sentential Aspect*, Doctoral dissertation, MIT.
畠山雄二・本田謙介・田中江扶 (2005)「名詞と限定詞:語順を中心に:特集〈徹底研究〉英語の"数"に迫る」『英語教育』54巻7号, 22-24.
神尾昭雄 (1977)「数量詞のシンタックス」『言語』6巻8号, 83-91.
岸本秀樹 (2005)『統語構造と文法関係』くろしお出版, 東京.
Milsark, Gary (1974) *Existential Sentences in English*, Doctoral dissertation, MIT.

第3章
Bresnan, Joan (1994) "Locative Inversion and Architecture of Universal Grammar," *Language* 70, 72-131.
Coopmans, Peter (1989) "Where Stylistic and Syntactic Processes Meet: Locative Inversion in English," *Language* 65, 728-751.
Hatakeyama, Yuji, Kensuke Honda and Kosuke Tanaka (2004) "The Locative Construction in English and Japanese," *Linguistic Analysis* 34, 55-65.
畠山雄二・本田謙介・田中江扶 (2004)「日英語の場所句倒置構文をめぐって」『言語』33巻12号, 82-87.
Hoekstra, Teun and Rene Mulder (1990) "Unergatives as Copular Verbs: Locational and Existential Predication," *The Linguistic Review* 7, 1-79.
桑原和生 (1995)「文体倒置のシンタクス」『日英語の右方移動構文』, 高見健一(編), 93-118, ひつじ書房, 東京.
Levin, Beth and Malka Rappaport Hovav (1995) *Unaccusativity: At the Syntax-Lexical Semantics Interface*, MIT Press, Cambridge, MA.
中島平三 (1993)「「生成文法」再入門8: 生成理論は原理的説明を可能にする」『言語』22巻10号, 104-109.

Nakajima, Heizo (2001) "Verbs in Locative Constructions and the Generative Lexicon," *The Linguistic Review* 18, 43-67.
Rochemont, Michael and Peter Culicover (1990) *English Focus Constructions and the Theory of Grammar*, Cambridge University Press, Cambridge.

第 4 章

Carlson, Greg (1981) "Distribution of Free-Choice *any*," *CLS* 17, 8-23.
畠山雄二・本田謙介・田中江扶 (2013)「低評価を表すナンカと否定極性表現の any の類似性」『日本語文法』13 巻 2 号, 164-171.
井戸美里 (2013)「否定的な評価を表す二種類のとりたて詞ナド」『日本語文法』13 巻 1 号, 68-83.
Jackendoff, Ray (1972) *Semantic Interpretation in Generative Grammar*, MIT Press, Cambridge, MA.
Kato, Yasuhiko (1985) *Negative Sentences in Japanese*, Sophia Linguistica Monograph 19, Sophia University.
岸本秀樹 (2005)『統語構造と文法関係』くろしお出版, 東京.
久野暲 (1973)『日本文法研究』大修館書店, 東京.
Lakoff, Robin (1969) "Some Reasons Why There Can't be Any *some-any* Rule," *Language* 45, 608-615.
三原健一・平岩健 (2006)『新日本語の統語構造——ミニマリストプログラムとその応用——』松柏社, 東京.
Muraki, Masatake (1978) "The *sika nai* Construction and Predicate Restructuring," *Problems in Japanese Syntax and Semantics*, ed. by John Hinds and Irwin Howard, 155-177, Kaitakusha, Tokyo.
中西久実子 (1995)「ナド・ナンカとクライ・グライ——低評価を表すとりたて助詞——」『日本語類義表現の文法（上）』, 宮島達夫・仁田義雄（編）, 328-334, くろしお出版, 東京.
Progovac, Ljiljiana (1994) *Negative and Positive Polarity: A Binding Approach*, Cambridge University Press, Cambridge.
柴谷方良 (1978)『日本語の分析——生成文法の方法——』大修館書店, 東京.
山田敏弘 (1995)「ナドとナンカとナンテ——話し手の評価を表すとりたて助詞——」『日本語類義表現の文法（上）』, 宮島達夫・仁田義雄（編）, 335-344, くろしお出版, 東京.

第 5 章

Fagan, Sarah (1988) "The English Middle," *Linguistic Inquiry* 19, 181-203.
Fagan, Sarah (1992) *The Syntax and Semantics of Middle Constructions: A Study with Special Reference to German*, Cambridge University Press, Cambridge.

Fellbaum, Cristiane (1985) "Adverbs in Agentless Actives and Passives," *CLS* 21, 21-31.

Fellbaum, Cristiane (1986) *On the Middle Construction in English*, Indiana University Linguistic Club, Bloomington.

藤田耕司・松本マスミ (2005)『語彙範疇 (I)：動詞』研究社，東京．

Hale, Kenneth and Samuel Jay Keyser (1987) "A View from the Middle," *Lexicon Project Working Papers* 10, 1-64.

畠山雄二(編) (2012)『くらべてわかる英文法』くろしお出版，東京．

井上和子 (1976)『変形文法と日本語：上・統語構造を中心に』大修館書店，東京．

影山太郎 (1996)『動詞意味論――言語と認知の接点――』くろしお出版，東京．

Keyser, Samuel Jay and Thomas Roeper (1984) "On the Middle and Ergative Constructions in English," *Linguistic Inquiry* 15, 381-416.

益岡隆志 (1984)「「―てある」構文の文法――その概念領域をめぐって」『言語研究』86, 122-138.

松瀬育子・今泉志奈子 (2001)「中間構文」『日英対照　動詞の意味と構文』，影山太郎(編)，184-211，大修館書店，東京．

Stroik, Thomas (1992) "Middles and Movement," *Linguistic Inquiry* 23, 127-137.

杉村泰 (1995)『テアル構文の研究』修士論文，名古屋大学．

寺村秀夫 (1984)『日本語のシンタクスと意味II』くろしお出版，東京．

吉川武時 (1976)「現代日本語動詞のアスペクトの研究」『日本語動詞のアスペクト』，金田一春彦(編)，155-323，むぎ書房，東京．

第 6 章

Aoyagi, Hiroshi (1998) "Particles as Adjunct Clitics," *NELS* 28, 17-31.

青柳宏 (2006)『日本語の助詞と機能範疇』ひつじ書房，東京．

Boeckx, Cedric (2000) "A Note on Contraction," *Linguistic Inquiry* 31, 357-366.

Chomsky, Noam (1973) "Conditions on Transformations," *A Festschrift for Morris Halle*, ed. by Stephen R. Anderson and Paul Kiparsky, 232-286, Holt Rinehart and Winston, New York.

Chomsky, Noam (1986) *Knowledge of Language: Its Nature, Origin and Use*, Praeger, New York.

Chomsky, Noam and Howard Lasnik (1977) "Filters and Control," *Linguistic Inquiry* 8, 425-504.

Saito, Mamoru (1989) "Scrambling as Semantically Vacuous A′-movement," *Alternative Conceptions of Phrase Structure*, ed. by Mark Baltin and Anthony Kroch, 182-200, University of Chicago Press, Chicago.

第 II 部

第 7 章

Bresnan, Joan (1994) "Locative Inversion and the Architecture of Universal Grammar," *Language* 70, 72-131.

Culicover, Peter and Robert Levine (2001) "Stylistic Inversion in English: A Reconsideration," *Natural Language and Linguistic Theory* 19, 283-310.

Emonds, Joseph (1976) *A Transformational Approach to English Syntax*, Academic Press, New York.

Hankamer, Jorge and Ivan Sag (1976) "Deep and Surface Anaphora," *Linguistic Inquiry* 7, 391-428.

Hatakeyama, Yuji, Kensuke Honda and Kosuke Tanaka (2010) "The *So*-Inversion Construction Revisited," *The Linguistic Review* 27, 25-36.

Huddleston, Rodney and Geoffrey K. Pullum (2002) *The Cambridge Grammar of the English Language*, Cambridge University Press, Cambridge.

Quirk, Randolph, Sidney Greenbaum, Geoffrey Leech and Jan Svartvik (1985) *A Comprehensive Grammar of the English Language*, Longman, London.

Toda, Tatsuhiko (2007) "*So*-Inversion Revisited," *Linguistic Inquiry* 38, 188-195.

Williams, Edwin (1977) "Discourse and Logical Form," *Linguistic Inquiry* 8, 101-139.

第 8 章

Aissen, Judith (1975) "Presentational *There*-Insertion: A Cyclic Root Transformation," *CLS* 11, 1-14.

Belletti, Adriana (1988) "The Case of Unaccusatives," *Linguistic Inquiry* 19, 1-34.

Bošković, Željko (1997) *The Syntax of Nonfinite Complementation: An Economy Approach*, MIT Press, Cambridge, MA.

Bresnan, Joan (1994) "Locative Inversion and Architecture of Universal Grammar," *Language* 70, 72-131.

Burzio, Luigi (1986) *Italian Syntax: A Government-Binding Approach*, Reidel, Dordrecht.

Cardinaletti, Anna (1997) "Agreement and Control in Expletive Constructions," *Linguistic Inquiry* 28, 521-533.

Chomsky, Noam (1981) *Lectures on Government and Binding*, Foris, Dordrecht.

Chomsky, Noam (1986) *Knowledge of Language: Its Nature, Origin and Use*, Praeger, New York.

Chomsky, Noam (1993) "A Minimalist Program for Linguistic Theory," *The View from Building 20: Essays in Linguistics in Honor of Sylvain Bromberger*, ed. by

Kenneth Hale and Samuel Jay Keyser, 1-52, MIT Press, Cambridge, MA.
Culicover, Peter and Susanne Winkler (2008) "English Focus Inversion," *Journal of Linguistics* 44, 625-658.
畠山雄二 (2003)『英語の構造と移動現象』鳳書房,東京.
Kitagawa, Yoshihisa (2000) *Covert Syntax for Anaphoric Interpretation*, Unpublished manuscript, Yokohama National University.
Kuno, Susumu (1971) "The Positions of Locatives in Existential Sentences," *Linguistic Inquiry* 2, 333-378.
Kuwabara, Kazuki (1994) "The Syntax of A′-Adjunction and Conditions on Chain-Formation," *Dokkyo Working Papers in Linguistics* 8, Dokkyo University.
Lasnik, Howard (1995) "Case and Expletives Revisited: On Greed and Other Human Failings," *Linguistic Inquiry* 26, 615-633.
Levin, Beth and Malka Rappaport Hovav (1995) *Unaccusativity: At the Syntax-Lexical Semantics Interface*, MIT Press, Cambridge, MA.
Levine, Robert (1989) "On Focus Inversion: Syntactic Valence and the Role of a SUBCAT List," *Linguistics* 27, 1013-1055.
Lumsden, Michael (1988) *Existential Sentences: Their Structure and Meaning*, Croom Helm, London.
Milsark, Gary (1974) *Existential Sentences in English*, Doctoral dissertation, MIT.
田中江扶 (2012)「場所構文の相関関係」『日英語の構文研究から探る理論言語学の可能性』,畠山雄二(編),169-182,開拓社,東京.

第9章

Chomsky, Noam (1981) *Lectures on Government and Binding*, Foris, Dordrecht.
Chomsky, Noam (1986) *Barriers*, MIT Press, Cambridge, MA.
畠山雄二・本田謙介・田中江扶 (2011)「there 構文の複文分析:時制の解釈と主語の解釈の相関性」『英語教育』60巻2号,70-72.
Milsark, Gary (1979) *Existential Sentences in English*, Garland, New York and London.
Ross, John Robert (1986) *Infinite Syntax!*, Ablex, Norwood, NJ.
寺津典子 (1979)「修正拡大標準理論における削除部門の諸問題について」『富山大学人文学部紀要』3,1-29.

第10章

畠山雄二・本田謙介・田中江扶 (2008)「英語の二重目的語構文と所有者昇格構文——所有関係から見える構文間のつながり」『英語教育』57巻5号,64-66.
池上嘉彦 (1995)『〈英文法〉を考える』(ちくま学芸文庫),筑摩書房,東京.
岸本秀樹 (2001)「二重目的語構文」『日英対照 動詞の意味と構文』,影山太郎(編),

127-153, 大修館書店, 東京.
Levin, Beth (1993) *English Verb Classes and Alternations: A Preliminary Investigation*, University of Chicago Press, Chicago.

第 11 章
Bowers, John (1993) "The Syntax of Predication," *Linguistic Inquiry* 24, 591-656.
Chomsky, Noam (1981) *Lectures on Government and Binding*, Foris, Dordrecht.
Chomsky, Noam (1986) *Knowledge of Language: Its Nature, Origin and Use*, Praeger, New York.
Emonds, Joseph. (1976) *Transformational Approach to English Syntax: Root, Structure-Preserving, and Local Transformations*, Academic Press, New York.
本田謙介 (2012)「With 構文の構造とその汎用性」『最新言語理論を英語教育に活用する』, 藤田耕司・松本マスミ・児玉一宏・谷口一美 (編), 361-371, 開拓社, 東京.
McCawley, James (1983) "What's With WITH?," *Language* 59, 271-287.
McCawley, James (1988) *The Syntactic Phenomena of English*, University of Chicago Press, Chicago.
Pesetsky, David (1995) *Zero Syntax: Experiencers and Cascades*, MIT Press, Cambridge, MA.
Sakakibara, Hiroaki (1982) "*With*-Constructions in English," *Studies in English Literature* 1982, 79-95.
Williams, Edwin (1980) "Predication," *Linguistic Inquiry* 11, 203-238.
山田昌史 (2010)「「A を B に」構文の統語構造:「して」省略のメカニズム」*Scientific Approaches to Language* 9, 109-132.

第 III 部

第 12 章
Aoyagi, Hiroshi (1998) "Particles as Adjunct Clitics," *NELS* 28, 17-31.
青柳宏 (2006)『日本語の助詞と機能範疇』ひつじ書房, 東京.
青柳宏 (2008)「とりたて詞の形態的, 統語的, 意味的ふるまいについて―係助詞, 副助詞という分類の有意性を中心に―」『日本語文法』8 巻 2 号, 37-53.
Bošković, Zeljko and Steven Franks (2000) "Across-the-borad Movement and LF," *Syntax* 3, 107-128.
Chomsky, Noam (1957) *Syntactic Structures*, Mouton, The Hague.
Chomsky, Noam (1981) *Lectures on Government and Binding*, Foris, Dordrecht.
福井直樹 (編) (2000)『シンタクスと意味―原田信一言語学論文選集―』大修館書店, 東京.
原田信一 (1972)「敬語の規則について」『英語文学世界』8 月号, 16-19.

Hatakeyama, Yuji, Kensuke Honda and Kosuke Tanaka (2008) "Verb Movement in Japanese Revisited," *Journal of Japanese Linguistics* 24, 89-103.

Hirata, Ichiro (2006) "Predicate Coordination and Clause Structure in Japanese," *The Linguistic Review* 23, 69-96.

Hoji, Hajime (1998) "Null Object and Sloppy Identity in Japanese," *Linguistic Inquiry* 29, 127-152.

本田謙介 (2012)「日本語の動詞移動：尊敬語文からの検証」『日英語の構文研究から探る理論言語学の可能性』, 畠山雄二 (編), 71-84, 開拓社, 東京.

Ivana, Adrian and Hiromu Sakai (2007) "Honorification and Light Verbs in Japanese," *Journal of East Asian Linguistics* 16, 171-191.

岸本秀樹 (2005)『統語構造と文法関係』くろしお出版, 東京.

Koizumi, Masatoshi (2000) "String Vacuous Overt Verb Raising," *Journal of East Asian Linguistics* 9, 227-285.

Kuroda, Shigeyuki (1965) *Generative Grammatical Studies in the Japanese Language*, Doctoral dissertation, MIT.

Lasnik, Howard (1995) "Verbal Morphology: Syntactic Structure Meets the Minimalist Program," *Evolution and Revolution in Linguistic Theory*, ed. by Héctor Campos and Paula Kempchinsky, 251-275, Georgetown University Press, Washington, D.C.

Otani, Kazuyo and John Whitman (1991) "V-Raising and VP-Ellipsis," *Linguistic Inquiry* 22, 345-358.

Pollock, Jean-Yves (1989) "Verb Movement, Universal Grammar, and the Structure of IP," *Linguistic Inquiry* 20, 365-424.

Roberts, Ian (1993) *Verbs and Diachronic Syntax*, Kluwer, Dordrecht.

Ross, John Robert (1967) *Constraints on Variables in Syntax*, Doctoral dissertation, MIT.

Saito, Mamoru (1985) *Some Asymmetries in Japanese and Their Theoretical Implications*, Doctoral dissertation, MIT.

Saito, Mamoru (1989) "Scrambling as Semantically Vacuous A'-movement," *Alternative Conceptions of Phrase Structure*, ed. by Mark Baltin and Anthony Kroch, 182-200, University of Chicago Press, Chicago.

Saito, Mamoru (1992) "Long Distance Scrambling in Japanese," *Journal of East Asian Linguistics* 1, 69-118.

Takano, Yuji (2002) "Surprising Constituents," *Journal of East Asian Linguistics* 11, 243-301.

Vikner, Sten (1995) *Verb Movement and Expletive Subjects in the Germanic Languages*, Oxford University Press, New York.

第13章

畠山雄二・本田謙介・田中江扶 (2012)「動詞「ある」と形容詞述語に現れる「ある」——国語学の記述と生成文法の分析——」『日英語の構文研究から探る理論言語学の可能性』, 畠山雄二(編), 43-56, 開拓社, 東京.

金水敏 (2006)『日本語存在表現の歴史』ひつじ書房, 東京.

岸本秀樹 (2002)「日本語の存在・所有文の文法関係について」『文法理論：レキシコンと統語』, 伊藤たかね(編), 147-171, 東京大学出版会, 東京.

小林賢次 (1968)「否定表現の変遷——「あらず」から「なし」への交替現象について——」『国語学』75, 45-62.

Miyagawa, Shigeru (1989) *Syntax and Semantics* 22: *Structure and Case Marking in Japanese*, Academic Press, New York.

Nishiyama, Kunio (1999) "Adjectives and the Copulas in Japanese," *Journal of East Asian Linguistics* 8, 183-222.

尾上圭介 (2006)「存在承認と希求——主語述語発生の原理」『国語と国文学』83巻10号, 1-13.

Pollock, Jean-Yves (1989) "Verb Movement, Universal Grammar, and the Structure of IP," *Linguistic Inquiry* 20, 365-424.

柴谷方良 (1978)『日本語の分析』大修館書店, 東京.

山田孝雄 (1908)『日本文法論』宝文館, 東京.

吉川千鶴子 (1995)『日英比較 動詞の文法』くろしお出版, 東京.

湯沢幸吉郎 (1970)『徳川時代言語の研究』風間書房, 東京.

第14章

Chomsky, Noam (1973) "Conditions on Transformations," *A Festschrift for Morris Halle*, ed. by Steven Anderson and Paul Kiparsky, 232-286, Holt, Rinehart and Winston, New York.

Chomsky, Noam (1976) "Conditions on Rules of Grammar," *Linguistic Analysis* 2, 303-351.

Chomsky, Noam (2000) "Minimalist Inquiries: The Framework," *Step by Step: Essays on Minimalist Syntax in Honor of Howard Lasnik*, ed. by Roger Martin, David Michaels and Juan Uriagereka, 89-155, MIT Press, Cambridge, MA.

Chomsky, Noam (2001) "Derivation by Phase," *Ken Hale: A Life in Language*, ed. by Michael Kenstowicz, 1-52, MIT Press, Cambridge, MA.

Culicover, Peter (1991) "Topicalization, Inversion, and Complementizers in English," *OTS Working Papers: Going Romance and Beyond*, ed. by Denis Delfitto, Martin Everaert, Arnold Evers and Frits Stuurman, 1-43, University of Utrecht, Utrecht.

畠山雄二・本田謙介・田中江扶 (2008)「日本語に「長距離」の例外的格付与はあるのか？：Ura (2007) の批判的検討」『言語研究』134, 141-154.

Kaneko, Yoshiaki (1988) "On Exceptional Case-Marking in Japanese," *English Linguistics* 5, 271-289.

Kuno, Susumu (1976) "Subject Raising," *Syntax and Semantics 5: Japanese Generative Grammar*, ed. by Masayoshi Shibatani, 17-49, Academic Press, New York.

三原健一・平岩健 (2006)『新日本語の統語構造——ミニマリストプログラムとその応用——』松柏社,東京.

Tanaka, Hidekazu (2002) "Raising to Object out of CP," *Linguistic Inquiry* 33, 637-652.

Ura, Hiroyuki (2007) "Long-Distance Case-Assignment in Japanese and Its Dialectal Variation,"『言語研究』131, 1-43.

第 15 章

天野みどり (2008)「拡張他動詞文——「何を文句を言ってるの」——」『日本語文法』8 巻 1 号, 3-19.

Chomsky, Noam (1981) *Lectures on Government and Binding*, Foris, Dordrecht.

畠山雄二・本田謙介・田中江扶 (2012)「「とがめ」文の統語構造——項と付加詞の統語的区別と解釈の関係について——」『最新言語理論を英語教育に活用する』,藤田耕司・松本マスミ・児玉一宏・谷口一美 (編), 210-220, 開拓社, 東京.

Jackendoff, Ray (1977) *X-bar Syntax: A Study of Phrase Structure*, MIT Press, Cambridge, MA.

神尾昭雄・高見健一 (1998)『談話と情報構造』研究社, 東京.

Konno, Hiroaki (2004) "The *Nani-o X-o* Construction," *Tsukuba English Studies* 23, 1-25.

Kurafuji, Takeo (1996) "Unambiguous Checking," *MIT Working Papers in Linguistics* 29, 81-96.

柴谷方良 (1978)『日本語の分析——生成文法の方法——』大修館書店,東京.

高見健一 (2010)「「何を文句を言ってるの」構文の適格性条件」『日本語文法』10 巻 1 号, 3-19.

第 16 章

Chomsky, Noam (1981) *Lectures on Government and Binding*, Foris, Dordrecht.

Chomsky, Noam (1995) *The Minimalist Program*, MIT Press, Cambridge, MA.

畠山雄二・本田謙介・田中江扶 (2009)「「太郎は花子のように英語ができない」の曖昧性をめぐって」『日本語文法』9 巻 1 号, 88-98.

Kato, Yasuhiko (1985) *Negative Sentences in Japanese*, Sophia Linguistica Monograph 19, Sophia University.

Kishimoto, Hideki (2006) "Japanese as a Topic-Movement Language," *Scientific Approaches to Language* 5, 85-105.

窪薗晴夫 (1995)『語形成と音韻構造』くろしお出版, 東京.
Kuroda, Shige-yuki (1965) *Generative Grammatical Studies in the Japanese Language*, Doctoral dissertation, MIT.
Lasnik, Howard and Mamoru Saito (1992) *Move α: Conditions on Its Application and Output*, MIT Press, Cambridge, MA.
Rizzi, Luigi (1997) "The Fine Structure of the Left Periphery," *Elements of Grammar: Handbook of Generative Syntax*, ed. by Liliane Haegeman, 281-337, Kluwer Academic Publishers, Dordrecht.
Saito, Mamoru (1989) "Scrambling as Semantically Vacuous A′-movement," *Alternative Conceptions of Phrase Structure*, ed. by Mark Baltin and Anthony Kroch, 182-200, University of Chicago Press, Chicago.
高見健一・久野暲 (2002)『日英語の自動詞構文』研究社, 東京.

第 17 章

Anderson, Stephen (1971) "On the Role of Deep Structure in Semantic Interpretation," *Foundation of Language* 7, 387-396.
Chomsky, Noam (1972) *Studies on Semantics in Generative Grammar*, Mouton, The Hague.
Fillmore, Charles (1968) "The Case for Case," *Universals in Linguistic Theory*, ed. by Emmon Bach and Robert Harms, 1-88, Holt, Rinehart and Winston, New York.
Fraser, Bruce (1971) "A Note on the *Spray Paint* Cases," *Linguistic Inquiry* 2, 604-607.
Fukui, Naoki, Shigeru Miyagawa, and Carol Tenny (1985) "Verb Classes in English and Japanese: A Case Study in the Interaction of Syntax, Morphology and Semantics," *Lexicon Project Working Papers* 3, Center for Cognitive Science, MIT.
畠山雄二・本田謙介・田中江扶 (2004a)「There 構文と非対格性：高見・久野 (2002) 再考」『英語青年』150 巻 3 号, 175-177.
畠山雄二・本田謙介・田中江扶 (2004b)「有標性と棲み分け：高見・久野 (2004) への反論」『英語青年』150 巻 7 号, 422-427.
Iwata, Seizi (2008) *Locative Alternation: A Lexical-Constructional Approach*, John Benjamins, Amsterdam.
Kageyama, Taro (1980) "The Role of Semantic Relations in the *Spray Paint* Hypallage," *Papers in Japanese Linguistics* 7, 35-64.
川野靖子 (2002)「自動詞文における二種類の代換現象と所有関係――「N_1 ガ N_2 デ～」「N_1 ガ N_2 ニ～」の違いを中心に――」『日本語文法』2 巻 1 号, 22-42.
川野靖子 (2009)「壁塗り代換を起こす動詞と起こさない動詞――交替の可否を決定する意味階層の存在――」『日本語の研究』5(4), 47-61.
川野靖子 (2012)「壁塗り代換を起こす動詞の特徴――現代日本語の自動詞を中心に

—」『香椎潟』56・57, 1-14.
岸本秀樹 (2001) 「壁塗り構文」『日英対照 動詞の意味と構文』, 影山太郎(編), 100-126, 大修館書店, 東京.
Kishimoto, Hideki (2001) "Locative Alternation in Japanese: A Case Study in the Interaction Between Syntax and Lexical Semantics," *Journal of Japanese Linguistics* 17, 59-81.
久野暲 (1979)『談話の文法』大修館書店, 東京.
宮島達夫 (1972)『動詞の意味・用法の記述的研究』秀英出版, 東京.
奥津敬一郎 (1981) 「移動変化動詞文—いわゆる spray paint hypallage について—」『国語学』127, 21-33.
Pinker, Steven (1989) *Learnability and Cognition: The Acquisition of Argument Structure*. MIT Press, Cambridge, MA.
山中信彦 (1984) 「場所主語文型・場所目的語文型と意味的要因」『国語学』139, 43-53.

第18章

橋本進吉 (1934)『國語法要説』明治書院, 東京.
橋本進吉 (1939)「日本文法論」[橋本進吉博士著作集第1冊『國語學概論』(1948) pp. 71-158 に所収.]
橋本進吉 (1944)「文と文節と連文節」[橋本進吉博士著作集第1冊『國語學概論』(1948) pp. 159-201 に所収.]
橋本博士還暦記念會(編) (1994)『國語學論集：橋本博士還暦記念』岩波書店, 東京.
早津恵美子 (2010)「連用修飾語の解体—再構築にむけて」『国文学解釈と鑑賞』75, 60-68.
北原保雄 (1973)「補充成分と連用修飾成分—渡辺実氏の連用成分についての再検討—」『国語学』95, 1-19.
北原保雄 (1975)「修飾成分の種類」『国語学』103, 18-34.
北原保雄 (1981)『日本語の文法』中央公論社, 東京.
三宅知宏 (1996)「日本語の移動動詞の対格表示について」『言語研究』110, 143-168.
宮岡薫 (1969)「中学校の教科書では文の成分をどう扱っているか」『論究日本文學』35, 33-40.
沼田善子 (1983)「学校文法における文の成分」『都大研究』20, 30-46.
菅井三実 (2012)『英語を通して学ぶ日本語のツボ』開拓社, 東京.
鈴木重幸 (1972a)『日本文法・形態論』むぎ書房, 東京.
鈴木重幸 (1972b)『文法と文法指導』むぎ書房, 東京.
山本清隆・松崎史周 (2001)「学校文法における構文論の問題点とその改善：「主語・述語・修飾語」に関して」『信州大学教育学部紀要』103, 81-92.
山室和也 (1994)「文法教育における連用修飾語の扱いについて」『静修短期大学研究

紀要』25, 35-42.
山室和也 (2008)『文法教育における構文的内容の取り扱いの研究』渓水社, 広島.

第 IV 部

第 19 章

Alexiadou, Artemis, Anagnostopoulou, Elena and Martin Everaert, eds. (2004) *The Unaccusativity Puzzle: Explorations of the Syntax-Lexicon Interface*, Oxford University Press, Oxford.

Coopmans, Peter (1989) "Where Stylistic and Syntactic Processes Meet: Locative Inversion in English," *Language* 65, 728-751.

Coopmans, Peter and Irene Roovers (1986) "Reconsidering Some Syntactic Properties of PP-Extraposition," *Utrecht Formal Parameters Yearbook* II, 21-35.

Culicover, Peter and Robert Levine (2001) "Stylistic Inversion in English: A Reconsideration," *Natural Language and Linguistic Theory* 19, 283-310.

畠山雄二・本田謙介・田中江扶 (2004a)「There 構文と非対格性：高見・久野 (2002) 再考」『英語青年』150 巻 3 号, 175-177.

畠山雄二・本田謙介・田中江扶 (2004b)「有標性と棲み分け：高見・久野 (2004) への反論」『英語青年』150 巻 7 号, 422-427.

畠山雄二・本田謙介・田中江扶 (2005) "There Had Disappeared from Takami-Kuno's Analysis an Important Constraint Imposed on the Theme NP of *There-Disappear* Constructions,"『英語青年』150 巻 10 号, 647.

Hoekstra, Teun and René Mulder (1990) "Unergatives as Copular Verbs: Locational and Existential Predication," *The Linguistic Review* 7, 1-79.

影山太郎(編) (2001)『動詞の意味と構文』大修館書店, 東京.

窪薗晴夫 (1999)『日本語の音声』岩波書店, 東京.

久野暲・高見健一 (2004)『謎解きの英文法——冠詞と名詞——』くろしお出版, 東京.

Levin, Beth and Malka Rappaport Hovav (1995) *Unaccusativity: At the Syntax-Lexical Semantics Interface*, MIT Press, Cambridge, MA.

Milsark, Gary (1974) *Existential Sentences in English*, Doctoral dissertation, MIT.

中島平三 (1995)「主語からの外置——統語論と語用論の棲み分け——」『日英語の右方移動構文』, 高見健一(編), 17-35, ひつじ書房, 東京.

中村捷 (1980)「There 分裂文」『英語青年』125 巻 11 号, 500-502.

Newmeyer, Frederick (1987) "Presentational *There*-Insertion and the Notions 'Root Transformation' and 'Stylistic Rule'," *CLS* 23, 295-308.

Perlmutter, David and Paul Postal (1984) "The 1-Advancement Exclusiveness Law," *Studies in Relational Grammar* 2, ed. by David Perlmutter and Carol Rosen, 81-125, University of Chicago Press, Chicago.

高見健一 (2001)『日英語の機能的構文分析』鳳書房, 東京.
Takami, Ken-ichi and Susumu Kuno (1992) "Extraposition from NP and VP-Internal Subjects," *Harvard Working Papers in Linguistics* 1, 155-173.
高見健一・久野暲 (2002)『日英語の自動詞構文』研究社, 東京.
高見健一・久野暲 (2004)「There 構文と非対格性：畠山・本田・田中 (2004) に答えて」『英語青年』150 巻 5 号, 288-291.
田中江扶 (2006)「定性効果再考」『言語科学の真髄を求めて：中島平三教授還暦記念論文集』, 鈴木右文・水野佳三・高見健一（編）, 185-196, ひつじ書房, 東京.

第 20 章

Burzio, Luigi (1986) *Italian Syntax: A Government-Binding Approach*, Reidel, Dordrecht.
藤田耕司・松本マスミ (2005)『語彙範疇 (I)：動詞』研究社, 東京.
Haegeman, Liliane (1991) *Introduction to Government & Binding Theory*, Blackwell, Oxford.
畠山雄二・本田謙介・田中江扶 (2006)「自動詞の新分類：there 構文，way 構文，同族目的語構文の見地から」『言語』35 巻 7 号, 81-87.
影山太郎 (1994)「能格動詞と非対格動詞」『英米文学』39 巻 1 号, 405-421.
影山太郎 (1996)『動詞意味論――言語と認知の接点――』くろしお出版, 東京.
影山太郎 (2002)「非対格構造の他動詞」『文法理論：レキシコンと統語』, 伊藤たかね（編）, 119-145, 東京大学出版会, 東京.
Keyser, Samuel Jay and Thomas Roeper (1984) "On the Middle and Ergative Constructions in English," *Linguistic Inquiry* 15, 381-416.
Levin, Beth (1993) *English Verb Classes and Alternations: A Preliminary Investigation*, University of Chicago Press, Chicago.
Levin, Beth and Malka Rappaport Hovav (1995) *Unaccusativity: At the Syntax-Lexical Semantics Interface*, MIT Press, Cambridge, MA.
Marantz, Alec (1992) "The *Way*-Construction and the Semantics of Direct Object Arguments in English: A Reply to Jackendoff," *Syntax and Semantics* 26: *Syntax and the Lexicon*, ed. by Timothy Stowell and Eric Wehrli, 179-188, Academic Press, New York.
高見健一・久野暲 (2002)『日英語の自動詞構文』研究社, 東京.

第 21 章

Alexiadou, Artemis, Anagnostopoulou, Elena and Martin Everaert, eds. (2004) *The Unaccusativity Puzzle: Explorations of the Syntax-Lexicon Interface*, Oxford University Press, Oxford.
Burzio, Luigi (1986) *Italian Syntax: A Government-Binding Approach*, Reidel, Dor-

drecht.

Coopmans, Peter (1989) "Where Stylistic and Syntactic Processes Meet: Locative Inversion in English," *Language* 65, 728-751.

Chomsky, Noam (1981) *Lectures on Government and Binding*, Foris, Dordrecht.

Goldberg, Adele (1995) *Constructions: A Construction Grammar Approach to Argument Structure*, University of Chicago Press, Chicago.

岩田彩志 (2012)「Way 構文はどのような移動を表すか?」『日英語の構文研究から探る理論言語学の可能性』, 畠山雄二 (編), 85-97, 開拓社, 東京.

Jackendoff, Ray (1990) *Semantic Structures*, MIT Press, Cambridge, MA.

影山太郎 (編) (2001)『動詞の意味と構文』大修館書店, 東京.

Kuno, Susumu and Ken-ichi Takami (2004) *Functional Constraints in Grammar: On the Unergative-Unaccusative Distinction*, John Benjamins, Amsterdam.

Levin, Beth (1993) *English Verb Classes and Alternations: A Preliminary Investigation*, University of Chicago Press, Chicago.

Levin, Beth and Malka Rappaport Hovav (1995) *Unaccusativity: At the Syntax-Lexical Semantics Interface*, MIT Press, Cambridge, MA.

Marantz, Alec (1992) "The *Way*-Construction and the Semantics of Direct Object Arguments in English: A Reply to Jackendoff," *Syntax and Semantics* 26: *Syntax and the Lexicon*, ed. by Timothy Stowell and Eric Wehrli, 179-188, Academic Press, New York.

Perlmutter, David (1978) "Impersonal Passives and the Unaccusative Hypothesis," *BLS* 4, 157-189.

高見健一・久野暲 (1999)「Way 構文と非能格性」『英語青年』145 巻 3 号, 128-133, 145; 145 巻 4 号, 214-223; 145 巻 5 号, 324-330.

高見健一・久野暲 (2002)『日英語の自動詞構文』研究社, 東京.

田中江扶 (2012)「Way 構文の動詞の特性」『最新言語理論を英語教育に活用する』, 藤田耕司・松本マスミ・児玉一宏・谷口一美 (編), 372-382, 開拓社, 東京.

第22章

Harada, Shin-Ichi. (1973) "Counter Equi NP Deletion," *Annual Bulletin RILP* 7, 113-147.［福井直樹 (編) (2000)『シンタクスと意味―原田信一言語学論文選集―』に所収.］

Inoue, Kazuko (1974) "Experiencer," *Descriptive and Applied Linguistics* 7, 139-162.

Levin, Beth and Malka Rappaport Hovav (1995) *Unaccusativity: At the Syntax-Lexical Semantics Interface*, MIT Press, Cambridge, MA.

三原健一・平岩健 (2006)『新日本語の統語構造―ミニマリストプログラムとその応用―』松柏社, 東京.

Ritter, Elizabeth and Sara T. Rosen (1993) "Deriving Causation," *Natural Language and Linguistic Theory* 11, 519-555.
高見健一 (2006)「「-させ」形が表わす「使役」と「経験」の意味」『言語科学の真髄を求めて:中島平三教授還暦記念論文集』, 鈴木右文・水野佳三・高見健一(編), 499-511, ひつじ書房, 東京.

第23章

青柳宏 (2008)「とりたて詞の形態的, 統語的, 意味的ふるまいについて——係助詞, 副助詞という分類の有意性を中心に——」『日本語文法』8巻2号, 37-53.
Fiengo, Robert (1977) "On Trace Theory," *Linguistic Inquiry* 8, 35-81.
畠山雄二 (2012)「日本語の動詞句前置構文」『日英語の構文研究から探る理論言語学の可能性』, 畠山雄二(編), 29-41, 開拓社, 東京.
畠山雄二・本田謙介・田中江扶 (2007)「日本語の動詞句前置構文の分析をめぐって——高見・久野 (2006) の批判的検討——」『日本語文法』7巻2号, 51-64.
Hoji, Hajime (1985) *Logical Form Constraints and Configurational Structures in Japanese*, Doctoral dissertation, University of Washington.
Hoji, Hajime, Shigeru Miyagawa and Hiroaki Tada (1989) "NP-Movement in Japanese," ms., University of Southern California, Ohio State University and MIT.
Jackendoff, Ray (1972) *Semantic Interpretation in Generative Grammar*, MIT Press, Cambridge, MA.
Kishimoto, Hideki (2001) "Binding of Indeterminate Pronouns and the Clause Structure in Japanese," *Linguistic Inquiry* 32, 597-633.
Koizumi, Masatoshi (2000) "String Vacuous Overt Verb Raising," *Journal of East Asian Linguistics* 9, 227-285.
Müller, Gereon (1996) "A Constraint on Remnant Movement," *Natural Language and Linguistic Theory* 14, 355-407.
中西久実子 (1995)「モトマデとサエ・スラ——意外性を表すとりたて助詞——」『日本語類義表現の文法(上)』, 宮島達夫・仁田義雄(編), 306-316, くろしお出版, 東京.
Saito, Mamoru (1985) *Some Asymmetries in Japanese and Their Theoretical Implications*, Doctoral dissertation, MIT.
Takahashi, Daiko (1996) "Move-F and *pro*," *MIT Working Papers in Linguistics* 29, 255-265.
高見健一・久野暲 (2006)『日本語機能的構文研究』大修館書店, 東京.
高見健一・久野暲 (2008)「日本語の動詞句前置構文——畠山・本田・田中 (2007) の批判に答える——」『日本語文法』8巻2号, 54-70.

第24章

Carnie, Andrew (2002) *Syntax: A Generative Introduction*, Wiley-Blackwell, Oxford.

Greenbaum, Sidney, Randolph Quirk, Geoffrey Leech and Jan Svartvik (1990) *A Student's Grammar of the English Language*, Longman, London.

Haegeman, Liliane (1991) *Introduction to Government & Binding Theory*, Blackwell, Oxford.

畠山雄二 (2012)「項と付加詞の統語的区別の重要性」『最新言語理論を英語教育に活用する』, 藤田耕司・松本マスミ・児玉一宏・谷口一美 (編), 244-253, 開拓社, 東京.

畠山雄二・本田謙介・田中江扶 (2007)「項と付加詞の統語的区別 [上][下] ——機能的分析およびミニマリスト分析の問題点——」『言語』36 巻 5 号, 92-98; 36 巻 6 号, 92-98.

Hornstein, Norbert and David Lightfoot (1981) "Introduction," *Explanation in Linguistics: The Logical Problem of Language Acquisition*, ed. by Norbert Hornstein and David Lightfoot, 9-31, Longman, London and New York.

Jackendoff, Ray (1977) *X-bar Syntax: A Study of Phrase Structure*, MIT Press, Cambridge, MA.

Kuno, Susumu (2009) "On Some Syntactico-Pragmatic Properties of Postnominal Prepositional Phrases," *Language & Information Society* 10, 57-96.

久野暲 (2006)「統語的説明と意味的・機能的説明〈上・下〉——いわゆる「項と付加詞の非対称性」について——」『言語』35 巻 1 号, 82-92; 35 巻 2 号, 80-90.

久野暲 (2008)「項と付加詞の非対称性——畠山・本田・田中の反論に答える」『言語』37 巻 1 号, 72-88.

久野暲・高見健一 (2007)『英語の構文とその意味——生成文法と機能的構文論』開拓社, 東京.

Quirk, Randolph, Sidney Greenbaum, Geoffrey Leech and Jan Svartvik (1985) *A Comprehensive Grammar of the English Language*, Longman, London.

Radford, Andrew (1988) *Transformational Grammar: A First Course*, Cambridge University Press, Cambridge.

Sperber, Dan and Deirdre Wilson (1986) *Relevance: Communication and Cognition*, Blackwell, Oxford. [内田聖二他(訳) (1993)『関連性理論——伝達と認知』研究社, 東京.]

Sperber, Dan and Deirdre Wilson (1995) *Relevance: Communication and Cognition*, 2nd ed., Blackwell, Oxford.

索　引

1. 日本語は五十音順に並べてある．英語（などで始まるもの）はアルファベット順で，最後に一括してある．
2. ～は見出し語を代用する．
3. 数字はページ数を示す．

[あ行]

曖昧性　26, 170, 173, 176, 180, 181, 183-185, 190
アスペクト動詞　141-143
　　～文　140-142
アスペクトの解釈　53
アマルガム　73-77
　　～移動　64, 73, 75-77, 95
あらない　137, 138
ある　134-143
「ある」/「いる」交替　135, 138-143
「ある」削除　138
位相不可侵条件　148
「い」脱落　52-59
一致　48, 89, 93, 135, 138, 139, 142, 143, 158
意図的　243-245
意味的
　　～作用ターゲット　248-250
　　～な際立ち　3
　　～に空虚な移動　173
意味の中心　3-6, 10, 12-14
意味部門　16
意味論　178, 179, 219, 220, 273
「いる／BE」タイプ　25, 26, 30, 33
受け身　6, 7, 8, 11

～文　7-10, 14-16, 41, 42, 90, 92, 94
運動動詞　28, 30, 32, 218, 219
演算子　157
お＋V＋に＋なる　127
同じ意味カテゴリー　271
音韻規則　178
音形のない
　　～ゼロ要素　52, 55, 56, 58
　　～前置詞　112
　　～補文化辞　113
音形をもたない非対格動詞　25, 33

[か行]

外項　228, 231
解釈上／処理上のコスト　203, 206-209, 211-215, 218
階層構造　160, 162, 163, 166, 168, 265
外置構文　202, 214-217
外的困難　237
かき混ぜ　162, 164-166
格助詞　20, 40, 181, 182
拡張他動詞文　163
格フィルター　114, 232
格付与　145-148, 152, 154, 156, 158, 159, 231, 237
かたまり　73

311

学校国文法　193, 194, 197, 199
壁塗り交替　181, 182, 184-190
壁塗り構文　180-185, 190
含意的動作主　48, 49
関係節　36, 90, 108, 110, 111, 175
関係代名詞　13, 90, 104
関西方言　146-155, 158, 159
観察可能　205, 209
願望　40, 54
　　〜「て欲しい」　54
　　〜を表す「たい」　40
完了の意味　53
関連性理論　217, 265, 278, 284-287
基底生成　41, 166, 167, 228, 255, 261
機能論　178, 201, 209, 214, 217, 218, 221, 268, 272, 273, 278, 287
疑問詞　160, 161, 167
客語　194-196
旧情報　216
強勢　152, 156-159
局所性　148, 158, 159
極性　71, 171
虚辞　82, 87, 248, 258-261, 263
虚辞動詞　56
空虚なスクランブリング　253
空所化　105
屈折辞　119
くらい　38-40
「くる／COME」タイプ　25, 28, 30, 32, 33
経験的妥当性　65, 74, 246, 249
経験の解釈　241
形態結合　121-125
形態的変化　44-46, 49
形態変化　119
形態論的規則　138
軽動詞　119, 121, 126, 127, 131
　　〜「す」の挿入　119, 121-125, 131

形容詞述語　134-141, 143
形容詞述語文　139, 140
経路　165, 196
　　〜を表すヲ格名詞句　196
顕在的移動　157
顕在的な動詞移動　128, 130
検定教科書　195, 196
限定詞　18-20, 282
　　〜句　19
語彙化　27
項　160, 162-168, 193, 194, 264-270, 272-279, 283-287
　　〜と付加詞の区別　160, 163, 164, 168
　　〜と付加詞の統語的区別　264, 265, 266, 268, 284, 287
恒常的性質　281, 283, 285
構成素　104, 105, 126, 255-257, 259-263
後置主語　22, 204, 205, 220
　　〜NP　78, 79, 81, 83, 85, 88
肯定極性表現　40
肯定の期待　39
肯定の副詞による倒置　71
肯定文　35-38, 170
国語学　134, 135, 142
語順　18, 21, 32, 65-67, 72, 73, 98, 160, 161, 209, 253, 254, 273, 280, 282-286
個人差　153, 156, 158, 190-192
ゴミ箱がいっぱいだ　180, 183-185
ゴミ箱構文　180, 181, 184-190
語用論　133, 178, 179, 217, 287
　　〜的な要因　133, 220
痕跡　56, 58, 59, 173, 256-258, 262, 263
コントロール　50

[さ行]

最後の手段　122
最大投射　80, 82, 256

索　引

「させ」使役文　241, 242, 245, 246
サブセット　270, 271, 275-277
作用域　119, 120, 121, 123, 131-133, 220, 248-255
作用域外移動の制約　247-254
使役交替　225, 227
使役構文　91
自己制御可能性　246
自己制御可能な　241, 243, 246
時制　17, 89-93, 95, 96
　〜の解釈　89
時制関係　92, 95
時制辞　118, 253
時制文条件　148
時制要素　52
自他交替　222, 225, 227
指定主語条件　148
指定部　19-22, 72-74, 76, 77, 80-87, 113, 143, 157-159, 255, 258-261
指定部-主要部　142
　〜の一致　143
視点　205, 209
自動詞構文　17
自動詞の新分類　222, 224
弱交差　157
修飾成分　193, 194
修飾節　112, 175
自由選択　35
重名詞句　72
重名詞句移動　68
主格目的語構文　41
主語
　〜・助動詞の倒置　62, 80, 109, 220
　〜の意図性　14, 246
　〜の後置　63-67, 69, 71, 73, 74
主語照応　266-268
主語テスト　42
主語名詞句からの外置構文　202, 214, 215, 217
受動型　43
受動形態素　44
主要部移動　28, 30-33, 118, 122, 258
主要部パラメーター　27
主要部-補部　141, 142
　〜の一致　142, 143
　〜の関係　141, 142
主要部末尾言語　118
状況解釈　26
条件文　39
上昇　91-93, 95, 96, 105
小節　24
状態動詞へのシフト　27
焦点　3, 26, 57, 58, 83, 133, 157, 220, 248-250, 254
焦点化　156, 157, 254
焦点化要素　254
譲渡不可能所有　99-101
情報構造的な焦点　3
省略現象　52, 92
叙述　108
叙述関係　3, 11-14, 16
所有
　〜の含意　98
　〜を表す have　143
所有者昇格構文　97, 98, 100-102
所有表現　2
所有文　140-143
進行の意味　53
深層構造　174, 176
身体属性文　2-4, 6, 8-17
心理的特徴　2
随意的　74, 114, 115, 119, 121, 122, 125, 128, 131, 132, 191
　〜な移動　58, 131
　〜な動詞移動　119, 124, 125
数量詞　18-23, 34

数量詞遊離現象　18
スクランブリング　58, 131, 132, 171-174, 253, 256-258
　〜の随意性　132
「する」挿入　56, 57, 119, 121-125, 131
生成語彙論　27
接辞　47, 121-124, 130
接触動詞　99, 101
接続語　193
説明的妥当性　22, 61, 74
線形順序　20, 160-164, 166, 168, 208, 210, 212
全体的解釈　181-185, 187, 188
前置詞句
　〜の相対的位置　265, 268, 278-281, 284
　〜の積み重ね　265, 268-274, 276, 277
「想起」の there 構文　220
想定　285
相補分布　37, 214
測定可能な状態変化動詞　239
束縛関係　267, 268
尊敬語化　125, 127
尊敬語文　125, 128, 131
存在数量詞　18-22
存在動詞「ある」　134-139
存在文　41, 78, 140, 141, 143, 220

[た行]

対格を吸収　48
対象語　194
代動詞化　63
他動詞構文　17
誰も　34, 35, 171, 172
単一構成素移動制約　248, 254-256, 258-263
中間構文　17, 43, 45-51

抽象的な動詞
　〜BE　112
　〜HAVE　108, 112, 113
長距離格付与　145-148, 152
長距離スクランブリング　132
長距離例外的格付与　146
直接的要因　244-245
強い反例　153, 156, 159, 234, 272, 273
テアル構文　43-51
定性効果　79, 81, 82, 220
丁寧
　〜「ます」　54
　〜「らっしゃる」　54
丁寧語化　135-138
丁寧語化規則　136
低評価を表すナンカ　34
テイル形　17
データの棲み分け　202, 231, 240, 265, 272, 278, 282, 283
適正束縛条件　248, 254, 256-258, 262, 263
等位構造　119, 128
等位構造制約　129, 130
等位接続　104, 270
同一性　70
同一節条件　36
同一表示　92, 93
統語環境　36
統語規則　18, 21, 278, 279, 284-286
　〜の適用が阻止　286, 287
統語操作　6, 11, 92, 148, 149
統語部門　16, 27, 30, 33
動作解釈　26
動作主　44-50
動作主性　50, 51, 233-235
動詞
　〜の接辞化　47
　〜のタイプ　3, 11, 14-16, 223, 224,

226-229, 232, 239
～のテ形　52, 54, 55, 59
～の連用形　125, 253
動詞移動　48, 58, 118, 119, 121, 122, 124, 125, 128, 130, 131, 132, 220
動詞句前置構文　247, 248, 250-263
動詞句内主語仮説　255
同族目的語構文　2-17, 222-229
統率領域　267, 268
到達動詞　53
同程度解釈　170-178
透明的情報　216, 217
とがめ文　160, 162, 163, 165-169
独立語　193
とりたて詞　35, 36, 38, 40, 54, 56-59, 119-121, 126, 131-133, 220, 252
　～の作用域　119
とりたて詞移動　56-58

[な行]

何も　34-37
ナンカ　34-42
ナンカテスト　41, 42
ニ使役文　242, 243, 245, 246
二重VP仮説　24
二重の性質　16
二重目的語構文　97-102
二重ヲ格制約　161, 165
「には―ている」構文　29
「には―てくる」構文　29
日本語の基本語順　161
任意要素　194, 197-199
人称変化　119
「ねじれ」現象　1, 50
能格動詞　223-229, 232, 233
能動型　43
「の」挿入　23

[は行]

背景化　26
場所PP　31-33
場所格交替　181
場所句構文　24-26, 29-33
場所句倒置構文　24, 65-68, 205
場所構文　78-84, 88
場所を表すPP　30, 31, 78, 79, 87
派生の経済性の仮説　80
原田の一般化　242
パラメーターセッティング　132
非意図的事象　233
被害・迷惑　244
比較文　37, 38
非過去時制　53
比況　177, 178
非顕在的移動　157
被修飾成分　193
非存在・非出現　204, 205
非対格化　25-30, 32, 33, 219, 239
非対格仮説　201, 219, 231, 233, 236
非対格性　2, 6, 7, 202-204, 206, 208, 214, 233, 242
非対格性制約　203, 204, 206, 208, 214, 215, 218, 219
非対格同族目的語構文　6-11, 13-16
必須要素　191, 194, 197-199
否定
　～の期待　39
　～の副詞による倒置　71
否定極性　35, 37, 40
否定極性表現　34, 36, 37, 40, 104, 109-112, 171
　～のany　34
非定形節の文頭　106, 107
否定辞　3-5, 12, 14, 26, 34-36, 119, 122, 137, 170, 174-177

否定的(な)評価　36
否定倒置　104, 109, 111, 112
否定倒置構文　76, 77
非能格性制約　225, 227, 231-236, 238,
　　240-242, 244-246
非能格同族目的語構文　7, 8, 10, 11, 13-
　　15
表示レベル　176, 254
表層構造　164, 174
漂白　26
フェイズ　148-152, 156, 159
　　〜の強弱　150, 151, 153, 156
フェイズ理論　148, 158
不活性要素介在条件　148
付加部　162, 163, 166-168
復元可能　191
複合動詞　28, 30-33
複文構造　89, 90-93
複文分析　89, 93, 96
物質放出動詞　225
不定　220
不定詞関係節　108
不特定の動作主　45, 47
部分的解釈　181, 182, 184, 185, 187-189
普遍数量詞　18-22
フランス語の否定辞　119
文処理　208, 210, 211
文の成分　193, 196
文副詞　169
文脈効果　285, 286
文脈操作　209, 219, 240, 283, 284, 287
分離不可能所有　2, 15
並列詞　35
包含　276, 277
方向
　　〜PP　31-33
　　〜を表すPP　28, 30, 31
放出動詞　232-234

補充成分　193, 194
ほど解釈　170-178
補部（NP）の一致　135, 139, 142
補文化辞　106, 113
補文標識　146, 149, 150, 151, 153-156,
　　158, 159
　　〜の省略　150, 151, 153, 155, 156, 158,
　　159
本質的　1, 48, 265, 278-285

[ま行]

交わり　276, 277
右枝節点繰り上げ　104
ミスマッチ仮説　16
三叉構造　275
無生名詞　138
名詞句の統語構造　19
命題　97, 105
目的語
　　〜と修飾語の区別　194, 199
　　〜の位置　41, 42, 83, 228
目的語繰り上げ規則　49
目的語テスト　40, 42
「も」の焦点　133

[や行]

融合　135-137
有生名詞　138, 143, 240
有標のルール　75, 77, 95
遊離可能　19
「ように」句　170, 171, 172, 174
容認性　68, 72, 75, 77, 204-206
容認度　68, 72, 75, 77, 204-206
与格構文　97-102
弱い反例　153, 272, 273

[ら行]

リスト there 構文　220
隣接　23, 55, 122-124
隣接条件　52, 54-58
例外的格標示構文　79
例外的格付与　145, 146
例示　35
連結動詞文　140, 141
連体修飾節　175
連用修飾語　193

[わ行・を]

話者の評価　35
話題化　171-174, 177, 254
ヲ使役文　242, 243, 245, 246

[英語等]

achievement verb　53
adjacency condition　52
adjunct　193
affixal Infl　121, 122
affix-hopping　121
agreement　89
A′-position　58
argument　193
ATB (Across-the-Board) 移動　129-131
A′位置　58
A′移動　58
「A を B に」構文　112, 113
be 動詞　90, 92-96, 103, 105, 142, 143
　〜の上昇　93
BE は抽象的な動詞　105, 112
bleaching　26
Burzio の一般化　228, 231, 236
Case filter　232
cognate　4, 226
cognate object construction　2
control　91, 95, 96
covert movement　157
CP 削除　114-116
c 統御　31, 32, 120, 248, 250-254, 256
Defective Intervention Condition (DIC)
　148-152, 158, 159
definite　220
Definiteness Effect (DE)　79, 81-83, 85,
　86, 220
Determiner　19, 282
Determiner Phrase (DP)　19-22
do-support　57
Double O Constraint　161, 165
do 挿入　122
DP 分析　19, 20
dual nature　16
dummy verb　56
D 構造　174-177
edge　158
entailment　276
ergative verb　223, 232
Exceptional Case Marking (ECM)　79,
　81, 82, 145-156, 158, 159, 220
Extended Projection Principle (EPP)
　84, 85, 251-261
focus　3, 83, 178
free choice　35
freely undo　173
fusion　135
GB 理論　62, 113, 176, 193, 264, 287
Generative Lexicon　27
Goldberg の意味制約　237
heavy inversion　68
Heavy NP Shift　68
holistic interpretation　181
I-to-C 移動　62-66, 69, 71, 73, 75

implicit Agent 48
Improper Movement Constraint 58
inalienable possession 2, 99
indefinite 220
independent 90, 91, 95, 96
Infl 119, 121, 122
inherent 280-282
inside verbals (IV) 78, 80-83, 88
intersection 276
IP の指定部 72-74, 80-85, 113, 255, 258-261
it ～ that ... 構文 105
last resort 122
LF で undo 132
LF 表示 87
light inversion 68
light verb 126
locality 148, 159
locative alternation 181
Locative Inversion (LI) 24-29, 31-33, 78-88
Locative PP-*There* Construction (LTC) 79-88
Long-Distance ECM (LD-ECM) 146-156, 158, 159
middle construction 17
Milsark の一般化 94, 95
Mismatching Hypothesis 16
modifier 11
Morphological Merger 121
ne pas 118, 119
negative expectation 39
Negative Inversion 71
Negative Polarity Item (NPI) 34, 110, 171
Nominative Object 41
NP 移動 49
of 挿入 23

operator 62, 157
outside verbals (OV) 78-88
overt movement 157
particle movement 57
partitive interpretation 181
Phase 148
Phase Impenetrability Condition (PIC) 148-152, 158, 159
physical attribute construction 2
positive expectation 39
Positive Inversion 71
Positive Polarity Item 40
possessor ascension 100
PP の意味タイプ 31
predicate 11, 96
predication 11, 108
PRO 50, 96, 104, 106-115, 267
pro 167, 168
pro_{EXP} 259-263
prominence 3
Proper Binding Condition 256
proposition 105
raising 92, 96
right node raising 104
roll 動詞 232, 234, 235, 238-240
Rule-R 121
run 動詞 232-234, 239
scope 119
scrambling 162
self-controllable 242
semantically vacuous movement 173
semantically vacuous optional movement 58
sloppy identity 69, 70
small clause (SC) 24, 267
some 35, 37-40, 93
some-any 交替 37-40, 93
so 置換 63, 64, 66, 69, 71, 74

so 倒置構文　62-77
Specified Subject Condition　148
specifier　19
Split-VP Hypothesis　24
spray/paint alternation　181
Subject-Auxiliary Inversion (SAI)　80, 82, 84, 109, 110
subject-operator inversion　62
substance emission　225
S 構造　129, 130, 133, 174
Tensed-S Condition　148
to 不定詞の意味上の主語　95, 96
topic　178
Unaccusative Hypothesis　202
unaccusative verb　222
Unambiguous Domination　256
unergative verb　222
vacuous scrambling　253

verbs of calibratable changes of state　239
verbs of emission　232, 233
Vikner の仮説　119
VP 削除　69-71, 74, 92
VP 前置　63-66, 69, 71, 74
VP 内主語仮説　47, 225
VP 副詞　169
Vu　25, 27, 29, 33
wanna 縮約 (*wanna* contraction)　52, 53, 55-59
weak crossover　157
wh 疑問　6-11, 14-16, 76, 77
with absolute construction　103
X′ 式型構造　134
X バー理論　160, 162, 193, 264, 268
μ　48, 49

【執筆者紹介】

畠山　雄二（はたけやま・ゆうじ）
1966年 浜松生まれ．東北大学大学院情報科学研究科博士課程修了．博士（情報科学）．現在，東京農工大学 准教授．著書に『情報科学のための自然言語学入門：ことばで探る脳のしくみ』（丸善出版），『理系の人はなぜ英語の上達が早いのか』（草思社），『ことばの分析から学ぶ科学的思考法：理論言語学の考え方』（大修館書店），『大人のためのビジネス英文法』（くろしお出版）など．

本田　謙介（ほんだ・けんすけ）
1969年 埼玉県生まれ．獨協大学大学院外国語学研究科博士後期課程満期退学．博士（英語学）．現在，茨城高専 准教授．著書（共著）に，『日本語の教科書』（ベレ出版），『数理言語学事典』（産業図書），『日英語の構文研究から探る理論言語学の可能性』（開拓社），『ことばの本質に迫る理論言語学』（くろしお出版），『ことばの仕組みから学ぶ和文英訳のコツ』（開拓社）など．

田中　江扶（たなか・こうすけ）
1971年 愛媛県生まれ．東京都立大学大学院人文科学研究科博士課程満期退学．修士（英語学）．現在，信州大学 准教授．著書（共著）に，『書評から学ぶ理論言語学の最先端（上・下）』（開拓社），『言語科学の百科事典』（丸善出版），『大学で教える英文法』（くろしお出版），『くらべてわかる英文法』（くろしお出版）など．

日英比較構文研究

ISBN978-4-7589-2218-0　C3080

著作者	畠山雄二・本田謙介・田中江扶
発行者	武村哲司
印刷所	日之出印刷株式会社／日本フィニッシュ株式会社

2015 年 11 月 19 日　第 1 版第 1 刷発行

発行所　株式会社　開拓社

〒113-0023　東京都文京区向丘 1-5-2
電話　(03) 5842-8900（代表）
振替　00160-8-39587
http://www.kaitakusha.co.jp

© 2015 Y. Hatakeyama, K. Honda and K. Tanaka

JCOPY ＜(社)出版者著作権管理機構　委託出版物＞
本書の無断複写は，著作権法上での例外を除き禁じられています．複写される場合は，そのつど事前に，(社)出版者著作権管理機構（電話 03-3513-6969, FAX 03-3513-6979, e-mail: info@jcopy.or.jp）の許諾を得てください．